Otto Braunsberger

Entstehung und erste Entwicklung der Katechismen des seligen

Petrus Canisius

aus der Gesellschaft Jesu

Otto Braunsberger

Entstehung und erste Entwicklung der Katechismen des seligen Petrus Canisius
aus der Gesellschaft Jesu

ISBN/EAN: 9783744681797

Hergestellt in Europa, USA, Kanada, Australien, Japan

Cover: Foto ©ninafisch / pixelio.de

Weitere Bücher finden Sie auf **www.hansebooks.com**

Entstehung und erste Entwicklung

der

Katechismen des seligen Petrus Canisius.

Entstehung und erste Entwicklung

der

Katechismen

des seligen Petrus Canisius

aus der Gesellschaft Jesu.

Geschichtlich dargelegt von

Otto Braunsberger S. J.

Freiburg im Breisgau.
Herder'sche Verlagshandlung.
1893.
Zweigniederlassungen in Straßburg, München und St. Louis, Mo.
Wien I. Wollzeile 33: B. Herder, Verlag.

Das Recht der Ueberſetzung in fremde Sprachen wird vorbehalten.

Vorwort.

Der Katechismus des seligen Petrus Canisius gehört zweifellos zu den berühmtesten Büchern, welche das 16. Jahrhundert hervorgebracht hat. Derselbe war eines der stärksten Bollwerke gegen das Vorbringen der Glaubensneuerungen; er wurde Muster und Grundlage für zahlreiche andere Katechismen, welche heute noch in Kirche und Schule gebraucht werden.

Zweck der vorliegenden Arbeit ist, den Katechismus des Canisius in seiner Entstehung und ersten Entwicklung zu beleuchten, in jener Entwicklung nämlich, welche er durch den Verfasser selbst oder doch unter dessen Mitwirkung erfuhr. Die Darlegung soll also in erster Linie eine ge= schichtliche sein. Wenn damit gelegentlich Ausblicke auf das katechetische, das dogmatische oder das kirchenrechtliche Gebiet verbunden werden, so wird das hoffentlich niemand mißbilligen. Was grundsätzlich ausgeschlossen blieb, war die vollständige Aufzählung all der verschiedenen Ausgaben und Uebersetzungen des Katechismus, die Schilderung seiner Einführung in den einzelnen Landen, der Weise, wie er vorgetragen und ausgelegt wurde, der Früchte, die er zur Reife brachte. All das ist nur insoweit erwähnt, als es auf die innere Entwicklung des Werkes eingewirkt hat. So Gott will, wird es, für einen bestimmten Zeitraum wenigstens, später in einer eigenen Arbeit ausführlich dargestellt werden. Dagegen mußten die protestantischen Gegenschriften gegen den Katechismus jetzt schon ins Auge gefaßt werden; denn die spätern, noch von Canisius selbst besorgten Auflagen desselben tragen die Spuren der Rücksichtnahme auf die gegnerischen Ausstellungen ziemlich deutlich an sich. Unter dieser Rücksicht war es jedoch nicht nothwendig, alle Widersacher zu kennzeichnen oder auch nur sie alle einzeln zu nennen. Der Gegenstand ist unerquicklich genug. Was über denselben geboten ist, möchte für jetzt genügen. Ebenso verbot schon die Rücksicht auf den Raum eine eingehende patrologische Untersuchung all der einzelnen Väterstellen des Katechismus, z. B. der Stücke, welche im Gebetstheile desselben als Gebete des hl. Augustinus, des hl. Chry=

soſtomus ꝛc. bezeichnet werden; wir mußten uns auf einen zuſammen=
faſſenden Ueberblick beſchränken.

Man ſpricht ſo oft vom Katechismus des Caniſius in der Einzahl,
und das wiſſenſchaftliche Gewiſſen darf dabei ruhig bleiben; iſt ja ſchließlich
alles, was der erſte deutſche Jeſuit über die Anfangsgründe der chriſtlichen
Lehre geſchrieben, wie aus einem Guſſe, von einem Geiſte beſeelt, nach
einem Plane ausgeführt. Doch dabei läugnet niemand, daß Caniſius,
genau geſprochen, mehr als einen Katechismus geſchaffen.

Aber wie viele Katechismen hat Caniſius thatſächlich verfaßt? Wie
ſind ſie entſtanden? Wann, wo, bei wem zuerſt erſchienen? Wie ſtellt
ſich der eine zum andern? Welchen Antheil hat Caniſius an dem großen
Chriſtenlehrwerke des Buſäus und am Plantinſchen Bilderkatechismus?
Standen ihm bei ſeinen Katechismusarbeiten auch Gehilfen zur Seite?
Welchen Einfluß haben die Ordensobern und die Cenſoren auf die Ge=
ſtaltung der Katechismen ausgeübt? Dies alles war bisher in Dunkel
gehüllt. Jetzt dürfte mancher Zweifel endgiltig gelöſt, ja ſelbſt der eine
oder andere allgemeine Irrthum berichtigt ſein.

Es war dem Verfaſſer vergönnt, innerhalb wie außerhalb Deutſch=
lands viele Bücherſammlungen beſuchen und in kirchlichen wie in ſtaat=
lichen Archiven zahlreiche Schriftſtücke einſehen zu können, welche mit
dem Katechismus des Caniſius ſich beſchäftigen. Beſonders wichtig
und lohnend war es, in verſchiedenen Ländern die Archivbeſtände des
Ordens durchmuſtern zu können, aus deſſen Schoß das Buch hervor=
gegangen. Leider ſind durch die Kirchenſtürme des vorigen und des
gegenwärtigen Jahrhunderts unſere ehedem ſo ſchön geordneten Ur=
kunden und Briefſchaften jämmerlich verſchleudert, verſtümmelt, geſtohlen,
zerſtört, theilweiſe auch aus einem Lande in das andere verſchlagen
worden; man ſteht wie vor einem Felde, auf dem ein Unwetter um
das andere ſich entladen und einen großen Theil der Ernte vernichtet
hat. Immerhin wird es ſich zeigen, daß ein guter Theil dieſer Arbeit
aus ungedrucktem Stoffe, beſonders aus Ordensſchriften, ſich aufbaut.

So oft der Quellenangabe unter dem Texte ein
Sternchen (*) vorangeſetzt iſt, wurde ein Schriftſtück be=
nutzt, das unſeres Wiſſens ungedruckt iſt; iſt kein Fund=
ort bei demſelben angegeben, ſo gehört es dem Orden.
Manche der benutzten Stücke ſind, wie man gewahren wird, „neue Ab=
ſchriften", d. i. ſolche, welche erſt in unſerem Jahrhundert gefertigt
wurden; dieſelben tragen übrigens die Merkmale der Zuverläſſigkeit

an sich), sind zum großen Theile sogar mit einer fast peinlichen Genauigkeit ausgeführt.

Den hochverdienten neuesten Bibliographen der Gesellschaft Jesu, den Patres Augustin de Backer und Karl Sommervogel, war es bei dem Umfang ihrer Aufgabe und der Fülle ihres Stoffes unmöglich, die einzelnen Ausgaben unseres Katechismus mit der Ausführlichkeit zu beschreiben, welche man von der Einzelforschung erwartet. Wir glaubten bei Beschreibung der alten Drucke um so mehr ins Einzelne gehen zu müssen, als manche derselben sehr selten, einige nur mehr in einem Stücke bekannt sind. Eben darum wurde auch bei den einzelnen Ausgaben die eine oder andere Büchersammlung genannt, in der sie sich noch finden, nicht selten auch die Bezeichnung, die ihnen dort zu theil geworden.

Warmen Dank schuldet der Verfasser den Vorstehern und Beamten der Bibliotheken und Archive, sowie den andern Gelehrten, welche mit größter Bereitwilligkeit und Zuvorkommenheit ihre wissenschaftlichen Schätze und reichen Kenntnisse ihm zur Verfügung gestellt. Ihre Zahl ist zu groß, als daß sie hier alle angeführt werden könnten; es seien darum nur genannt der Director der Königlichen Hof- und Staatsbibliothek zu München, Herr Dr. G. Laubmann; der Vorstand der Lycealbibliothek zu Dilingen, Herr Geistlicher Rath und Lycealprofessor Dr. Franz Xaver Pfeifer, sowie die Mitbrüder des Verfassers, die Patres Johannes Baptista van Meurs und Karl Sommervogel.

Sieht man, mit wie großer Sorgfalt und Ausdauer der selige Petrus Canisius viele Jahre hindurch an seinem Katechismus gearbeitet, gefeilt, gebessert hat, wie dringend er bei seinen Freunden um Berichtigungen und Zusätze zu demselben geworben, wie die Gesellschaft Jesu mit der Durchsicht des Buches Männer betraut hat, die zu ihren Größen gehören, einen Martin Olave, Emmanuel Sa, Alfons Salmeron, Hieronymus Nadal, ja wie der heilige Ordensstifter selbst und dessen Nachfolger im Generalamte, der gelehrte Laynez, mit regster Theilnahme das Büchlein begleiteten: so wird man der Ueberzeugung sich kaum verschließen können, daß Canisius und seine Ordensbrüder die Ertheilung des Christenlehrunterrichtes als ein wahrhaft großes und überaus gottgefälliges Werk ansahen, das mit heiligem Ernste erfaßt und mit unermüdlichem Eifer gefördert zu werden verdient.

Inhaltsübersicht.

Einleitung.

Christenlehrthätigkeit des seligen Petrus Canisius (1550—1597). — Vorbereitung: Erziehung im Vaterhause 1. Köln; Nikolaus van Esche; Gropper 1. 2. Eintritt in die Gesellschaft Jesu; der hl. Ignatius über die Christenlehre 2. Canisius hält Christenlehren zu Ingolstadt, in Niederösterreich, Worms, Zabern, Regensburg, Dilingen. Katechismuspredigten zu Augsburg und Würzburg 3. 4. Der Kinderfreund in Tirol 5. Blüthe des Christenlehrwesens zu Freiburg in der Schweiz 5. 6. Wie Canisius über Würde und Wichtigkeit des Christenlehrunterrichts sich aussprach 6. 7.

Erster Abschnitt. Der große Katechismus.

1. **Veranlassung zum großen Katechismus** (1550—1552). — Katechismen vor Canisius, katholische und protestantische; Gefahren für die Kirche 8. 9. Man verlangt von Laynez einen Katechismus für Deutschland 9. 10. Canisius will einen solchen schreiben; Anforderungen, welche P. Le Jay stellt 10. 11. König Ferdinand und seine Lande; er verlangt von der Wiener Hochschule einen Katechismus 11. 12. Le Jay, damit beauftragt, sträubt sich; Canisius, nach Wien berufen, übernimmt das Werk 12—14. Ob Vorarbeiten Le Jays ihm zu Gebote standen 14—16.

2. **Ausarbeitung des großen Katechismus** (1552—1554). — Canisius und der hl. Dominikus. Im Predigerkloster zu Wien 16. 17. Des Canisius persönliche Befähigung zu der Arbeit: Gelehrsamkeit, Schul- und Weltkenntniß, Federgewandtheit, apostolisches Herz 17. 18. Sorgen, Mühen, Störungen bei dem Werke 18. Der erste Theil dem Könige vorgelegt; wichtiges ungedrucktes Schreiben Ferdinands 19. Seltsame Predigtbuch-Vorschläge 19—21. Ignatius will die Arbeit sehen; römische Censoren 21—23. Der zweite Theil vor der römischen Durchsicht gedruckt 23. Die Frage, ob der Verfasser zu nennen 23.

3. **Drucklegung des großen Katechismus** (1554—1555). — Der Wiener Drucker Michael Zimmermann; sein Druckprivileg 23. 24. Besorgnisse des Verfassers 24. 25. Abzugbogen nach Rom gesendet 25. Maximilians Hofprediger Pfauser gegen die Jesuiten und deren Katechismus 25—27. Vollendung des Druckes; römische Verbesserungen 27. Allgemeiner Irrthum über das Jahr seines Erscheinens 27. 28.

4. **Der große Katechismus nach Gestalt und Gehalt gekennzeichnet (1555).** — Aeußere Erscheinung: Titel 28. 29; Christusbilder 29; warum lateinisch? 29. 30; warum „Summe" genannt? 30; warum ohne Namen des Verfassers? 31. Katechismusverordnung des Königs Ferdinand 31—33. Gliederung des Stoffes; die Katechismushauptstücke bei andern 34—36. Lehrgehalt; weltliche Obrigkeit; die Heiligen; der Heiland 36—38. Erläuterung und Begründung: Schrift, Väter, Kirchenversammlungen, spätere Lehrer 38—39; warum kein Wort von Scholastik? des Canisius mystisch-positive Richtung, seine Väterstudien bei der Trienter Kirchenversammlung 39—41; sonstige Quellen des Buches 41. 42. Darstellungsweise: Mäßigung gegenüber den Protestanten 42—44; Sprache 45. Urtheile über das Buch: die Sorbonne, die Löwener, Protestanten, andere 45—47; päpstliche Gunstbezeigungen 47—49.

5. **Angriffe auf den großen Katechismus (1555—1565).** — Sarpis Bericht über die Unzufriedenheit Roms: Seine Quelle und deren Reinheit 49—52; Gesetze über Herausgabe von Schriften 52. 53; staatliche Gutheißung als Ersatz für kirchliche 53; besondere Druckvollmachten, bischöfliche Gutheißung, der Katechismus beim Seligsprechungsprocesse 54. Angriffe: Vorspiel zu Wien 55; Canisius über den Ton, der in Streitschriften herrschen soll 55. 56; Wigands „Verlegung" des Katechismus 56—59; Spottgedichte 59. 60; Melanchthons Entrüstung 60. 61; die Mecklenburger; Dathänus; Gallus 61. 62; die Mansfelder Prediger über die „Canisten" 62. 63; Tilmann Heßhusius' Schmerz über den Abbruch, den Luthers Katechismus erleidet 63. 64; des Flacius Jllyricus Schrift über die „heidnische Lehre" des Katechismus; wie getreu er diese Lehre wiedergibt 64—67; sein zweiter Kampf gegen sie 67. 68; er verdächtigt die Person des Canisius 68. Vorhaben einer Widerlegung Wigands; Laynez über die beste Art zu widerlegen; Canisius über seine Gegner 68—70.

6. **Bemühungen, den großen Katechismus zu verbessern (1556 bis 1565).** — Canisius, mit seinen Schriften nie zufrieden, erwirkt nochmalige Durchsicht in Rom 70—72. Sammelt inmitten vieler Arbeiten Verbesserungsvorschläge 72. 73. Der Nachdruck in jenen Tagen; Canisius wider seinen Willen als Verfasser des Katechismus verkündet 73—75. Wahl eines neuen Druckers: Maternus Cholinus zu Köln 75. 76. Salmeron und Nadal als Mitarbeiter gewonnen 76. 77. Verzögerung. Neuer Katechismuserlaß Ferdinands 77. 78. Laynez gegen große Aenderungen 78. 79. Canisius wird aufgehalten und schließt endlich in Köln ab 79. 80.

7. **Der große Katechismus nach seiner Verbesserung durch Canisius (1566).** — Titel 80—82. Canisius über die Widersacher des Buches und die leitenden Grundsätze bei dessen Abfassung 82. 83. Erweiterungen und Verbesserungen; Zusätze über den Sündennachlaß durch Christus und die Kraft des Glaubens, als Erwiderung auf Angriffe 83. 84. Anhang von der Rechtfertigung 84. 85. Belegstellen 85. Launoy findet in dem Werke eine Aenderung des Kirchenbegriffes 85—87. Ob in den Katechismen von Canisius wirklich keine Spur von päpstlicher Unfehlbarkeit? 87. 88. Der Englische Gruß in dem Buche 88—90.

8. **Neue Angriffe, und Erwiderung im Katechismus (1567—1571).** — Zusammentreffen des Katechismus mit zwei andern Friedenswerken 90. Die

reußischen Prediger; Lucas Osianders Warnungsschrift gegen den Katechismus 90. 91. Jesuitengespenster in Frankfurt und Straßburg; neuer Angriff des Flacius Illyricus 91—93. Melanchthon über Canisius; angebliches Gottesgericht; man läßt Canisius protestantisch werden 93. 94. Sein „Bekenntniß" 94—97.

Zweiter Abschnitt. Der kleinste Katechismus.

1. Der kleinste Katechismus in lateinischer Sprache (1556). — Luthers kleiner Katechismus; Auszüge aus dem großen Katechismus von Canisius; Meinungsverschiedenheiten über deren Zahl und Art; bibliothekarische Sünden 98. 99. Die Zahlfrage von Canisius selbst gelöst 99. 100. Suche nach dem „kleinsten" Katechismus: Spuren in Briefen und Anweisungen; Studentengebetbuch; Sprachlehre 100—103. Das Büchlein gefunden; Agricolas Recht und Unrecht 104. 105. Beschreibung des „kleinsten" Katechismus 106.

2. Der kleinste Katechismus in deutscher Sprache (1555—1596). — Allgemeine Rathlosigkeit über das Büchlein; Fingerzeige für seine Entdeckung 106. 107. Beschreibung desselben; das „Allgemeine Gebet"; Beicht- und Communionunterricht 108. 109. Fabris Katechismus 110. Aenderung der Eintheilung 110. 111. Letzte Feile 111. 112. Dalberg für das Buch 112.

Dritter Abschnitt. Der kleine Katechismus.

1. Der lateinische „kleine Katechismus für Katholiken" (1557 bis 1564). — Italienisches Gutachten 113. Gelehrtenüberlieferung 113. 114. Quellen: Kölner Lehrplan; Reidts Tagebuch, Berichte von Canisius 114. 115. Katechismusarbeiten in Worms, Zabern, Ingolstadt; die Löwener Theologen 115. 116. Erste Drucke in Köln; römische Drucke 116—120. Jesuitendruckerei zu Wien 120. Beschreibung des Büchleins; Unterschiede zwischen dem „kleinen" und dem „kleinsten" Katechismus 120. 121. Fürsorge des Ordensgenerals Laynez; neue Durchsicht in Rom 122. 123. Canisius über Katechismen aus anderer Feder 123. 124. Neubrucke 123. 124. Die Gebete des Buches; Susos Tagzeiten; Betrachtungen über den Erlöser; eine Schwierigkeit im Seligsprechungsprocesse 125. 126.

2. Der kleine Katechismus in das Deutsche übertragen (1555—1563). — Des Canisius Liebe zum deutschen Volke und zu dessen Sprache 126. 127. Der große und der kleinste Katechismus ins Deutsche übersetzt 127. Das neue deutsche Gebetbuch; Verbindung desselben mit dem kleinen Katechismus 127—129. Beschreibung des deutschen „kleinen Katechismus"; einiges aus der Einleitung des Canisius; Beicht- und Communionunterricht; Schatz von Gebeten; Christus, die Seele aller Andacht; Kalender; Bauernregeln; Bilderschmuck 130—133. Beurtheilungen: Ranke, Walch, Zezschwitz, die Sorbonne, Cornelius Loos; ein schönes Wort Bellarmins 133—135.

Vierter Abschnitt. Allerlei Gestaltungen und Erscheinungsweisen der Katechismen des Canisius.

1. Das große Christenlehrwerk (1569—1577). — Die am Rande der Katechismen angemerkten Belegstellen; Petrus Busäus entschließt sich, sie in ihrem Wortlaute zu geben 136. 137. Auswahl der Väterausgaben 137. 138. Theil-

nahme des Canisius 138. Der Drucker Gerwin Calenius zu Köln 139. Der Wortlaut des Katechismus abermals geprüft 139. 140. Laurens, der kritisch strenge Corrector; Canisius gegen die Druckfehler 140. Das neue „Christenlehrwerk"; Busäus über die Bedeutung der Väter bei den Katholiken und bei den Protestanten 140—143. Das Werk wird „Albine" 143. 144. Neue große Kölner Ausgabe; Busäus durch Hasius ersetzt 144 bis 146. Die Sorbonne und andere über das Buch 146. Gedanke eines deutschen Auszuges; späte Verwirklichung durch Wibenhofer; Augers Katechismus 147. 148.

2. **Kleinere Christenlehrschriften** (1566—1579). — Canisius über die Nothwendigkeit des Gebetes und des Empfangs der Sacramente; Beicht- und Communionbüchlein 148—150. Krankenunterricht 150. Christoph Plantin zu Antwerpen; Plantindrucke unserer Katechismen; Widmung an Philipp II. 150—152. Die „Unterweisungen und Uebungen in der christlichen Frömmigkeit"; wie Plantin druckte und verzierte 152. 153. Die gottesdienstlichen Bücher durch Pius V. neu gestaltet; Anpassung der „Unterweisungen" an sie; Molanus in dem Buche; Canisius über Mannigfaltigkeit im Gottesdienste 153—155.

3. **Der Bilderkatechismus** (1573—1589). — Bilderverordnung des Kirchenrathes von Trient; Luther und Lucas Cranach 155. 156. Wie Beller und Cholin den kleinen Katechismus mit Bildern beleben 156. 157. Römischer Bilderkatechismus 157. Entstehung eines niederländischen; Plantin, der Kupferstecher Peter van der Borcht, Canisius 157—159. Biblische Geschichte und Katechismus vereint 160. Die Arbeit Georg Mayrs 160.

4. **Honorar- und Widmungswesen.** — Wie die Verleger mit den Schriftstellern sich abfanden; Plantins Großmuth 160. 161. Das Widmungswesen jener Zeiten; ein protestantischer Fürst von einem Jesuiten mit Widmungen bedacht; die Widmungen des Canisius 161. 162. Warum er den Katechismus den Kölnern zueignete 162. 163. Wittelsbacher Fürsten; Katechismuswidmung an Herzog Wilhelm von Bayern; Wilhelms Dank 163—165. Bande zwischen Canisius und Fürstbischof Julius von Würzburg; das Christenlehrwerk demselben gewidmet; wie er der Widmung Ehre machte 165. 166.

5. **Höhe der Preise und der Auflagen.** — Die alten Meßkataloge 166. Preise einzelner Katechismen 167. Das Geschäftsbuch Plantins und seine Katechismenpreise 167. 168. Was ein Tiroler Buchhändler forderte 168. Stärke einer römischen, einer Antwerpener, einer Stockholmer Auflage 169. Zahl der Auflagen; Uebersetzungen; Verbreitung 169. 170.

Schluß.

Der Katechismus des Canisius in den Händen des hl. Aloysius und des hl. Franz von Sales 171. 172. Aufschwung der Christenlehrthätigkeit in Deutschland; neue Katechismen, neuer Eifer 172. 173. Was ein holländischer Protestant von seinen Glaubensgenossen für Canisius fordert; was ihm die deutschen Katholiken schulden 173. 174.

Einleitung.

Christenlehrthätigkeit des seligen Petrus Canisius.

Es war nicht lange nach dem Jahre 1521, da sah man zu Nymwegen Aegidia van Houweningen, die Frau des Bürgermeisters Jakob Canis, auf dem Sterbebette liegen. Vor ihrem Hingange ließ sie sich noch von ihrem Gemahle versprechen, er und die Seinigen wollten den kirchlichen Neuerungen ferne bleiben, wollten im katholischen Glauben leben und sterben[1]. Die gute Mutter ahnte damals wohl nicht, daß eines ihrer Kinder eine Säule dieses Glaubens sein werde durch Wort und Beispiel, insbesondere aber durch ein Büchlein, welches Jahrhunderte hindurch in Millionen von Herzen diesen Glauben einpflanzen, befestigen, befruchten sollte: wir meinen den Katechismus des seligen Petrus Canisius.

Der Segen der Mutter ruhte sichtlich auf dem kleinen Peter. Eine Schwester seiner Stiefmutter, eine stille, fromme Jungfrau, ward der sichtbare Engel seiner Kinderjahre. Schon als Knabe hatte er seine Freude daran, dem Priester in der Feier des Meßopfers nachzuahmen und den Prediger oder Katecheten zu spielen. Als Schüler des Montaner-Gymnasiums zu Köln fand er in dem tief frommen Priester Nikolaus van Esche einen Lehrer des innerlichen Lebens, der, wie Canisius selbst in seinem „geistlichen Testamente"[2] sich ausdrückt, „Tag für Tag durch Wort und Beispiel" „den Andachtseifer und die Liebe zur Tugend in seinem Zöglinge weckte und mehrte". „Verstehst du Christum gut," pflegte Nikolaus zu sagen, „so genügt es, auch wenn du das übrige nicht verstehen solltest." Täglich mußte Peter einen Abschnitt aus dem Evangelium lesen, einen besonders kernhaften Satz aus demselben seinem Gedächtnisse einprägen und während des Tages zuweilen über denselben nachdenken[3].

---

[1] Confessiones P. Petri Canisii. Lib. 1. Abschrift, wohl aus dem 18. Jahrhundert, in der Universitätsbibliothek zu München. Eine französische Uebersetzung gedruckt bei *V. Alet*, Le bienheureux Canisius (Paris 1865), 225—273.

[2] *Eine Abschrift im Reichsarchive zu München; eine andere im Ordensbesitze.

[3] Confessiones l. c. Vgl. J. Janssen, Geschichte des deutschen Volkes IV (14. Aufl.), 391.

Bald nachdem der Nymweger Jüngling den kölnischen Boden betreten, tagte in den Mauern der Stadt jenes berühmte Provinzialconcil, welches der Geistlichkeit die Pflichten des kirchlichen Lehramtes so eindringlich ans Herz legte und ihr als Anhang zu seinen gedruckten Verordnungen das „Handbuch der christlichen Lehre" zukommen ließ. Johannes Gropper war, wie die Seele der Versammlung, so auch der Verfasser jenes katechetischen Werkes. Damit nicht zufrieden, gab Gropper im Jahre 1546 zu Köln einen zweiten lateinischen Katechismus für die Schuljugend des Gereonsstiftes heraus und ließ denselben ein Jahr später auch in deutscher Uebersetzung erscheinen[1]. Dem scharfen Auge des Kölner Stiftsherrn konnte der Bürgermeisterssohn von Nymwegen nicht entgehen. Canisius gewann in Gropper einen väterlichen Freund und thatkräftigen Gönner. Am 20. Juni 1546 grüßte er im Namen Groppers den Bischof Friedrich Nausea von Wien und sandte ihm dessen Katechismen; Canisius unterließ dabei nicht, den Nutzen hervorzuheben, welchen diese Büchlein dem Werke des Jugendunterrichtes brächten[2].

Schon vor diesem Briefe hatte Canisius einen Schritt gethan, welcher ihn der katechetischen Laufbahn noch näher bringen mußte: er hatte am 8. Mai 1543 zu Mainz durch Gelübde sich der Gesellschaft Jesu geweiht. Der Stifter dieses Ordens, Ignatius von Loyola, hatte von Anfang an die christliche Unterweisung der Kinder und der Ungebildeten als eine Hauptaufgabe auf die Fahne seiner Genossenschaft geschrieben. In der Verfassung, welche er derselben gab, kommt er immer wieder zurück auf diese „heilige Uebung", durch welche man Gott „einen ganz besondern Dienst erweise"[3]. Wenn die Priester die feierlichen Ordensgelübde ablegten, so sollten sie ausdrücklich versprechen, mit besonderer Sorgfalt dieses Amtes zu warten[4]. Wer Oberer wurde, sollte binnen Jahresfrist wenigstens vierzigmal Christenlehre halten[5]. Ignatius selbst ging mit seinem Beispiele voran. In Spanien sagte ihm einmal sein Bruder: Es würden nur wenige Zuhörer zu seiner Katechese kommen; das lohne denn doch der Mühe sich nicht. Ignatius entgegnete: „Mir genügt ein einziges Kind."[6] Noch als Ordensgeneral hielt er zu Rom, obwohl der italienischen Sprache nicht vollkommen mächtig, in dem Kirchlein Santa Maria degli Astalli eine Reihe von katechetischen Vorträgen[7].

Canisius erwies sich eines solchen Meisters würdig. Zu Ende des Jahres 1549 bestieg er einen Lehrstuhl der Theologie in Ingolstadt; im October

---

[1] Chr. Moufang, Katholische Katechismen des 16. Jahrhunderts in deutscher Sprache (Mainz 1881), 243.
[2] Der lateinische Brief ist gedruckt in Epistolarum miscellanearum ad Fridericum Nauseam Blancicampianum, singularium personarum, libri X (Basileae 1550), 400—403.
[3] Constitutiones Societatis Jesu. P. 5, c. 3, Decl. B.
[4] L. c. P. 5, c. 3, n. 2.   [5] L. c. P. 4, c. 10, n. 10.
[6] Petr. Ribadeneira, Vita Ignatii Loiolae (Antverpiae 1587), 103.
[7] Ribadeneira l. c. 195. Chr. Genelli, Das Leben des hl. Ignatius von Loyola (Innsbruck 1848), 203.

des folgenden Jahres ward er zum Rector der Hochschule gewählt. Das hinderte ihn nicht, jede Woche den Kindern den Katechismus zu erklären[1]. „Heute noch", schreibt ein Kenner des gegenwärtigen Ingolstadt, „weiß man die Plätze zu zeigen, wo er seine kleinen Zuhörer freudig, wie Xaverius in Indien es hat, um sich versammelte, mit ihnen dann nach dem Unterrichte betend die Straßen durchzog."[2] Auch als er von Ingolstadt an die Wiener Hochschule war versetzt worden, fand er Zeit zu diesem frommen Werke. In den Weihnachtstagen des Jahres 1552 treffen wir den seeleneifrigen Mann in einer seit Monaten verwaisten Pfarrei bei Wien, wie er die Kranken besucht, täglich predigt, die Jugend in der Kirche versammelt, um ihr die Anfangsgründe des Glaubens beizubringen. Er mußte, schreibt sein Ordensgenosse Martin von Stevord, länger bleiben, als er sich vorgenommen. Nur mit Mühe konnte er die Leute bereden, die Geschenke zu behalten, welche sie ihm aufbrängen wollten. Sie versprachen ihm viel Geld für den Fall, daß er sich entschließe, wieder zu kommen[3]. In der darauffolgenden Fasten durchzog unser Wiener Professor eine ganze Anzahl von Pfarreien Niederösterreichs, predigend, katechisirend, die Sacramente spendend, um so, wie er selbst an einen Kölner Freund schreibt, „den danieberliegenden Schafen und dem verlassenen Ernteselbe Hilfe zu bringen"[4]. Den Kindern in der Schule Religionsunterricht zu ertheilen, das war auch seine Erholung zu Worms, nachdem er dort bei dem Religionsgespräche des Jahres 1557 an der Spitze des katholischen Theiles für die Kirche gestritten[5]. Von Worms führte ihn ein Ruf des Straßburger Bischofs nach Zabern im Elsaß. Er versäumte nicht, in die Schule zu gehen und den Katechismus vorzutragen. „Die Knaben", berichtete er nach Rom, „liebten mich wie einen Vater; ich habe ihre Beichten gehört."[6]

Auch die Jugend der Reichsstadt Augsburg sollte die Liebe dieses Vaterherzens erfahren. Canisius ward daselbst im Jahre 1559 zum Domprediger bestellt. Ein Jahr später vermerkt das Augsburger Domkapitel in seinem Rathsbuche: „Den 16. Septembris hat Herr Canisius gebeten, ihme in seinen Hof noch ein Stüblein für die Knaben zu bauen, und ist ihme be-

---

[1] *Canisius an den hl. Ignatius, Ingolstadt, 2. November 1550: Il P. Nicolao ed io abbiamo determinato ... di insegnar la dottrina cristiana una volta nella settimana. Originalbrief.

[2] J. B. Reiser, B. Petrus Canisius als Katechet (2. Aufl., Mainz 1882), 29.

[3] *Lateinischer Brief, wahrscheinlich an den hl. Ignatius, Wien, 6. Januar 1553. Urschrift oder gleichzeitige Abschrift.

[4] *Canisius an den Stiftsherrn Andreas Herrl zu Köln, Wien, 27. April 1553. Lateinischer Brief. Abschrift aus dem 17. oder 18. Jahrhundert.

[5] *„Non exiguum hoc loco fructum in Domino mihi pollicerer, tum apud pueros, quos in schola instituere coepi, tum apud clerum istum." Canisius an P. Jakob Laynez, Generalvikar des Ordens, Worms, 6. December 1557. Gleichzeitige Abschrift. Ein großer Theil des Briefes italienisch übersetzt bei *Gius. Boero*, Vita del Beato Pietro Canisio (Roma 1864), 168—171.

[6] *Canisius an Laynez, Ingolstadt, 1. Februar 1558. Lateinischer Brief.

willigt."[1] Canisius selbst schreibt an Cardinal Otto von Truchseß, Bischof von Augsburg: „Tag für Tag senden die Bürgermeister und einige andere ihre Söhne in unser Haus, so enge es auch ist, damit man sie im Katechismus unterweise."[2] Doch nicht bloß das enge Haus, auch die Kanzel des weiten Augsburger Domes ward dem Katechismus dienstbar gemacht. In der Fastenzeit des Jahres 1563 schrieb ein Ordensbruder des Dompredigers aus Augsburg nach Rom: „Pater Canisius hat jetzt zu den vier Predigten, welche er dem Brauche gemäß allwöchentlich halten muß, auch noch für drei Nachmittage jeder Woche Predigten über den Katechismus auf sich genommen. Früher war dies nicht geschehen. Die Leute sind sehr froh darüber. Die Mühe bringt Frucht."[3]

Zu den öffentlichen Christenlehren in Schule und Kirche kamen die Einzelunterrichte. So nahm Canisius im Jahre 1557 zu Regensburg während des Reichstages einen Israeliten in sein Haus auf, um ihn im Glauben zu unterweisen und für die Taufe vorzubereiten, welche Cardinal Otto ihm spenden wollte[4]. Aus Augsburg sandte der Jesuit Wilhelm Elberen im Jahre 1565 einen jungen Mann nach Rom mit der Meldung, derselbe habe einen Rath des Herzogs von Württemberg zum Vater und sei Lutheraner gleich allen seinen Verwandten; doch wolle er katholisch werden; Canisius habe ihn bereits unterrichtet[5].

Auch Würzburg vernahm das Wort des eifrigen Katecheten. Canisius erklärte während der Fastenzeit des Jahres 1567 in der großen Barfüßerkirche jeden Montag und Mittwoch nachmittags die Grundzüge des Glaubens für die gesamte Jugend und alle Dienstboten der Stadt[6].

Zwei Jahre später schrieb aus Dilingen, wo Canisius damals weilte, sein Ordensbruder Winsenius nach Rom, der Pater sei vom Papste mit hochwichtigen wissenschaftlichen Arbeiten betraut worden — er sollte bekanntlich die Magdeburger Centuriatoren widerlegen —, und darum habe er des Provinzialamtes sich entkleidet. Das Amt eines Kinderlehrers aber wollte Canisius nicht lassen. In der freien Zeit, welche er sich abstehlen könne, so heißt es in dem Briefe weiter, mache er sich ein Vergnügen daraus, Kinder und ungebildete Leute in den Katechismus einzuführen[7].

---

[1] *Cod.: „Jesuiten 1559. Augsburg Domkap. II G 4 n. 33", p. 30. Im Reichsarchive zu München.

[2] *Canisius an Cardinal Otto von Truchseß, Augsburg, 20. September 1561. Bruchstück. Alte, wohl gleichzeitige Abschrift.

[3] *Lateinischer Bericht des P. Hurtado.

[4] *Canisius an Laynez, Regensburg, 11. Februar 1557. Eigenhändiger italienischer Brief. Eine kurze Stelle aus demselben bei *Boero*, Canisio, 156.

[5] Elberen an P. Polanco, Augsburg, 25. Sept. 1565. Eigenhändiger Brief.

[6] Die Einladung zu diesen Christenlehren, welche Fürstbischof Friedrich am Sonntage vorher von allen Kanzeln Würzburgs verkünden ließ, ist abgedruckt im „Würzburger Diöcesanblatt" 1859, S. 290, und bei C. Eubel, Die Franziskanerkirche in Würzburg (Würzburg 1882), 18—19.

[7] Litterae annuae collegii Dilingensis. Dilingae, 1. Oct. 1569. Urschrift.

Wandern wir aus Schwaben nach Tirol, so treffen wir zwischen Hall und Innsbruck malerisch am Fuß der Alpenberge hingestreckt das Dörflein Arzl. Da sieht man heute noch ein Bauernhaus, welches durch sein bogenförmiges Thor, die Wölbungen seines untern Stockwerkes, die starken, alten Eisengitter vor mehreren Fenstern als einen Zeugen aus entschwundenen Zeiten sich ausweist. An der Außenwand dieses Hauses, über dem Thore, zeigt sich ein großes Gemälde: Canisius steht mit einem Gefährten auf einem großen, freien Platze des Dorfes; vor ihm Knaben, hinter ihm Erwachsene; alle lauschen der Lehre des Heiles, die aus seinem Munde kommt. Die alte Ueberlieferung erklärt das Bild, indem sie vermeldet: Während Canisius im Collegium von Innsbruck lebte, sei er von dort oftmals nach Arzl gekommen und habe im obern Stockwerke dieses Hauses, welcher als Schulraum diente, den Kindern Religionsunterricht ertheilt. Canisius, versichert ein neuerer Tiroler Schriftsteller, „zog die Herzen der Kinder so ganz an sich, daß sie ihm schon von weitem entgegenliefen und mit Gewalt von ihm getrennt werden mußten"[1].

Der Katechet von Nymwegen stand damals an der Schwelle des Greisenalters; Arbeiten, Reisen, Anfeindungen, freiwillige Strengheiten hatten sein Haar gebleicht und die Kraft seiner Stimme gebrochen. Die Liebe zur Jugend aber war in seiner Brust nicht erkaltet. Er trug sie mit sich, als er den letzten Schauplatz seines Erdenwirkens, die Stadt Freiburg in der Schweiz, betrat. Dort hatte der eifrige katholische Rath schon einige Jahre zuvor einen eigenen Katecheten angestellt und Quatember für Quatember mit Besoldung bedacht. Die Ausgabe verschwindet in den Rechnungsbüchern der städtischen Säckelmeister, nachdem Canisius und sein Genosse in Freiburg eingezogen[2]. Die Jesuiten hatten das Amt unentgeltlich übernommen und verwalteten dasselbe mit so viel Eifer, daß der Ordensgeneral Claudius Aquaviva am 4. November 1583 an den Freiburger Rector Petrus Michael schreiben konnte: „Mit großer Freude habe ich aus dem Briefe Eurer Hochwürden entnommen, daß unsere seelsorgliche Thätigkeit zu Freiburg in so hoher Blüthe steht, und namentlich die Christenlehre; es wird an Ihnen liegen, daß ein Seeleneifer nie erlahme, der so sehr im Geiste unseres Ordens liegt, und der besonders in den Gegenden, in welchen Sie leben, so hochnothwendig ist."[3] Wie lange Canisius noch zu Freiburg in offener Kirche als Katechet auftreten konnte, läßt sich nicht mehr bestimmen. Sicher ist, was sein langjähriger Freund, der Freiburger Pfarrer und Stiftspropst Sebastian Werro, berichtet: Noch in seinem höchsten Alter habe er bereitwillig die Protestanten unterrichtet, welche von auswärts kamen und bei ihm Belehrung suchten[4]. Bei seinem

---

Ein Theil gedruckt bei *Fr. Sacchinus*, De vita et rebus gestis P. Petri Canisii, de Societate Jesu, Commentarii (Ingolstadii 1616), 266—267.

[1] Beba Weber, Tirol und die Reformation (Innsbruck 1841), 380.

[2] Ich konnte im Spätherbste 1891 im Staatsarchive von Freiburg von diesen Büchern Einsicht nehmen.

[3] *Lateinischer Brief in gleichzeitiger Abschrift.

[4] * De vita Ven. P. nostri Petri Canisii... extrema parte p. 3-4. Neue Abschrift.

Seligsprechungsprocesse gab im Jahre 1627 ein Zeuge zu Freiburg die Erklärung ab: Aus dem protestantischen Basel nach Freiburg zurückgekehrt, habe er von Canisius eine vortreffliche Unterweisung über die Geheimnisse des Glaubens erhalten; zweimal jeden Tag habe ihn Canisius aus dem Katechismus befragt[1].

So hat der erste deutsche Jesuit mit der That geübt, was er in einer seiner Schriften[2] mit den Worten ausspricht: „Warum sollten wir es uns gereuen lassen, warum uns schämen, den Katechismus zu lehren? Ist ja doch dieser Unterricht ohne allen Zweifel Gott dem Allerhöchsten wohlgefällig, dem Beispiele der größten Männer entsprechend, der katholischen Kirche heilsam, der christlichen Jugend nothwendig, unserem Berufe angemessen. Hat denn nicht unser Lehrer und oberster Hirt Christus gewissermaßen das Amt eines Katecheten übernommen und verwaltet, indem er den Hauptinhalt des Katechismus mit seinem hochheiligen Munde entweder neu offenbarte oder bestätigte? Mögen andere ihre Geschäfte vorschützen; mögen sie auf vornehmere und einträglichere kirchliche Verrichtungen sich werfen, dieses Amt aber für niedrig und mühevoll erachten und mit allerlei Künsten ihm sich entziehen, damit es nicht scheine als sollten sie gewissermaßen mit den Kindern wiederum kindisch werden. Christus dagegen, die Weisheit Gottes selbst, scheut sich nicht, mit den Kindlein sehr vertraut umzugehen; sie läßt er zu sich kommen, schließt sie in seine Arme, küßt sie voll Liebe; ihnen legt er seine Hände auf und segnet sie; ihnen gibt er die Engel zu Dienern und Wächtern; sie macht er endlich zu Bürgern des Himmelreiches und setzt sie vor andern gleichsam zu Erben seiner eigenen Güter ein. Ueberdies droht er dem die schwerste Strafe, welcher etwa eines aus den Kleinen ärgern sollte, sei es durch seine Lehre in Sachen des Glaubens, sei es durch sein sittliches Verhalten; das Gute endlich, welches man den Kleinen erweist, ist ihm, wie er versichert, so wohlgefällig, daß jeder, der in seinem Namen ein Kind aufnimmt, Christum selbst aufnimmt und für immer zum Schuldner hat. So wichtig ist es, wofern wir Christo, dem Herrn, und seinem heiligen Evangelium glauben, daß man der Kinder sich annehme und sie mit allem Eifer zur Frömmigkeit anleite. Das aber thun gute Katecheten, und sie verrichten damit nicht bloß ein christliches Werk, sondern sozusagen einen Engelsdienst. Kein Wunder darum, daß jene vortrefflichen heiligen Väter, ein Origenes, Basilius, Ambrosius, Augustinus, Cyrillus, dieser Lehrthätigkeit sich nicht entschlagen haben, ja vielmehr Führer auf dieser Bahn uns geworden sind. . . . Sie sahen eben in ihrer Weisheit: In diesem großen Hause Gottes findet man mehr fleischliche als geistliche Menschen, mehr Kinder als Männer und Vollkommene, wie Paulus sie nennt. Da ist immer ein großer Haufe nicht nur von solchen, die gering an Alter, sondern auch von solchen, die am Geiste schwach und klein sind. Diesen mu

---

[1] * Processus Beatificationis Ven. Dei Servi Petri Canisii n. 242. Cod. der Lycealbibliothek zu Dillingen.

[2] Widmung des Opus catechisticum an Fürstbischof Julius Echter von Würzburg. Näheres über dies Werk unten.

man das Brod der evangelischen Lehre brechen, bis sie festere Speise vertragen und in Christus selbst groß werden und vorankommen. Gäbe es aber auch gar keinen andern Beweggrund, so müßte doch wenigstens die unverdrossene Anstrengung und die unermüdliche Sorgfalt dazu uns aufstacheln und antreiben, mit der unsere Gegner ihren Katechismus lehren."

Durchdrungen von der Würde und Schönheit des Katechetenamtes, selbst ein eifriger Katechet in Kirche, Schule und Haus, an vielen Orten, durch lange Jahre, war Petrus Canisius nicht ganz unwürdig, der Christenheit einen neuen Katechismus zu schenken[1].

---

[1] Was Canisius für Unterricht und Erziehung der deutschen Jugend gethan, ist in kurzen kräftigen Zügen zusammengestellt von J. Knabenbauer S. J., Der selige Canisius und die Schulfrage, in den „Stimmen aus Maria-Laach" XVII, 352—370.

Erster Abschnitt.
Der große Katechismus.

1. Veranlassung zum großen Katechismus.

Schon vor Canisius, längst vor Luthers Zeit, hat man begonnen, Katechismen zu verfassen, das ist, in eigenen Büchern kurz und planmäßig jene Anfangsgründe der christlichen Lehre zusammenzufassen, welche die Kirche seit ihrer Gründung den Kindern und andern im Glauben Unwissenden mündlich dargelegt, und welche sie seit Erfindung der Buchdruckerkunst auch in zahllosen Volksschriften — Auslegungen des Glaubensbekenntnisses, des Vaterunsers, der zehn Gebote, Beichtspiegeln, Sterbebüchlein — durch Wort und Bild mehr oder minder ausführlich in die weitesten Schichten des Volkes getragen hat [1]. Schon im Jahre 1429 befahl in Spanien die Kirchenversammlung von Tortosa die Abfassung eines Katechismus im heutigen Sinne [2]. Der deutsche Protestant Köcher — um vom Auslande zu schweigen — beschreibt des nähern jenen Katechismus des Jahres 1509, welcher sich „Grundlage der ewigen Seligkeit" nennt [3]. Nach dem Reichstage des Jahres 1530 erschien der Augsburger katholische Katechismus, von welchem Luther in seinen Tischreden spricht. Von dieser Zeit an folgen sich die katholischen Katechismen

---

[1] Man weiß, welch helles Licht die gelehrten Arbeiten der letzten Jahrzehnte auf diese früher arg verkannte Thatsache geworfen haben. Ich erinnere nur an die Veröffentlichungen von Brück, Falk, Geffcken, Göbl, Hasak, Hipler, Janssen, Knecht, Münzenberger. Auch die neueste protestantische Kirchengeschichtschreibung hat die Ergebnisse dieser Forschungen anerkannt. So Wilhelm Möller, Kirchengeschichte II (Freiburg i. Br. 1891), 534.

[2] Ueber den kurzen Katechismus für Seelsorger, welcher 1368 in Frankreich die Väter der Provinzialsynode von Lavaur zusammenstellten, s. „Katholik", 69. Jahrg. (Mainz 1889), II, 619—635.

[3] Daß der Stammbaum des heutigen „Katechismus" über Luther hinaufreicht, das ist auch von Protestanten schon seit vielen Jahren zugestanden; so z. B. von Weidemann in seinem Artikel „Katechismus" in der ersten Auflage der Encyclopädie des gesamten Erziehungs- und Unterrichtswesens, herausgegeben von K. A. Schmid III (Gotha 1862), 904—915.

Schlag auf Schlag, deutsch, lateinisch, in beiden Sprachen zugleich. Bald haben sie einen Bischof zum Verfasser, einen Johann Maltiz von Meißen, Michael Helbing von Merseburg, bald Universitätsprofessoren oder Ordensmänner, wie es Matthias Kremers, Franz Titelmann, Peter von Soto gewesen. Der Katechismus des Bibelübersetzers Johannes Dietenberger hatte vor dem Jahre 1550 bereits acht Auflagen erlebt. Zu Köln allein wurden in der ersten Hälfte des 16. Jahrhunderts sechs verschiedene Katechismen gedruckt [1].

Aber auch die Gegner waren nicht müßig. Im Jahre 1527 ließen die Zwinglianer ihren St. Galler Katechismus, der Lutheraner Johann Brenz seine „Fragestücke des christlichen Glaubens" erscheinen. Ein Jahr danach trat der Althammersche Katechismus zu Nürnberg, der von Lachmann zu Heilbronn ans Licht, um im folgenden Jahre von dem großen und dem kleinen Katechismus Luthers verdunkelt zu werden. Einige Jahre später erschien Calvin auf dem katechetischen Schauplatze, und hinter den Häuptern der Kirchentrennung drängten sich bald die kleineren Geister, der deutschen Katechismen gar nicht zu gedenken, welche die „böhmischen Brüder" schon in den 20er Jahren des Jahrhunderts aus den Pressen von Erfurt, Magdeburg, Wittenberg hatten hervorgehen lassen.

Von den katholischen Katechismen waren manche für den Volksgebrauch wenig geeignet: einige waren ziemlich lang, fast einer Hauspostille oder einem gelehrten Vorlesebuch vergleichbar, andere nicht in Fragen und Antworten abgefaßt; der eine war so eingetheilt, der andere anders; keiner konnte allgemeinen Beifall oder auch nur einen sehr weiten Spielraum gewinnen. Dazu kam, daß der Protestantismus mit großer Rührigkeit seinen Katechismus durch das ganze Reich zu verbreiten suchte. Nach des Matthesius Bericht waren im Jahre 1563 schon mehr als 100 000 kleine Katechismen Luthers in den Händen des Volkes [2]. Gropper klagte bereits im Jahre 1547, die Jugend werde „durch vielerlei ketzerische Bücher, welche unter dem Titel Catechismi ußgan, und hie und wider versprenget und verstochen werden, jämmerlich verfürt" [3]. „O wie viel gestalt und weiß der gebett," klagte zwei Jahre später des Herausgeber des kleinen Katechismus nach Peter von Soto, „wie vil büchle zu underweisen, oder vil mer zur verweisung der kinder, wie vil liedle und gesängle, schawspil, schmitz und gespan wort seind zu dieser zeit aufkommen so anderst nicht lautend, dann irrthumb und unfletigkait." [4]

Die Katechismenverwirrung war groß. Es geschah wohl unter dem Drucke dieses schmerzlichen Uebels, daß Canisius am 24. März 1550

---

[1] Dreizehn deutsche Katechismen des 16. Jahrhunderts hat Moufang in dem oben genannten Werke neu herausgegeben. Diese Sammlung ist keineswegs erschöpfend.

[2] J. K. Irmischer, Dr. Martin Luthers katechetische Schriften I (Erlangen 1832), 2.

[3] Vorrede zu seinem deutschen Katechismus. Bei Moufang a. a. O. 243.

[4] Vorrede zum „Khurtzen begriff Catholischer lehr", bei Moufang a. a. O. 319.

aus Ingolstadt an P. Johannes von Polanco, den Geheimschreiber des hl. Ignatius, die Bitte richtete, er möchte ihn doch mit einem Katechismus versehen, der für die Deutschen passe¹. Fast ein Jahr später schrieb er aus der nämlichen Stadt an seinen Ordensbruder Jakob Laynez, er habe sich schon früher nach Rom gewendet und um einen Katechismus gebeten, welcher im Geiste des Ordens und im Sinne des Laynez gehalten wäre. Nun habe P. Claudius Le Jay nach Ingolstadt geschrieben, er halte es für das beste, daß Laynez ein solches Buch für die Deutschen verfasse. Dies, erklärt Canisius, sei auch oft sein und seines Ingolstädter Gefährten Goudanus Gedanke gewesen, und so möge denn Laynez sich entschließen, einen Katechismus für die deutsche Jugend zu liefern, „welcher", so schreibt Canisius wörtlich, „besser wäre als die so zahlreichen andern, die oft der Jugend sogar schaden"².

Laynez war gleich Le Jay einer der ersten Gefährten des Ordens= stifters Ignatius und wohl der scharfsinnigste von allen. Canisius hatte ihn zu Trient kennen gelernt. Dort durfte Laynez in der Kirchenversammlung zwei und drei Stunden sprechen, ohne den Vätern lästig zu werden³. Dabei zeigte er sich überall als einen eifrigen Katecheten: in Venedig, in Padua, in Brescia; zu Neapel gründete er im Jahre 1548 einen eigenen Männerverein für Christenlehre⁴. Canisius und Le Jay hatten nicht Un= recht, wenn sie auf ihn das Auge richteten.

Zuweilen hatte übrigens Canisius in Ingolstadt auch andere Pläne. „Wie man in Italien", schreibt Le Jay gegen Ende des Jahres 1550 aus Augsburg an den hl. Ignatius, „in der Volkssprache die Christen= lehre hält, so möchte Magister Petrus Canisius dieselbe an der Uni= versität für die Studenten lateinisch halten, und diese Vorträge möchte er auch der Oeffentlichkeit übergeben. Er hat mir darüber geschrieben und um meinen Rath gebeten. Ich antwortete ihm: Es wäre nicht nur nützlich, sondern nothwendig, einen Katechismus für die Jugend zu verfassen, welcher den herrschenden Irrthümern die entsprechenden katholischen Lehren gegen= überstellte. Das thun ja im entgegengesetzten Sinne auch die Lutheraner,

---

¹ * Eigenhändiges italienisches Schreiben. Eine kurze Stelle aus demselben bei *Boero*, Canisio, 70—71.
² * Schreiben vom 10. Februar 1551.
³ *Petr. Ribadeneira*, Vita P. Jacobi Laynis, Alphonsi item Salmeronis, scripta latine ab And. Schotto (Coloniae 1604), 36.
⁴ *Gius. Boero*, Vita del Servo di Dio P. Giacomo Lainez (Firenze 1880), 36—43. 95.

und zwar mit größtem Fleiße; in allen ihren Knaben- und Mädchen-schulen tragen sie ihre Katechismen vor. Aber, so sagte ich unserem Ca-nisius, meiner Ansicht nach müßte der katholische Katechismus mit großer Sorgfalt von drei oder vier Mitgliedern unseres Ordens ausgearbeitet werden, welche vor den übrigen durch Erfahrung und theologische Bildung sich auszeichneten. Alle Ordensgenossen, welche Christenlehre halten, be-sonders in Deutschland, müßten dann diesen Katechismus sich zur Richt-schnur nehmen. Bei dessen Abfassung habe man also meines Erachtens viele Eintheilungen und Begriffsbestimmungen zu machen; auch sei darauf zu achten, daß man der Ausdrucksweise der alten Väter und der katho-lischen Lehrer nicht untreu werde. Ich bat ihn also, er möge das Urtheil Eurer Hochwürden abwarten; um so mehr, da er als Rector, Professor und Prediger an der Universität keinen Mangel an Arbeit haben werde."[1]

Wir kennen den Bescheid nicht, welchen der Vorsteher des Ordens er-theilte. Die Vorsehung wollte, daß nicht Laynez der Vater des ersehnten Katechismus werde, sondern Canisius; sie hatte weder Ingolstadt noch Rom zur Geburtsstätte des Buches bestimmt, sondern die Kaiserstadt Wien.

Zu Wien begegnete sich mit Le Jay und Canisius in dem Verlangen nach einem neuen Religionshandbuche der Bruder Karls V., der römische König Ferdinand I. In Spanien geboren, Enkel Ferdinands des Ka-tholischen, in seiner Jugend noch bekannt mit dem großen Cardinal Ximenez, war Ferdinand durch und durch katholisch. Das Herz mußte ihm bluten, wenn er von der Wiener Hofburg aus seine Lande überblickte. In Ungarn brachen die Türken einen Edelstein um den andern aus der Krone des hl. Stephan; in Böhmen war der erzbischöfliche Stuhl seit Jahr und Tag verödet, die berühmte Hochschule fast nur mehr ein Schatten, das Land von hussitischen und protestantischen Secten zerrissen. Auch die Erblande ob und unter der Enns boten einen traurigen Anblick: die Geistlichkeit gelichtet, verachtet, theilweise verroht; die Klöster entvölkert; der Adel nach den Kirchengütern lüstern, das Volk vielfach verwildert, die Gut-gesinnten an Zahl und Macht gering. Der neue Glaube war sozusagen bis in die Vorzimmer des römischen Königs gedrungen; es schien, als solle Oesterreich demnächst ein protestantisches Land werden.

Ferdinand ließ die Hände nicht im Schoße liegen. Eine seiner Haupt-sorgen wandte sich der tiefgesunkenen Wiener Hochschule zu. Er ließ im

---

[1] Der Brief ist gedruckt bei *Gius. Boero*, Vita del Servo di Dio P. Claudio Jajo (Firenze 1878), 202—203.

Jahre 1551 durch eigene Bevollmächtigte Vorschläge zu ihrer Erneuerung machen und dieselben in sieben Abschnitten dem Rector und dem Rathe der Anstalt überreichen. Der König, heißt es darin, sei entschlossen, „einen gemeinen christlichen Katechismus, auch ein wissenschaftliches Lehrbuch der katholischen Religion" abfassen zu lassen[1], ferner eine kurze Sprachlehre — ohne Zweifel eine lateinische — und auch Handbücher der Dialektik und der Rhetorik für den Schulgebrauch; man möge Männer bezeichnen, welche für diese Arbeiten geeignet seien. Die Antwort der Universität befriedigte den König nicht; sie mußte ein zweites Mal Rede stehen. Für den theologischen Theil der gelehrten Aufgabe schlug sie einen der zwei Jesuiten vor, welche vor kurzem zur Gründung eines Collegiums nach Wien gekommen waren, den P. Claudius Le Jay[2].

Der Savoyarde Le Jay hatte zu Paris dem hl. Ignatius sich angeschlossen. Die Ingolstädter Hochschule hatte ihn eine Zeitlang unter ihre Professoren gezählt; König Ferdinand hatte ihm vergebens das Bisthum Triest angeboten. Im Jahre 1550 wußte er beim Reichstage zu Augsburg die Gesandten des protestantischen Herzogs von Sachsen derart für sich einzunehmen, daß diese bei Ferdinand und andern Fürsten beantragten, Le Jay solle mit ihnen nach Sachsen gehen und dort mit Philipp Melanchthon und andern Lehrern des Protestantismus die religiösen Streitpunkte erörtern; seine „gelehrte Bescheidenheit und bescheidene Gelehrsamkeit" werde mehr ausrichten als die scharfen Disputationen, welche andere gehalten[3]. „Als der König", so berichtet Le Jay selbst dem hl. Ignatius[4], „erfahren hatte, daß man mich zum Verfasser des Religionshandbuches auserkoren, redete er mir zu, Hand anzulegen; das Gleiche that Doctor Jonas, Kanzler Seiner Majestät. Die Arbeit übersteigt meine Kräfte;

---

[1] „Summam quandam et compendium catechismi seu doctrinae catholicae" heißt es im Conspectus Historiae Universitatis Viennensis (Viennae 1722), 181—182. Genauer aber scheint der Ausdruck des königlichen Erlasses wiedergegeben zu sein bei Rub. Kink, Geschichte der kaiserlichen Universität zu Wien I b (Wien 1854), 161—162: „ein gemeinen christlichen Catechismum, auch einen Methodum doctrinae catholicae. . . ." Es sei, hieß es in der Verordnung weiter, „unverneinlich wahr und offenbar, daß etliche Schulen einen sehr kurzen modum docendi brauchen und damit in kurzer Zeit gelehrte Schüler ziehen".

[2] So berichtet Le Jay selbst nach Rom in seinem Schreiben vom 9. October 1551, bei *Boero*, Jajo, 204—205. Vgl. auch F. B. v. Bucholtz, Geschichte der Regierung Ferdinands des Ersten VIII (Wien 1838), 191.

[3] Lateinischer Bericht nach Rom, am 30. April 1551 aus Ingolstadt durch Canisius erstattet, bei *Boero*, Jajo, 240—242.

[4] In dem oben Note 2 angeführten Briefe vom 9. October 1551.

ich suchte mich loszumachen. Ohne mein Unvermögen geltend zu machen, wies ich mehrere Katechismen vor, welche kürzlich von tüchtigen Männern in Deutschland verfaßt worden sind, nämlich den des hochwürdigsten Beichtvaters des Kaisers [1], dann den Gropper'schen, welcher im verflossenen Jahre auf Verlangen des Erzbischofs von Köln gedruckt worden ist, ferner den Katechismus, der auf der Synode des Erzbischofs von Mainz entstanden ist, und andere dieser Art. Der Herr Kanzler erwiderte mir: Seine Majestät wünsche ein ausführlicheres Werk, welches die katholischen Lehrsätze so recht in ihrem Gegensatze zu den Zeitirrthümern behandle; dies Buch solle methodisch sein und die Stücke enthalten, welche jeder gute Christ wissen müsse; der König wolle, daß es von seinen Gottesgelehrten verfaßt, zu Wien in seinem Auftrag gedruckt und auf seinen Befehl in den Schulen aller seiner Provinzen und Reiche von den Lehrern vorgetragen werde. In der Erwägung, daß der König es so gut und ehrlich meine, und daß ein solches Werk so viel Gutes stiften könnte, habe ich bis jetzt nicht ausdrücklich abgelehnt. Ich dachte auch, Eure Paternität würde es vielleicht übel vermerken, wenn wir nicht Ihre Willensäußerung abwarteten, bevor wir Ja oder Nein sagten. Dem Magister Nikolaus und mir scheint, daß — von andern Unzukömmlichkeiten abgesehen — unsere Entschuldigungs=gründe auf den König und die Universität keinen Eindruck machen werden. Auf der andern Seite glauben wir beide, einem solchen Unternehmen nicht gewachsen zu sein. Denn, um von andern Gründen zu schweigen, es fehlt uns sowohl der Stoff, als die Zeit, ihn in Ordnung zu bringen. Dem Magister Nikolaus [2] obliegt die Leitung dieses Collegiums, und er hält jeden Tag Vorlesungen in und außer dem Hause; ebenso lese auch ich Tag für Tag; da bleibt unseres Erachtens keine freie Zeit. Daß wir aber dieser Arbeit zulieb die Vorlesungen einstellen, das wird man uns nicht gestatten. Wir bitten Eure Paternität demüthig, Sie möchten uns Ihren Willen kundgeben. Wollen Sie es, so wird das Buch geschrieben. Wir bitten Sie um der Ehre Gottes willen: senden Sie uns jemanden, der diese Arbeit besorgen kann. Wir werden ihm helfen, so gut wir können. Magister Petrus Canisius und Magister Nikolaus Goudanus werden, solange sie in Ingolstadt bleiben, uns nicht unterstützen können; denn die Entfernung ist zu groß."

Zu Ingolstadt zog sich die Errichtung eines Collegiums länger hinaus, als der hl. Ignatius vorausgesetzt hatte; er war nicht abgeneigt, seine

---

[1] Es ist Peter von Soto gemeint. [2] Nikolaus de Lanoy, aus Lille.

Söhne zeitweilig von dort abzuberufen. Das mag dem römischen Könige zu Ohren gekommen sein. Er schrieb dem Ordensstifter am 4. December 1551 aus Wien: Die einzigen zwei Jesuiten, welche Wien jetzt besitze, würden von der Last ihrer Arbeiten fast erdrückt. Sie hätten öffentliche Vorlesungen zu halten, zu Hause wissenschaftlichen Unterricht zu ertheilen und auch „eine Art von kurzem Begriff der christlichen Lehre" zusammenzustellen[1], von deren Veröffentlichung man reiche Früchte erwarte. Wenn also Ignatius die Patres Canisius und Goudanus von Ingolstadt wegnehmen wolle, so möge er sie doch nach Wien ziehen lassen.

Es war, als hätte Ferdinand geahnt, daß Le Jay raschen Schrittes seinem Ende entgegeneile; er starb zu Wien am 6. August 1552.

Zu der Bitte des Königs trat der Befehl des Papstes[2]. Canisius und Goudanus trafen am 9. März 1552 in Wien ein. Canisius begann an der Universität zu lehren, übernahm zu Hause die Leitung der Studien seiner jüngern Ordensbrüder und trat in verschiedenen Kirchen der Stadt als Prediger auf. Die Hauptaufgabe aber, welche ihm gleich von Anfang zugewiesen wurde, war der Katechismus. Im Sommer des Jahres treffen wir ihn bereits in voller Arbeit. Am 7. August sagt er in einem Briefe, er beschäftige sich mit diesem Buche seit „vielen Monaten"[3].

Man hat in neuerer Zeit behauptet, Le Jay sei der erste Meister des Katechismus gewesen, welcher den Namen des Canisius trägt; dieser habe nur nach Le Jays Hingang den Bau weitergeführt und vollendet[4]. Aber der gewissenhafte Orlandini[5] versichert, daß Le Jay gestorben sei, bevor er den Katechismus in Angriff nehmen konnte[6]. Ein anderer Geschichtschreiber von anerkannter Treue und Genauigkeit, Franz Sacchini[7], bezeugt, daß den Pater Claudius der Tod ereilt habe,

---

[1] „Summam quandam christianae doctrinae." Der Brief ist in den Acta Sanctorum Iulii VII (Parisiis et Romae 1868), 507.

[2] Schreiben von Ignatius an Herzog Albrecht V. von Bayern, Rom, 12. Januar 1552. Bei Genelli a. a. O. 503—504.

[3] *Canisius an Polanco, Wien, 7. August 1552. Eigenhändiger italienischer Brief, theilweise gedruckt bei *Boero*, Jajo, 213—216.

[4] Genelli a. a. O., 360. *Boero*, Jajo, 204—209. Ebenso denkt, wie es scheint, *J. M. Prat*, Le Père Claude Le Jay (Lyon 1874), 400—401. 499.

[5] Selbst L. v. Ranke spricht von Orlandini mit Hochachtung. Die römischen Päpste III (6. Aufl., Leipzig 1874), 114*.

[6] Historiae Societatis Jesu prima pars, authore *Nicolao Orlandino* S. J. Lib. 14 n. 43 (Romae 1615), 459.

[7] Nach Ranke wäre Sacchini „von den jesuitischen Historikern überhaupt wohl der ausgezeichnetste". Man „lernt sehr viel aus seinen Büchern". Wo Ranke ihn mit seinen Quellen verglich, fand er „allenthalben seine Auszüge mit Verstand, Eigenthümlichkeit, ja mit Geist gemacht". A. a. O., 114*—115*.

1. Veranlassung zum großen Katechismus. 15

nachdem er ein theologisches Lehrbuch begonnen; von einer Katechismusarbeit Le Jays weiß er nichts¹. Daß auch ein solches akademisches Vorlesebuch in den Absichten Ferdinands lag, werden wir bald näher sehen.
Mit diesen Angaben stimmt der Erlaß vom 10. December 1560 überein, mit welchem Ferdinand die Neubearbeitung des großen Katechismus von Canisius begleitete. Der Fürst spricht dort von mehreren Gelehrten, welche er für die Schrift in Aussicht genommen habe; als ihren Verfasser nennt er einzig und allein den Canisius². Ferdinand folgte stets mit lebhafter Theilnahme der Entstehung und Fortentwicklung des Katechismus; er hat ohne Zweifel jenen Erlaß gründlich durchgesehen, bevor er ihn unterzeichnete. Hätte er wohl diese Gelegenheit vorübergehen lassen, das Andenken eines Mannes zu ehren, an welchem er allezeit mit Verehrung und Liebe gehangen, dem er den Hirtenstab von Triest zugedacht?
Noch gewichtvoller ist die Sprache, welche Canisius selber führt³. Er verbreitet sich wiederholt in seinen handschriftlichen Lebenserinnerungen wie in seinen gedruckten Schriften über das Zustandekommen des Katechismus und führt dasselbe überall auf sich zurück, ohne Le Jays auch nur mit einem Worte zu gedenken⁴.

---

¹ De vita Canisii, 64—65.
² „Ad quod Catholicum opus conscribendum, inter alios non dubiae fidei et doctrinae viros Honorabilem, religiosum, devotum, nobis dilectum Petrum Canisium sacrae Theologiae Doctorem delegimus, et cum ab eo fuisset conscriptum, aliorum etiam . . . iudicio et censurae subiecimus." Der Erlaß ist gedruckt in der Summa doctrinae christianae, authore D. *Petro Canisio* (Coloniae 1566), fol. 5ᵃ—7ᵃ, und später oftmals.
³ Vgl. Flor. Rieß, Der sel. Petrus Canisius (Freiburg i. B. 1865), 111—112.
⁴ „Cum ante decennium Viennae versarer, et laudatissimo Regi Ferdinando, qui postea Caesar declaratus est, a sacris essem concionibus, hoc ego qualecunque opus, ut ingenue fatear, eodem Principe sic postulante conscriptum, in lucem primum dedi." Widmung des großen lateinischen Katechismus an Rath und Volk von Köln, Köln, 6. Januar 1566, gedruckt in der oben angeführten Ausgabe der Summa, fol. 2ᵃ—4ᵇ, und später oftmals. — „De prima nostri Catechismi editione cogor repetere, quam inclytus ille Caesar Ferdinandus Viennae de manibus nostris extorsit, et ante XXVI annos edi voluit sua authoritate, me quidem nomen tunc meum supprimente." Opus catechisticum, sive de Summa doctrinae christianae D. Petri Canisii, illustratum opera D. *Petri Busaei* (ed. altera, Coloniae 1577). Widmungsschreiben des Canisius an Fürstbischof Julius von Würzburg, Innsbruck 1576, fol. a2ᵃ—bᵃ; auch später wiederholt abgedruckt. — „Cogor hoc loco repetere, quod sum iam ante testatus, Illustrissime Gvilhelme Princeps, me videlicet Viennae primum, quod ita postularet Serenissimus Caesar Ferdinandus, hoc quicquid est operis, in lucem edidisse." Widmung des großen lateinischen Katechismus an Herzog Wilhelm von Bayern, Dilingen, 27. Januar 1571, in Summa doctrinae christianae, auctore D. *Petro Canisio* (Dilingae 1571), fol. A2ᵃ—A8ᵇ. — * „Voluit autem divina bonitas me Viennae . . . Austriacum praeterea conscribere Catechismum." Testamentum Canisii. Siehe S. 1. — * „Cum apud Caesarem Ferdinandum Viennae agerem . . ., voluit ille me non solum viva voce, sed etiam arrepto calamo laborare, ac suis Austriacis in fide corruptis talem conscribere catechismum, qui leniter lapsos erigere ac devios in viam revocare per Dei

Hätte unserem Seligen eine irgendwie beträchtliche Vorarbeit des ihm so theuern Mannes vorgelegen, so hätten seine Bescheidenheit und sein Rechtssinn ihn ganz anders sprechen heißen.

Dabei bleibt die Thatsache bestehen, daß Canisius von Le Jay einen ansehnlichen Quartband erbte, in welchen sich dieser zu Ingolstadt im Jahre 1543 wissenschaftlichen Stoff für theologische Vorlesungen und wohl auch für ein gelehrtes Werk dieser Art zusammengetragen hatte[1]. Canisius selbst hat ein Blatt eingeklebt mit der Erklärung, dies Buch sei von Le Jay selbst geschrieben worden, danach lange in seinen Händen gewesen und endlich im Jahre 1595 von ihm mit Erlaubniß des Visitators Hoffäus dem Profeßhause der oberdeutschen Ordensprovinz geschenkt worden. Canisius hat auch eigenhändig ein alphabetisches Sachregister beigefügt, ein Zeichen, daß die Sammlung für seine Predigten und Schriften ihm diente und wohl auch für seinen Katechismus herangezogen wurde. Wollte jemand in diesem sehr eingegrenzten und uneigentlichen Sinne Le Jay den ersten Verfasser des Katechismus nennen, so wollen wir mit ihm nicht rechten.

2. Ausarbeitung des großen Katechismus.

Bevor Canisius im October des Jahres 1549 zu Bologna der theologischen Doctorprüfung sich unterzog, besuchte er in der dortigen Predigerkirche das Grab des hl. Dominikus und empfahl sich dem Schutze des großen Ordensstifters. Wie er später selbst erzählt hat[2], fühlte er sich innerlich gestärkt und ging frohen Muthes von bannen. Der Segen des hl. Dominikus geleitete den deutschen Jesuiten auch nach Wien.

Unter den vielen Klöstern von Wien ist eines der stattlichsten das der Dominikaner. Hochragend, langgedehnt, thurmfest gebaut steht es da, zieht aller Blicke auf sich, beherrscht die ganze Umgebung. Hehr sind auch die Erinnerungen, welche an diese Stätte sich knüpfen. Es war einer der großen Päpste des Predigerordens, der selige Benedikt XI., welcher im Jahre 1302 als Cardinallegat das im Jahre 1225 gegründete Kloster samt dessen Kirche neu herstellen ließ. Hier lebte der treffliche Dominikaner Johannes Faber, Maximilians I. Hofprediger und Gewissensrath, hier so viele seiner Ordensbrüder, welche als Lehrer der heiligen Wissenschaft die Wiener Hochschule zierten. Im Jahre 1529 wüthete Soleiman mit seinen Hunderttausenden von Türken wider diesen

---

gratiam posset. Parui tanto principi atque patrono." Bruchstück aus den Confessiones, im Reichsarchive zu München, Jesuitica in genere. Fasc. 13, n. 214, fol. 15ᵃ—16ᵃ.

[1] * Diese lateinische Handschrift umfaßt 342 Blätter. Auf Blatt 288ᵇ hat Le Jay selbst vermerkt: 27. Augusti 1543. Ingolstadii.
[2] Confessiones, lib. 1. Die Stelle bei Rieß a. a. O. 85—86.

2. Ausarbeitung des großen Katechismus.

Gotteshaus; doch nach ihrem Abzuge hob Ferdinand ihn wieder aus den Trümmern [1].

Diese Hochburg des Gebetes und der Wissenschaft bot den ersten Wiener Jesuiten ein Obdach, bis sie ein eigenes Heim sich geschaffen [2]. Hier stieg Canisius ab; hier, unter der schützenden Hand des hl. Dominikus, betete, predigte, schrieb der Sohn des Ignatius, und so sollte der Orden, welchem die Welt die theologische Summe des hl. Thomas verdankt, durch seine Gastfreundschaft auch ein Mitverdienst haben an der „Summe der christlichen Lehre", welche Canisius verfaßt hat.

Petrus Canisius stand bei seiner Ankunft zu Wien im 31. Jahre. Er war also etwas jung für ein so wichtiges und schweres Werk, wie es die Abfassung eines guten Katechismus ist. Doch hatte er schon ein schönes Stück Welt gesehen, von Herzogenbusch und Arnheim bis hinab nach Messina in Sicilien. Als Schulkind zu Nymwegen, als Gymnasiast zu Köln, als Hörer und Lehrer der Hochschulen von Köln, Löwen, Ingolstadt hatte er das Schulwesen Ober- und Niederdeutschlands in seinen verschiedenen Abstufungen kennen gelernt. Köln hatte ihm den philosophischen Doctorhut gereicht. Die theologischen Lorbeeren hatte er sich in der italienischen Stadt geholt, nach welcher im 16. Jahrhundert das wissensdurstige Deutschland in hellen Haufen pilgerte, in dem gefeierten, grundgelehrten Bologna. Als Theologe des Cardinals Otto von Augsburg hatte Canisius im Jahre 1547 an den Arbeiten der Trienter Kirchenversammlung sich betheiligt. Auch im Schriftstellerleben war er kein Neuling. Kaum 25 Jahre alt, hatte er zu Köln in drei Foliobänden die Werke Cyrills von Alexandrien und Leos des Großen herausgegeben. Ja, wenn nicht alle Anzeichen trügen, gehört auch die kölnische Tauler-Ausgabe vom Jahre 1543 unserem Canisius an, und hat er somit den Reigen der Ordensschriftsteller eröffnet und ist um mehrere Jahre den Werken vorausgeeilt, die man bisher als die ersten Veröffentlichungen der Gesellschaft Jesu zu bezeichnen pflegte [3]. — Außer der Schule des Geistes gibt es aber auch eine Schule des Herzens. Canisius hatte in dieser Schule zu Mainz und Köln den seligen Petrus Faber, den ersten Ge-

---

[1] Seb. Brunner, Der Predigerorden in Wien und Oesterreich (Wien 1867), 39. 85—89.

[2] *Ant. Socher*, Historia Provinciae Austriae Societatis Jesu. P. 1 (Viennae 1740). 24. 48.

[3] Ich habe dies näher zu begründen gesucht in der „Zeitschrift für katholische Theologie", 14. Jahrgang (Innsbruck 1890), 721—724.

noſſen des hl. Ignatius, in Rom aber den hl. Ignatius ſelbſt zum Lehrer gehabt. Als er dort kurz vor ſeiner Rückkehr nach Deutſchland am Grabe der Apoſtelfürſten betete, war es ihm, als ob eine innere Stimme ihm ſagte, er ſolle nun ein Apoſtel von Deutſchland werden.

Von dieſem Gedanken beſeelt, zog der junge Ordensmann über die Alpen. Der Eifer für Gottes größere Ehre, das heiße Verlangen, Seelen zu retten und zu heiligen, führten dem Verfaſſer des neuen Katechismus die Feder. Die Aufgabe ſchien ihm ſo erhaben, daß er beinahe verzagte. „Sie koſtet mich", ſchrieb er am 7. Auguſt 1552 aus Wien an Polanco, „große Mühe. Die andern Patres helfen mir wenig; und ſo kann ich kaum Zeit genug dafür finden. Oft ſagte ich dem P. Claudius[1], ich würde mit Freuden in die Nonnenklöſter gehen, in das Gefängniß, in die Spitäler u. ſ. w., wenn nicht dieſes Geſchäft mich zurückhielte. Der Pater gab mir immer zur Antwort, ich ſolle alles andere beiſeite laſſen und alle meine Zeit der Abfaſſung des Katechismus widmen. Und dennoch ſtehe ich jetzt, nachdem ſo viele Monate vergangen ſind, immer noch in den Anfängen und ſehe nicht ab, wie ich ſo bald vorwärts kommen kann. Darum bitte ich inſtändig Euer Hochwürden um guten Rath. Denn ich bin nicht recht befriedigt und ruhig, trotz aller meiner Anſtrengungen. Ich fürchte nämlich: Wenn ich zu gleicher Zeit meine Vorleſungen halte und mit dieſem Unternehmen mich beſchäftige, ſo bin ich nach vielen Jahren noch nicht fertig. Möge der Herr alles zu ſeiner Verherrlichung lenken! Wäre doch ein Laynez, ein Salmeron oder Olave hier, wieviel leichter wäre es dann, die ganze Angelegenheit zu bereinigen!"[2] Caniſius ſchrieb dieſe Zeilen einen Tag nach dem Hinſcheiden Le Jays. Der Todesfall brachte ihm nur noch ſchwerere Bürde. Er mußte an Le Jays Stelle den Lehrſtuhl der Bibelkunde beſteigen, in der folgenden Faſten, wie wir ſahen, als Wanderprediger ſich verwenden laſſen, im Mai des gleichen Jahres das Amt eines königlichen Hofpredigers, im October das Decanat der theologiſchen Facultät, beim Beginne des Jahres 1554 die Leitung des adeligen Erziehungshauſes auf ſeine Schultern nehmen, und zugleich an der Neubelebung der Wiener Hochſchule und der Durchſicht der Wiener Bücherläden mitarbeiten. Dazu kamen ſeit dem Sommer des Jahres 1555 die vereinten Anſtrengungen von König und Nuntius, ihn auf den Wiener Biſchofſtuhl zu ſetzen, Verſuche, gegen welche er mit einer Art von heiliger Leidenſchaftlichkeit alle Hebel in Bewegung ſetzte. Trotz alledem konnte

---

[1] Le Jay. [2] *Eigenhändiger italieniſcher Brief. Siehe S. 14 Anm. 3

2. Ausarbeitung des großen Katechismus.

Canisius zu Anfang des Jahres 1554 den ersten Theil seiner Arbeit dem Könige übersenden. Ferdinand antwortete am 16. März[1]:

„Ehrsamer, Frommer, Andächtiger, Lieber! Den ersten Theil Deiner Katechese, welchen Du Uns unterbreitet hast, haben Wir gesehen und durchgenommen, und was Wir davon glauben und erwarten, ist dieses: Wenn sie veröffentlicht wird, so wird sie mit Gottes Hilfe dem Heile Unserer getreuen Unterthanen sehr förderlich sein. Darum ergeht Unser gnädiges Ersuchen an Dich, Du möchtest auch das übrige ohne Verzug vollenden und sohin den Katechismus, sobald es sein kann, ganz und fertig Uns zur Vorlage bringen. Denn dieser Dein Katechismus — das ist Unser fester Beschluß — soll auch in unsere deutsche Sprache übersetzt, in beiden Sprachen gedruckt und in Unseren fünf niederösterreichischen Provinzen und Unserer Grafschaft Görz in allen lateinischen und deutschen Schulen öffentlich vorgetragen werden, und man soll keinen andern Katechismus lehren, bei strengster Strafe und bei Unserer schwersten Ungnade. Damit dies aber um so besser erreicht werde, schicken wir nun jenen ersten Theil Dir zurück und gebieten Dir, Du sollst vor allem überall am Rande nach Buch und Hauptstück ausdrücklich angeben, wo man die Stellen aus der Schrift wie aus den Vätern, den Lehrern und den Kirchensatzungen finden könne, welche Du in dieser Katechese mit Gelehrsamkeit, Geschick und Frömmigkeit anführest. Das soll geschehen, damit auch von den weniger gelehrten Schulmeistern und von andern minder gebildeten Leuten diese Belegstellen aufgesucht und eingesehen werden können. Denn Wir haben nicht wenig Hoffnung gefaßt, es möchten auf diesem Wege viele, welche aus Unwissenheit in den Irrthum gefallen, in den heilbringenden Schoß unserer Mutter, der heiligen katholischen Kirche, zurückgeführt werden, und es möchten dem Inhalte und den Mahnungen jener Stellen weit mehr Menschen Gehör schenken als bisher, wenn sie nämlich der Quellen gewahr werden, aus welchen Du sie entnommen. Sobald Du also diese Quellenangaben fertiggestellt hast, säume nicht, den ersten Theil Deiner Arbeit Uns wiederum zuzusenden. Denn bis derselbe ins Deutsche übertragen ist, kannst und mußt Du auch den Rest vollenden und Uns schicken. Dabei können wir nicht unterlassen, Dich gnädiglich und ernstlich zu gemahnen, Du mögest Dich diese heilige Arbeit nicht gereuen lassen oder sie hinausschieben. Sie wird vielen Tausenden von Seelen Hilfe bringen und Dir bei Gott hundertfachen Lohn eintragen. Wir aber, als ein christlicher König, dem das Heil und ewige Leben Unserer getreuen Unterthanen gar sehr am Herzen liegt, werden diese Mühe Dir und Deiner frommen Gesellschaft mit all Unserer königlichen Huld zu vergelten bedacht sein. Gegeben in Unserer Stadt Preßburg, am 16. März im Jahre des Herrn 1554, Unserer Regierung im römischen Reiche im 24., in den andern im 28."

So war die Katechismusarbeit im besten Gange, als ein unerwartetes Hinderniß ihr in den Weg trat, und — seltsam genug — es ging im Grunde von Ferdinand selbst aus. Drei schöne und große Gedanken hatten von Anfang an dem glaubenseifrigen Fürsten vor Augen geschwebt: es

---

[1] *Lateinisches Schreiben in alter, wohl dem 16. Jahrhundert angehöriger Abschrift. Ich lasse es in vollständiger Uebersetzung folgen, weil allen Anzeichen nach bisher kein Geschichtschreiber es gekannt oder verwerthet hat, den einzigen Sacchini ausgenommen, der seinen Hauptinhalt kurz wiedergibt (De vita Canisii, 88).

sollte der Jugend der niedern und der mittlern Schulen ein kernkatholischer Katechismus, den Professoren der Theologie zu Wien und zu Freiburg im Breisgau, sowie ihren Zuhörern ein zeitgemäßes, wissenschaftliches Lehrbuch[1], den einfachen Seelsorgern auf dem Lande ein gediegenes Hilfs= werk für ihre Predigten und Christenlehren in die Hände gelegt werden. Nun war aber der König der Römer, Ungarn und Böhmen weder Theologe noch Schriftsteller; auch seine Räthe waren es nicht, und so konnte es ge= schehen, daß man in der Wiener Hofburg mit der Hoffnung sich schmeichelte, diesen drei grundverschiedenen Zwecken könnten zwei Bücher genügen. Ge= wisse Anzeichen lassen vermuthen, daß Ferdinand ursprünglich die „Summe" oder das „Compendium", wie er es nannte, als ein Wesen sich träumte, welches zugleich die Volksschulen und die akademischen Hörsäle beherrschen sollte. Schon Le Jay mag ihn eines Bessern belehrt und bewogen haben, Katechismus und theologisches Lehrbuch zu scheiden. Nun sollte aber ein Lehrbuch geschmiedet werden, welches zugleich Predigtbuch wäre, und da die Wiener Jesuiten keine Zeit dafür fanden, so sollten ihre römischen Ordens= brüder das Meisterstück liefern. Der hl. Ignatius versäumte nicht, die Schwierigkeit des Unterfangens geltend zu machen; gleichwohl, schrieb er, wolle man es versuchen[2]. Der Versuch muß fehlgeschlagen sein; denn nicht lange danach gelangte aus Rom an Canisius der Vorschlag, er möchte seinen Katechismus derart gestalten, daß derselbe auch das Antlitz eines Predigtwerkes zeige. Canisius verwahrte sich dagegen aus allen Kräften. „Was ich bis jetzt ausgearbeitet habe," stellte er am 8. Juni 1554 dem Geheimschreiber des hl. Ignatius vor, „das hat mit einem Predigtbuche nichts zu thun. Der König hat es durchgesehen und hat samt seinen Räthen diesem armseligen Büchlein großes Lob gespendet. Soll ich aber jetzt, wie ihr es wünscht, mit einem und demselben Werke

---

[1] Siehe S. 12. Daß das theologische Vorlesebuch auch der Freiburger Hoch= schule zugedacht war, schreibt Canisius ausdrücklich an Polanco, Wien, 16. August 1554. *Eigenhändiger lateinischer Brief.

[2] St. Ignatius an Ferdinand I., Rom, 27. Februar 1554, in Cartas de San Ignacio de Loyola IV (Madrid 1887), 437—438. Man vergleiche damit das Schreiben Ferdinands an Ignatius, Wien, 15. Januar 1554, in den Acta Sanc- torum l. c. 508. Es ist behauptet worden, in diesem Briefe verlange der König einen Katechismus, und daraufhin habe der Ordensstifter dem Canisius die Ab= fassung des Katechismus befohlen. So *J. Crétineau-Joly*, Histoire de la Com- pagnie de Jésus I (3° éd., Paris-Lyon 1851), 266—267. Ebenso *Rohrbacher- Guillaume*, Histoire universelle de l'Église catholique X (Lyon 1872), 275—276. Das Mißverständniß liegt zu Tage. Der Katechismus war schon lange in Arbeit. Es handelte sich jetzt um das Predigtbuch und das theologische Lehrbuch.

2. Ausarbeitung des großen Katechismus.

sowohl die Kinder, für die ich es geschrieben, als die Pfarrherren be⸗
friedigen, so wird der König nicht sehr zufrieden damit sein, und ich werde
nun zum fünften und sechsten Male alles ändern müssen, und muß
fürchten, durch dieses lange Hinausschieben große Erbitterung gegen mich
wachzurufen, ohne daß großer Nutzen erwächst."[1] Diese Worte verfehlten
ihre Wirkung nicht[2]. Einen Monat später war bereits der Rector des
deutschen Collegiums zu Rom, Andreas Des Freux, gewöhnlich Frusius
genannt, mit der Abfassung des Predigtwerkes betraut, während Laynez
in Florenz an dem theologischen Leitfaden arbeitete[3]. Allerdings haben
die beiden Werke niemals das Licht erblickt: Des Freux ward durch den
Tod, Laynez durch die Sorgen des Generalsamtes, welche er bald auf
sich nehmen mußte, an der Herausgabe verhindert[4].

Unterdessen schickte in Wien der Kanzler des Königs wiederholt den
Drucker zu Canisius, um ihn zur Beschleunigung seiner Arbeit
zu mahnen. Auch persönlich spornte und drängte er. Er stellte mir
vor, so meldet Canisius[5], „das Zögern bringe schwere Gefahr; so viele
Seelen gingen zu Grunde, welche an der reinen Lehre des Büchleins
ihre Nahrung finden und durch diese Veröffentlichung von dem katecheti⸗
schen Gifte befreit werden würden, das sie jetzt Tag für Tag ein⸗
schlürfen müssen".

Der Kanzler mußte sich noch länger gedulden. Der hl. Ignatius
hatte in seiner Ordensverfassung bestimmt, keiner der Seinen solle mit
einer Schrift in die Oeffentlichkeit treten, die nicht zuvor im Auftrage des
Generals durchgesehen und von diesem gutgeheißen worden wäre[6]. Der
Ordensstifter war nicht geneigt, zu Gunsten des königlichen Hofpredigers
von Wien das Gesetz zu durchbrechen. Er ließ demselben mittheilen:
Bevor der Katechismus vor der Welt sich zeige, wolle man zu Rom

---

[1] * Canisius an Polanco, Wien, 8. Juni 1554. Eigenhändiger Brief.
[2] St. Ignatius an König Ferdinand, Rom, 18. Juli 1554. Zuerst gedruckt bei Gottl. Friedländer, Beiträge zur Reformationsgeschichte (Berlin 1837), 277—278.
[3] St. Ignatius an den Grafen von Melito, Rom, 21. Juli 1554, in den Cartas l. c. 235—236.
[4] *Sacchinus*, De vita Canisii, 64—65.
[5] In dem oben Anm. 1 angeführten Briefe.
[6] Constitutiones Societatis Jesu. P. 3, c. 1, n. 18; P. 4, c. 6, Decl. O; P. 7, c. 4. n. 11. Die Ordensverfassung lag damals schon vollendet vor, war aber als solche doch wohl für Canisius noch nicht verpflichtend. Denn erst am 1. Mai 1555 er⸗
schien der Visitator Nadal im Auftrage des hl. Ignatius in Wien, um sie zu ver⸗
kündigen. *Orlandinus* l. c. lib. 12, n. 32, p. 390. *Sacchinus*, De vita Canisii, 100.

ihn sehen und verbessern. Canisius hielt es für das klügste, in diesem Anliegen mit Umgehung des Kanzlers auf einem andern Wege an König Ferdinand sich zu wenden. Die Römer, so machte er geltend, hätten die zwei andern Handbücher zu liefern, welche Ferdinand wünsche; da wäre es doch ungereimt, sie in völliger Unkenntniß zu lassen über diejenige Arbeit, welche sozusagen deren Grundveste bilde, und welche durch die zwei andern Werke fortgeführt und weiter entwickelt werden solle. Der Fürst begriff, und so schickte Canisius anfangs Juni 1554 einen Theil seiner Katechismushandschrift nach der heiligen Stadt; ein Schreiben Ferdinands begleitete die Sendung. „Ich wünsche sehnlichst," so schrieb der Verfasser selbst, „daß alles von Euch umgeändert oder verbessert werde. Was verbessert ist, möge dann so schnell als möglich zurückgesendet werden. Das fordert auch der König von mir und von Euch auf das bringendste. Haltet uns doch in diesem Werke nicht auf! Ich werde unterdessen das übrige abschreiben und Euch schicken lassen. Sobald Ihr diesen ersten Theil zurückgesendet habt, wird die Herausgabe ihren ungestörten Verlauf nehmen können. Der erste Theil des Büchleins wird in vielen Tausenden von Exemplaren erscheinen." [1]

Ignatius legte die Katechismusarbeit in die Hände der Patres Andreas Des Freux und Martin Olave. Letzterer, ein Spanier, hatte an der Trienter Kirchenversammlung als Theologe theilgenommen, zu Dilingen an der neuen Hochschule des Cardinals Otto Truchseß gelehrt, dann aber der Gesellschaft Jesu sich angeschlossen; seit dem Jahre 1553 erklärte er am römischen Collegium die theologische Summe des hl. Thomas.

Die Censoren arbeiteten rasch. Kaum war ein Monat verflossen, so erhielt der Postmeister Matthäus von Taris aus Rom die Anzeige, die Katechismushandschrift wandere durchgesehen in ihre Heimat zurück [2]. Man war in Rom sehr befriedigt von dem Buche. Inhalt, Anordnung, Darstellungsweise, kurz alles fand Beifall. Gott, so schrieb man dem Verfasser, habe ihm zur Seite gestanden; er habe ein Werk geliefert, das zugleich gefalle und nütze [3]. Canisius dankte am 16. August seinen zwei Mitbrüdern für ihre kleinen Bemerkungen und Ausstellungen, oder, wie er

---

[1] *Canisius au Polanco, Wien, 8. Juni 1554.
[2] Brief vom 19. Juli 1554, im Auftrag des hl. Ignatius an Taris geschrieben, in den Cartas l. c. 468.
[3] So bei *Sacchinus*, De vita Canisii, 90. Wahrscheinlich sah Sacchini noch den Entwurf dieses Briefes in dem Register des P. Polanco.

sich ausdrückt, für das „Liebeswerk", welches sie mit der Durchsicht seines „Machwerkes" ihm erwiesen hätten[1].

Unterdessen wartete Ferdinand mit Ungeduld auf das Erscheinen des Buches. Der Fürst hat, so drückte Canisius später sich aus, „das Buch mir aus den Händen gewunden"[2]. Das Drängen auf endliche Herausgabe ward so ungestüm, daß Canisius nicht mehr wagte, den Rest seiner Arbeit gleichfalls noch vor der Drucklegung über die Berge zu senden[3]. Er werde, schrieb er an Polanco[4] — zumal da nach dem jüngsten Briefe aus Rom dort alles mit Geschäften schwer beladen —, im Vertrauen auf die Zustimmung der römischen Obern nun alles dem Drucke übergeben, auch das, was Rom nicht gesehen habe.

„Ihr schreibt mir," fährt er fort, „in der Vorrede könne des Verfassers Name beigefügt werden. Wir haben jetzt die Angelegenheit reiflich erwogen, auch mit dem Kanzler des Königs darüber gesprochen. Unser Endurtheil lief darauf hinaus: Weil nun einmal ein Einzelner bei allen und besonders bei diesen Leuten kein so großes Ansehen besitze, so möchte es für die Ehre Gottes und den gemeinen Nutzen vieler förderlicher sein, wenn man den Namen des Verfassers unterdrücke. Man wird dem Buche um so mehr Vertrauen entgegenbringen, je zahlreicher, gelehrter und vornehmer seine Verfasser zu sein scheinen. Auch des Königs Ehre wird vielleicht auf diesem Wege besser gewahrt werden; man wird nicht sagen können, er stehe unter der Herrschaft eines einzelnen Mannes. Der Kanzler fügt darum eine neue Vorrede bei, und zwar im Namen Seiner Majestät des Königs." Die ersten Ausgaben des Katechismus tragen in der That an ihrer Stirne eine Vorrede, oder, genauer gesprochen, eine königliche Verordnung, wie sie hier geschildert ist. Dieselbe ist schon vom 14. August 1554 gezeichnet und wirft eben damit neues Licht auf den Eifer der leitenden Staatsmänner, den Katechismus so schnell wie möglich in die Welt ausgehen zu lassen.

3. Drucklegung des großen Katechismus.

Wien besaß in jenen Tagen einen der bedeutendsten Buchdrucker dieses Zeitraumes. Michael Zimmermann, altadeligem Geschlechte ent=

---

[1] *Eigenhändiger lateinischer Brief. Eine lückenhafte Abschrift, wohl aus dem 17. Jahrhundert, in der Staatsbibliothek zu München, Cod. lat. 1606, fol. 133ª — 135ª. Der Brief macht es wahrscheinlich, daß auch Laynez Bemerkungen einsandte.

[2] „De manibus nostris extorsit." Siehe S. 15 Anm. 4.

[3] Daß er die Abzugbogen sandte, werden wir unten sehen.

[4] Wien, am 16. August 1554. Siehe S. 20 Anm. 1.

sprossen[1], druckte im Sanct-Annen-Hofe mit hübschen Lettern lateinische, griechische, syrische, hebräische Bücher; er ist auch der erste in Deutschland, der mit einem arabischen Drucke sich hervorwagte; sein syrisches Evangelium ist ein gepriesenes Meisterwerk. Dabei war Zimmermann auch Buchhändler. In seinem Buchladen im Bischofhofe zu Wien, an der Seite des Stephansfriedhofes, konnte man nicht weniger als 118 Werke finden, die er selbst gedruckt hatte[2].

Es war darunter auch ein Erzeugniß des Jahres 1554: das Krankenbuch für das neue königliche Hospital zu Wien; dasselbe bietet in drei Sprachen — lateinisch, italienisch, deutsch — kurze Anreden an die Kranken, welche den Inbegriff der christlichen Lehre denselben vorführen sollen. Canisius hat es, wo nicht ganz verfaßt, so doch mit einer kräftigen Vorrede, welche sein Name schmückt, eingeleitet und empfohlen[3].

Jetzt ward Zimmermann auch dazu ausersehen, den Katechismus zu drucken. König Ferdinand stattete ihn hierfür mit einem besondern Privilegium aus: Während der nächsten zehn Jahre durfte im römischen Reiche und in Ferdinands Erblanden niemand ohne Zimmermanns Wissen und Willen den Katechismus neu drucken oder verkaufen, bei Strafe von 10 Mark reinen Goldes und Verlust der gesamten Auflage; die eine Hälfte dieser Strafmasse sollte in den königlichen Schatz fließen, die andere zu Handen Zimmermanns gelangen[4].

Canisius stand, wie er am 26. October 1554 nach Rom berichtete, dem Drucker zur Seite, und zwar geschah dies mit einer Sorgfalt, welche an Aengstlichkeit grenzte. „Ich liege", schreibt er, „gewissermaßen in Geburtswehen und kann der Unruhe nicht ledig werden, bis die Geburt sich vollzogen hat, und das Kind vor Gottes Angesicht gebracht und ihm geweiht werden kann. Fördert unterdessen durch Eure Gebete das Gedeihen der Arbeit!" „Der Herr Jesus möge diese Bangigkeit meiner

---

[1] Das Bürgerrecht scheint Zimmermann zu Wien erst 1555 erworben zu haben; am 5. Februar dieses Jahres erlegte er sein Bürgergeld. K. Uhlirz, Beiträge zur Geschichte des Wiener Buchhandels, im Centralblatt für Bibliothekswesen, 9. Jahrgang (Leipzig 1892), 400.
[2] Mich. Denis, Wiens Buchdruckergeschichte bis M.D.LX. (Wien 1782), XIII. Ant. Mayer, Wiens Buchdruckergeschichte 1482—1882, I (Wien 1883), 70—85.
[3] Zeitschrift f. kath. Theologie a. a. O. 727—729. Bibliothèque de la Compagnie de Jésus. Nouv. éd. par *C. Sommervogel* S. J. Bibliogr. II (Bruxelles-Paris 1891), col. 618.
[4] Das Privileg ward dem königlichen Erlasse vom 14. August 1554 einverleibt, welches der ersten Auflage der „Summa" vorausgeschickt ist. Der Hauptinhalt desselben ward zum Ueberflusse auch noch auf dem Titelblatte bekannt gegeben.

3. Drucklegung des großen Katechismus.

Seele zu seiner Verherrlichung wenden! Ich habe durch Erfahrung gelernt, wie weit ich von denen abstehe, welche es verstehen, gut zu schreiben und Schriften so herauszugeben, wie es sich gebührt." [1]

Mit diesem Briefe sandte Canisius auch die ersten Abzugbogen nach der ewigen Stadt. Er bat, man möge sie nicht bloß lesen, sondern auch verbessern; für solche Verbesserungen sei noch Raum am Ende des Buches.

Dem Fortgange des Druckes war es nicht förderlich, daß Papst Julius III. durch Breve vom 3. November 1554 unsern Katecheten auf ein Jahr mit der Verwaltung des erledigten Wiener Bisthums belastete, und daß demselben zu Anfang des folgenden Jahres auch die Kanzel des Stephansdomes anvertraut wurde. So konnte er erst am 25. März 1555 dem hl. Ignatius anzeigen, der Druck des Katechismus sei jetzt „beinahe vollendet"; ein anderes Mal werde er ein vollständiges Exemplar senden; Ignatius möge einen beliebigen Pater mit der Verbesserung des Buches beauftragen. „Ich sage dies," so fügte Canisius erläuternd bei, „damit bei einem etwaigen Neudrucke des Werkes alles genau richtig und ganz in Ordnung sei und so auch die unfreundlichen und seltsamen Kritiker befriedige, wie man deren heutzutage findet. Ich bekenne, ich bin überhaupt unerfahren und einer solchen Aufgabe nicht gewachsen. Die Arbeit ist für mich eine tüchtige Buße gewesen. Gott gebe, daß die Mühe keine vergebliche war! Ich bitte demüthig Eure hochwürdige Paternität, lesen Sie selbst eine Messe, und lassen Sie von allen im Hause eine solche lesen, damit die heilige Absicht gefördert und verwirklicht werde, welche den König bei Veröffentlichung dieses Werkleins leitet." [2]

Zu Wien meinten es nicht alle so gut mit dem Buche, wie König Ferdinand. Noch harrte es seiner Vollendung; seine Druckbogen ruhten friedlich in den Zimmermann'schen Gewölben; da begannen schon die Geister der Mißgunst und des Widerspruches sich zu regen.

Die Stelle eines Hofpredigers bei Ferdinands erstgebornem Sohne Maximilian bekleidete damals Sebastian Pfauser. Dieser Mann war

---

[1] *Canisius an Polanco, Wien, 26. October 1554. Eigenhändiger lateinischer Brief. Eine nicht ganz vollständige Abschrift, wohl aus dem 17. Jahrhundert, in der Staatsbibliothek zu München, Cod. lat. 1606, fol. 136ᵃ—137ᵃ. Unsere Stelle bereits gedruckt bei *Sacchinus*, De vita Canisii, 90—91.

[2] *Canisius an den hl. Ignatius, Wien, 25. März 1555. Eigenhändiger italienischer Brief.

katholischer Priester, hatte sich jedoch eine Frau beigesellt, eiferte gegen das Papstthum und verstand das neue Evangelium vorsichtig, aber doch gut lutherisch zu predigen. Maximilian war wie bezaubert; die Oesterreicher strömten von allen Seiten zu Pfausers Predigten zusammen, zu Fuß, zu Roß und zu Wagen; viele mußten vor der Thüre stehen bleiben; so voll war die Kirche[1]. Pfauser mochte erfahren haben, daß Canisius zu Eingang des Jahres 1555 an König Ferdinand geschrieben und demselben klar gemacht hatte, wessen Geistes Kind der neue Prophet sei, zu dessen Füßen sein Thronerbe sitze. Nicht lange danach, am Mittwoch nach dem zweiten Fastensonntage, kam zu Pfauser nach Wien mit Aufträgen der böhmischen Brüder der junge Blahoslaw, „Brüderpriester" in Jungbunzlau[2]. Die Rede fiel bald auf die Jesuiten. Pfauser nannte sie „Heuchler, Schelme, überlistige Leute"; ja sie sind, meinte er, „entsetzliche Blutmenschen, blutdürstig. Sie möchten alle jene, die mit ihnen nicht übereinstimmen, vernichten. Viele Gelehrte sind in verschiedenen Ländern durch ihre Veranlassung hingerichtet worden, besonders in Spanien und Frankreich". Von den Wiener Jesuiten wußte der geistliche Herr noch besondere Einzelheiten zu erzählen. Obwohl es damals fest verabredet war, daß im neuen Katechismus der Name des Verfassers gänzlich verschwiegen werden solle, obwohl Ferdinands Katechismuserlaß die Jesuiten als solche nirgends nennt, so kannte doch Pfauser schon alles: den Titel des Buches, seinen beiläufigen Umfang, die Vorrede, den Verfasser. Er hatte sich bereits auf Umwegen ein Exemplar der Schrift verschafft, und zwar, wenn man ihm glauben darf[3], „unter den größten Gefahren". Der Drucker, versicherte Pfauser, sei durch einen Eid verpflichtet, das Werk noch nicht herauszugeben. „Wäre der alte König da," bemerkte er, „so würde es schon überall von dem Buche widerhallen. Aber der König Max hat von demselben gehört; seinetwegen allein wird es noch nicht veröffentlicht.

---

[1] *So berichtet am 13. April 1556 der Wiener Jesuit Wilhelm Elberen an Leonhard Kessel, den Obern des Kölner Collegiums. Lateinisches Bruchstück. Neue Abschrift.

[2] Blahoslaws böhmisch geschriebene Berichte über diese und andere Reisen sind in deutscher Sprache veröffentlicht von Anton Gindely in den Fontes rerum Austriacarum XIX, 2. Abth. (Wien 1859), 125—184.

[3] Gindely schreibt: „Es ist leicht zu bemerken, daß Pfausers Erzählungen vielfach übertrieben und hie und da gar sehr zu seinen Gunsten verdreht sind." A. a. O. 126. An einer andern Stelle bezeichnet Gindely den Hofprediger Maximilians II. geradezu als einen „unverschämten Großsprecher". Geschichte der böhmischen Brüder I (Prag 1868), 382.

3. Drucklegung des großen Katechismus.

Er ist den Jesuiten spinnefeind, will keinen von ihnen sehen oder hören[1]; man darf ihrer nicht einmal Erwähnung thun." Uebrigens, so tröstete Pfanser seinen jungen Freund aus Böhmen, werde man die Jesuiten wohl bereits überall satt haben. Man gebe ihnen auch hie und da Thiernamen, z. B. Suiten; andere hießen sie Jesuwider, den Canisius aber Caninus oder auch Canissimus. Sein Katechismus, Summe der christlichen Lehre genannt, sei nichts anderes als eine Summe des abscheulichen Papstthums, jedoch übertüncht, wie es eben Brauch der römischen Hure sei[2].

Der Segen des hl. Ignatius war mächtiger als die Flüche Pfansers. Der Druck des Katechismus gedieh zu einem glücklichen Ende. Canisius konnte am 27. April 1555 seinem gelehrten Freunde Martin Cromer, dem spätern Fürstbischofe von Ermland, das Buch als Geschenk übersenden[3].

Höchst wahrscheinlich waren manche von den kleinen sachlichen Verbesserungen, welche die Erstlingsausgabe auf den letzten Seiten bei den „Fehlern" aufweist, vom hl. Ignatius in letzter Stunde nach Wien gesandt worden als Antwort auf die Abzugbogen, welche Canisius an Stelle seiner Handschrift ihm geschickt, als die kaiserlichen Räthe zu drängen begonnen. Das eidliche Versprechen, das Buch vorerst noch zurückzuhalten, mag man dem Drucker gerade deßhalb abgenommen haben, weil Canisius solche römische Bemerkungen abwarten wollte. Der wohlunterrichtete, sorgfältige Orlandini spricht nicht etwa bloß von einem Theile des Buches, sondern von dem Buche einfachhin, wo er angibt, Canisius habe seinen Katechismus zur Durchsicht an den hl. Ignatius gesendet; das Werk sei zu Rom durchgenommen und höchlich gebilligt, dann aber an seinen Verfasser zurückgesendet worden und auf Befehl Ferdinands an das Licht getreten[4].

Frägt man unsere Kirchengeschichten, Lebensbeschreibungen des Seligen, Bibliographien, wann denn unser Katechismus zum erstenmal erschienen sei,

---

[1] Jedenfalls hat sich dies Verhältniß zu den Jesuiten später bedeutend freundlicher gestaltet.

[2] Ein Auszug aus Blahoslaws Bericht bei Beruh. Czerwenka, Geschichte der Evangelischen Kirche in Böhmen II (Bielefeld und Leipzig 1869—1870), 317.

[3] *Eigenhändige lateinische Nachschrift zu dem Briefe dieses Datums, in der jagellonischen Bibliothek zu Krakau, Cod. 28, n. 387.

[4] Historiae Societatis Jesu prima pars l. c. Ebenso *Phil. Alegambe:* „Prodiit primum a S. P. N. Ignatio probata." Bibliotheca Scriptorum Societatis Jesu (Antverpiae 1643), 374.

so antworten sie wie aus einem Munde mit ruhiger Zuversicht: Im Jahre 1554 [1]. Und doch war, wie Canisius selbst nach Rom schreibt, das Buch Ende März 1555 noch nicht einmal vollständig gedruckt! Der Irrthum ist jedoch vollkommen verzeihlich. Die Briefe unseres Katecheten sind bis zur Stunde ungedruckt. In den ersten Ausgaben des Katechismus suchte man vergebens nach einer Angabe des Druckjahres. Man fand lediglich Ferdinands Verordnung vom 14. August 1554 und klammerte daher an diese sich an, mit dem Gedanken sich tröstend, das Buch werde nicht jünger sein als sein Vorwort. In Wahrheit ist der Erstlingsdruck des Katechismus erst im Frühling des Jahres 1555, wahrscheinlich um Anfang Mai, ausgegeben worden.

4. Der große Katechismus nach Gestalt und Gehalt gekennzeichnet.

Die erste Ausgabe des so sehnlich verlangten, so sorglich gearbeiteten Katechismuswerkes ist in klein Octav auf starkes, etwas rauhes Papier mit großen, kräftigen Lettern, jedoch etwas unruhig gedruckt. Sie umfaßt 193 gezeichnete Blätter, wozu neun nichtgezeichnete kommen, acht am Anfange, eines am Ende. Druckort und Druckjahr sind nicht angegeben, auch am Schlusse nicht. Man ist leicht versucht, diese Ausgabe mit gewissen spätern zu verwechseln, welche ihr stark gleichen und mit wahrer Unverfrorenheit gleich ihr die Versicherung an der Stirne tragen, das sei der erste Druck. Aus dem Latein übersetzt, lautet der Titel der Erstlingsausgabe: „**Kurzer Begriff der christlichen Lehre, in Frageform, zum Gebrauche der christlichen Jugend jetzt zum erstenmal herausgegeben auf Befehl und mit Vollmacht Seiner hochgeheiligten Majestät, des Königs der Römer, von Ungarn und Böhmen, Erzherzoges von Oesterreich u. s. w.**" [2]

---

[1] So Alegambe, Alzog, Boero, De Backer, Bucholz, Andreas Dessellius, Joppens, Hartzheim, Hase, Hergenröther, Hurter, Janssen, Knecht, F. X. Kraus, Moufang, Orlandini, Paquot, Vinc. Placcius, Reusch, Rieß, J. J. Ritter, M. J. Schmidt, E. Schwarz, Schöberl, Sommervogel, Walch, J. B. Weiß. Nach Fr. v. Krones (Geschichte der Karl-Franzens-Universität in Graz [Graz 1886], 220) wäre dieser Katechismus schon im Jahre 1552 in Oesterreich eingeführt worden. Ich kenne nur zwei Gelehrte, welche das richtige Jahr angeben: J. Feßler (Geschichte der Kirche Christi, zum Gebrauche für das Obergymnasium [4. Aufl., Wien 1877], 318) und A. Wappler (Geschichte der katholischen Kirche. Lehrbuch für Obergymnasien ec. [3. Aufl., Wien 1875], 199).

[2] SVMMA | DOCTRINAE | CHRISTIANAE. | *Per Quæstiones tradita, & in vsum* | *Christianæ pueritiæ nũc pri-* | *mũm edita.* | Iussu & authoritate Sacratissimę | Rom. Hung. Bohem. &c. Regię | Maiest. Archiducis Austriæ, &c. | EDICTO REGIO CAVTVM | est, vt hic libellus solus, prætermissis reli= | quis Catechismis, per omnes Austriæ Infe= | rioris Prouincias, & Goritiæ Comitatum | in

4. Der große Katechismus nach Gestalt und Gehalt gekennzeichnet.

Unter dieser Aufschrift steht auf dem Titelblatt ein Auszug aus der Katechismus= verordnung Ferdinands vom 14. August 1554, welche dann in ihrem vollen Wort= laute an das Titelblatt unmittelbar sich anschließt. Auf der Rückseite des Titelblattes zeigt das Buch, das man mehr als einmal als ein abgöttisches, heidnisches Werk hat brandmarken wollen, in einem fast blattgroßen Holzschnitte den gekreuzigten Hei= land; zu den Seiten des Kreuzes Maria und Johannes; im Hintergrunde Jerusalem; über und unter dem Bilde stehen in lateinischer Sprache die Worte: „Jesus Christus der Gekreuzigte, der Urheber und Vollender unserer Weisheit und Gerechtigkeit." [1] Nach dem Erlasse Ferdinands, vor der Inhaltsangabe, tritt wiederum der Heiland auf, diesmal in einem etwas kleinern Schnitte; er ist von Kindern verschiedenen Alters umgeben; zweien legt er die Hände auf; zwei Erwachsene stehen zu den Seiten des Herrn und scheinen ihn zu fragen. Ueber der Darstellung liest man die Psalm= worte: „Kommet, Kinder, höret mich: Furcht des Herrn will ich euch lehren." [2] Darunter die Einladung der Propheten Isaias und Michäas: „Kommet, steigen wir hinan zum Berge des Herrn und zum Hause des Gottes Jakobs, und er wird uns seine Wege lehren, und wir wollen auf seinen Pfaden wandeln." [3] Das Kreuzesbild des Titelblattes wiederholt sich vor dem Anfange des zweiten Theiles unserer Schrift, welcher von der christlichen Gerechtigkeit handelt; hier ließ Canisius zu Häupten des Erlösers und zu seinen Füßen die biblischen Sprüche anbringen: „Der Gerechte ist für Ungerechte gestorben[4], damit wir ohne Furcht, aus der Hand unserer Feinde be= freit, ihm dienen, in Heiligkeit und Gerechtigkeit vor ihm alle unsere Tage." [5] Am Schlusse folgt auf die anderthalb Seiten mit Verbesserungen wiederum ein blatt= großer Holzschnitt: drei kleine Hügel; auf dem mittlern ein Kreuz mit der hebräischen Inschrift, um dessen Fuß die Kette des Goldenen Vließes sich schlingt; das Lamm unten an der Kette setzt seine Füße auf einen Löwen und einen Drachen; auf den zwei Hügeln links und rechts vom Kreuze stehen der habsburgische Helm und der rothweiße Bindeschild; darüber, zu beiden Seiten des Kreuzes, liest man in lateinischer Sprache: „In diesem Zeichen wirst du siegen und Löwen und Drachen niedertreten." [6]

Also ein lateinischer Katechismus! Das Buch war eben für die ge= samte Jugend bestimmt, auch für die studirende, ja zunächst für diese. An die Wiener Hochschule war der erste Auftrag ergangen, dasselbe herauszugeben; ein Mitglied dieser gelehrten Körperschaft war der Verfasser. Latein war da= mals keineswegs bloß eine todte Gelehrtensprache, eine Sprache, die man mit Mühe und Unbehagen las, steif und künstlich schrieb. Sie lebte auf den Lippen der Schüler wie der Lehrer; als wissenschaftliche Verkehrs= und Um=

---

scholis cùm priuatis [sic] tum publicis prǽle= gatur & conseruetur: Atque à nullo Typo= grapho aut Bibliopola, inuito Michaéle Zimmermanno, intra decen= nium denuò excudatur, aut excusus ven= datur. Die Zeilen 1, 2, 3, 10 sind roth gedruckt. Der Erlaß Ferdinands nimmt die ersten fünf Blätter nach dem Titelblatte ein. Auf der Rückseite des folgenden und dem ganzen nächstfolgenden Blatte der „Index, totius libelli ordinem et summam complectens". Blatt 193ᵃ hat am Schlusse des Katechismus: Confirma hoc Deus, quod operatus es in nobis. Dann Blatt 193ᵃ—193ᵇ die „Errata". Endlich auf dem letzten, nicht gezeichneten Blatte das Schlußbild.

[1] Hebr. 12, 2. [2] Ps. 33, 12. [3] Is. 2, 3. Mich. 4, 2.
[4] 1 Petr. 3, 18. [5] Luc. 1, 74. 75. [6] Vgl. Ps. 90, 13.

gangssprache tönte sie frisch und ungezwungen durch die Lehrsäle und Schul=
zimmer des damaligen Deutschland. „Deutsch sprechen," sagt Otto Brunfels
in seiner Katechese, „das ist in unserer Schule eine Sünde, die man mit
Schlägen büßen muß." Zu Bingen am Rhein befahl ein weiser Rath im
Jahre 1571 dem „Kinderschulmeister", er solle „mit den Schülern Latein reden
und sie auch anhalten, unter sich Latein zu reden". Der Lutheraner Bugen=
hagen läßt in den Kirchenordnungen für Braunschweig, Hamburg, Lübeck und
auch in der holsteinischen Kirchenordnung vom Jahre 1542 den Katechismus
von den Knaben in der Kirche lateinisch hersagen[1]. Aus der Schulordnung
für das Erfurter Gebiet vom Jahre 1620 ersieht man, daß damals auf
Dorfschulen Latein getrieben wurde, ja einen Hauptgegenstand bildete[2].

Wie in der Sprache, so schloß sich Canisius auch in der Benennung seines
Werkes an die Ueberlieferung der Vorzeit an.

Ein Protestant der Neuzeit behauptet[3], Luther habe Inhalt und Form des
Katechismus „der durch Jahrhunderte geheiligten Praxis der Kirche entlehnt", habe
manches fast wörtlich aus der sogen. „deutschen Katechese" des neunten Jahrhunderts,
aus Keros Vaterunser=Erklärung, ja selbst aus dem Sacramentarium des Papstes
Gelasius in seine Arbeit herübergenommen. Neu aber war es jedenfalls, daß er
seinem Buche den Namen „Katechismus" gab. Seit den Apostelzeiten hatte dies
Wort stets die mündliche Unterweisung in den Anfangsgründen des Glaubens be=
deutet; erst Luther übertrug es auf ein Buch, welches diese Anfangsgründe enthielt.
Canisius nannte das Kind seines Geistes eine „Summe der christlichen Lehre".
Sicherlich gedachte er dabei der zahlreichen lateinischen „Summen" und „Sümmlein",
welche das Mittelalter in seiner wissenschaftlichen Schatzkammer aufgespeichert hatte.
Da studirten die Jünger der Weltweisheit ihre „Sümmlein" der Logik, die Aerzte
ihre „Summe der Erhaltung und Heilung", schöpfte das Beamtenthum seine Weis=
heit aus der „Summe der Notariatskunst"; die Bewunderung der Gottesgelehrten
erregte die „Summe der Sentenzen", welche man dem Hugo von St. Victor zu=
schrieb; für die Beichtväter schrieb der hl. Raimund von Pennaforte seine „Summe
von der Buße", und vollends zur Unsterblichkeit erhoben ward das Wort durch die phi=
losophische und die theologische „Summe" des „Engels der Schule", des hl. Thomas.

Nicht als ob unser Seliger damit die Christenlehrbücher in deutscher Sprache oder
die neue Verwendung des Wortes „Katechismus" hätte verketzern wollen. Auch sein
Buch war, wie wir sahen, von Anfang an dazu bestimmt, ins Deutsche übertragen
zu werden. Er selbst hat wenige Jahre später den Auszug aus seiner „Summe" in
seiner lateinischen wie in der deutschen Ausgabe „Katechismus" genannt[4].

---

[1] Die Belege bei Chr. Moufang, Die Mainzer Katechismen von Erfindung
der Buchdruckerkunst bis zum Ende des 18. Jahrhunderts (Mainz 1877), 47.

[2] C. Beyer, Zur Geschichte der Erfurter Volksschulen (Erfurt 1887), 11.

[3] Weidemann, Art. Katechismus in K. A. Schmids Encyklopädie des Er=
ziehungs= und Unterrichtswesens III (2. Aufl., Gotha 1880), 961—962.

[4] Auf katholischer Seite schloß sich Georg Wicelius 1535, Johannes Dieten=
berger 1537, wo nicht schon früher, dem neuen Sprachgebrauche an, während
Friedrich Nausea erklärte, er verstehe unter diesem Worte den mündlichen Unterricht
(Catechismus catholicus [Coloniae 1542], 4). Am nächsten kommt unserer Summe
in dieser Hinsicht Peter Sotos „Compendium doctrinae catholicae" (Ingolstadt

4. Der große Katechismus nach Gestalt und Gehalt gekennzeichnet.

Den Namen des Verfassers verräth das Titelblatt nicht; auch in dem Buche selbst ist kein Wort über Canisius, keine Silbe von der Urheberschaft der Jesuiten zu finden. So hatte es, wie wir sahen, Canisius selbst gewünscht. „Ich wollte", erklärte er später selbst, „mit dieser Arbeit nicht so fast den Menschen gefallen, als Gott dem Herrn."¹ Auch hoffte er, bei den Gegnern werde der Katechismus weniger Mißfallen erregen, wenn sein Verfasser ihnen unbekannt bliebe². Man hielt damals den Hofprediger des Königs Ferdinand, wie dieser selbst dem hl. Ignatius schrieb³, für den größten Gegner des Lutherthums und verbreitete in Oesterreich Spottverse auf ihn. Unvergleichlich bessern Klang hatte Ferdinands Name. Spanier von Geburt, hatte Ferdinand doch weit mehr als sein Bruder Karl V. das deutsche Wesen in sich aufgenommen; er war gutmüthig, freigebig, gnädig, leutselig gegen alle; die Protestanten vergaßen nicht, daß er den Passauer Vertrag geschlossen⁴.

Die lateinische Verordnung, mit welcher Ferdinand den Katechismus in die Welt einführte, ist allen Anzeichen nach vom Kanzler Jonas verfaßt⁵; aber des Königs Name steht an ihrer Spitze, und ohne Zweifel bringt sie des Königs eigene Gedanken getreulich zum Ausdruck. Unter den vielen hundert Erlassen, die in Ferdinands langen Herrscherjahren aus der Wiener Hofkanzlei herausgeflossen, ist dieser wohl einer der weitgreifendsten und folgenschwersten; er ward darum auch unzähligemal gedruckt; auch protestantische Geschichtschreiber, wie Goldast⁶, Raupach⁷, Köcher⁸, trugen kein Bedenken, ihn Wort für Wort wiederzugeben.

In tiefernster Sprache, getragen und emporgehoben von der Vollkraft des Glaubens, wendet sich der Fürst an alle geistlichen und weltlichen Herren

---

1550). Nikolaus Antonius behauptet, im Jahre 1554 sei bei Johannes Lazio zu Antwerpen ohne Nennung des Verfassers eine „Summa de la doctrina Christiana", also wohl spanisch, in Octavform erschienen (Bibliotheca Hispanica nova, recognita II [Matriti 1788], 339). Man möchte an einen falsch datirten oder nicht datirten Nachdruck unserer „Summe" denken.

¹ Summa doctrinae christianae (Coloniae 1566), Vorrede.
² Opus catechisticum (Coloniae 1577), Widmung.
³ *Canisius an den hl. Ignatius, Wien, 25. März 1555. Siehe S. 25.
⁴ L. v. Ranke, Zur deutschen Geschichte. Vom Religionsfrieden bis zum dreißigjährigen Kriege (Leipzig 1868), 20—25.
⁵ Siehe S. 23.
⁶ Imperatorum ac Regum S. Imperii Romano-Theutonici Recessus. Constitutiones . . . III (Francofurti ad Moenum 1713), 566—567.
⁷ Evangelisches Oesterreich, Beil. 2 (Hamburg 1732), 10—12.
⁸ Catechetische Geschichte der Paebstischen Kirche (Jena 1753), 275—279.

und Unterthanen der niederösterreichischen Lande und der Grafschaft Görz. „Mit großem Herzeleid", erklärt er, „erwägen Wir und schauen mit eigenen Augen die schweren Unruhen und Gefahren, durch welche heutzutage die christliche Welt von allen Seiten ins Wanken gebracht wird. Was aber zuvörderst Uns und alle Frommen oft und tief schmerzt, das ist die jammervolle religiöse Lage: allenthalben kümmert man sich wenig um die Religion; ja sie ist ein Gegenstand der Verachtung geworden. Und doch ist auf Erden nichts heiliger als die Religion, kann es für den Staat keine edlere Zier, kein festeres Bollwerk geben als sie. Darum richtet der große Ränkeschmied, der grimmige Feind der heiligen Kirche und aller Gutgesinnten, der Satan, wohl wissend, was die Menschheit an der wahren Religion besitzt, seit vielen Jahren auf religiösem Gebiete allüberall Feindseligkeiten und Verwirrung an, und man möchte glauben, noch nie zuvor habe er so große Truppenmacht, so vielerlei List und Trug zu gleicher Zeit wider sie ins Feld geführt. Auch jetzt noch findet er unter seinen Getreuen gewisse Leute, die auf sein Anstiften Büchlein herausgeben, bestimmt, alle gottlosen Bestrebungen zu fördern und in weite Kreise zu tragen; die, welche vom wahren Glauben bereits abgefallen, sollen damit in ihren Irrthümern und Spaltungen festgebannt, diejenigen aber, welche bisher noch innerhalb der starken Schanzen der Kirche Gottes ausgeharrt, herausgelockt und Jünger der Rottengeister und von unserer katholischen Religion abtrünnig werden. Unter diesen Büchlein aber, die überall massenhaft an das Tageslicht kommen, schaden dem Glauben ganz besonders die sogen. Katechismen: sie empfehlen sich vielfach durch Kürze, schöne Sprache, gute Anordnung, und so vermögen sie gewaltig zu trügen und die unerfahrene Jugend, die edlen Sinnes sonder Arg die Wahrheit sucht, auf das gründlichste zu verderben. Harmlos und unvorsichtig, wie die Jugend ist, schlürft sie aus solchen Schriften das süße, schmeichelnde Gift, und bevor sie es merkt, ist ihr Herz mit neuen, grundverderblichen Anschauungen angefüllt, von denen man sie später kaum mehr heilen kann. So kommt es, daß die jungen Leute, nachdem sie einmal solche Weisheit in sich eingesogen, die Lehren und ehrwürdigen Einrichtungen des katholischen Glaubens und der heiligen Mutter, der Kirche, nicht mehr achten, Widerwillen gegen sie hegen, ja öfter sogar mit frecher Stirne wider sie ankämpfen. Was hiergegen geschehen konnte mit Rathschlägen, Mahnungen, Befehlen, Ausschreiben, das haben Wir, der Pflicht eines christlichen Königs gemäß, fürwahr redlich ins Werk gesetzt, sowohl um diese gottlosen Anschläge zurückzuweisen, als auch um die Rechte unserer hochheiligen katholischen Religion zu wahren. Trotzdem greift diese häßliche Seuche immer weiter um sich. Immer wieder erscheinen neue Katechismen, mit neuem Blendwerk aufgeputzt; man bringt sie unter das Volk, gebraucht sie als Schulbücher, und die Gefahr ist dabei sicherlich größer, als die einfältigen Kinderseelen und die vertrauensseligen, nicht ins Weite blickenden, unerfahrenen Jünglinge und die allermeisten Lehrer dieser Art es wahrnehmen oder beurtheilen können. Was also bei einer schweren Krankheit gute Aerzte, was bei einem Sturme wackere Schiffsherren thun, das glaubten auch Wir thun zu sollen: wir glaubten Mittel und Wege suchen zu sollen, um die drohenden, uns vor Augen liegenden, entsetzlichen Gefahren entweder ganz zu verscheuchen oder wenigstens sie zu mildern, so lange, bis Gott seine mächtige Hand ausgestreckt. Nach reiflicher Ueberlegung haben Wir es darum für höchst heilsam erachtet, bei diesem Wirrwarr von Glaubenslehren und Religionsparteien ein rechtgläubig gehaltenes Christenlehrbuch schreiben zu lassen und bei Unsern getreuen Völkern einzuführen. So wählten Wir denn für die Abfassung eines solchen katholischen Werkes Männer von zweifelloser Rechtgläubigkeit und Gelehrsamkeit, und nachdem das Buch fertiggestellt war, übergaben Wir es Männern zur Durchsicht und Begutachtung, welche anerkanntermaßen nicht nur durch theologische Kenntnisse sich auszeichnen, sondern auch durch unbescholtenen, tugendreichen Lebenswandel. Auf diesem Wege nämlich wollten Wir Uns dagegen sicherstellen, daß unter Unserm Namen irgend etwas ans Licht käme, was der Lehre des Evangeliums und der heiligen katholischen Kirche irgendwie zuwider wäre..." „Somit befehlen Wir allen und jedem unter euch, sonderlich aber denen, welche an Unserer Statt in Unseren niederösterreichischen Provinzen und der Grafschaft Görz des Rechtes pflegen und in obrigkeitlichen Aemtern stehen, sie sollen eifrig und wirksam dafür sorgen, daß die Schulmeister, Lehrer und Erzieher diesen Katechismus allein und keinen andern den Kindern in den Schulen, sei es nun öffentlich oder nicht, vorlegen, vortragen und von ihnen auswendig lernen lassen. Sonst wird euch sowohl als sie Unser schwerster Unwille und andere Strafe treffen, die Wir sie über die Uebertreter und Verächter dieser Unserer Verordnung nach Unserem Gutbefinden verhängen werden; denn das ist Unsere ausdrückliche Meinung und Absicht"...[1]

So erschien denn der Katechismus gewissermaßen gekleidet in die österreichischen Landesfarben, gedeckt und geschmückt mit dem glänzenden Wappenschilde des länderreichen Königs Ferdinand. Freund und Feind nannten ihn darum gerne den „österreichischen Katechismus", den „Katechismus des Königs Ferdinand", oder auch, nach Ferdinands Kaiserwahl, den „Kaiser-Katechismus"[2].

Das Buch enthält 211 Fragen mit den entsprechenden Antworten; erstere zeigen durchweg eine bündige Kürze; die Antworten sind vielfach ziemlich lang; einige dehnen sich auf vier, fünf und noch mehr Seiten aus[3].

---

[1] Gleichzeitige amtliche Abschrift dieses Erlasses im Wiener Haus-, Hof- und Staatsarchive, Privilegienbuch Ferdinands I. für 1548—1558 (Ferd. I. Privil. n. 7) fol. 196ᵇ—197ᵇ.
[2] So nennt ihn z. B. König Philipp II. in seiner Katechismusverordnung vom 16. November 1557 den „Catechismus Patrui nostri charissimi Ferdinandi". Peter Wittfelt S. J. spricht in seiner „Theologia catechetica" (Monasterii Westphalorum 1675, 4) von dem „Catechismus Austriacus sive maior Canisii."
[3] Allerdings sind die Seiten ziemlich klein, der Druck groß und weit.

Der Verfasser **theilt** seine Arbeit in die Lehre von der christlichen Weisheit und die Lehre von der christlichen Gerechtigkeit, indem er auf das Schriftwort verweist: „Sohn, willst du Weisheit, so wahre die Gerechtigkeit, und Gott wird selbe dir geben." [1] „Die Weisheit", sagt Canisius[2] mit dem hl. Augustinus[3], „hat zu ihrem Gegenstande die drei göttlichen Tugenden: Glaube, Hoffnung, Liebe." Ueber den Glauben belehrt uns das Apostolische Glaubensbekenntniß. Was wir zu begehren und zu hoffen haben, zeigt uns das Gebet des Herrn. Zur Liebe gehört die Beobachtung der Gebote Gottes. Ohne Kirchengebote und Sacramente aber können Glaube, Hoffnung und Liebe nicht bestehen; durch sie werden diese Tugenden in uns „gepflanzt, gefestigt, gefördert, vollendet." [4] „Die Gerechtigkeit aber setzt sich aus den zwei Theilen zusammen, welche der königliche Prophet angibt mit den Worten: ‚Bleibe fern vom Bösen und thue Gutes.'" [5] Demgemäß behandelt unser Christenlehrer im ersten Theile die Hauptstücke: 1. vom Glauben und Glaubensbekenntnisse, 2. von der Hoffnung und dem Gebete des Herrn, samt dem Englischen Gruße, 3. von der Liebe und den zehn Geboten Gottes, samt den Geboten der Kirche, 4. von den Sacramenten. Die Lehre von der christlichen Gerechtigkeit erscheint als ein einziges, fünftes Hauptstück; dasselbe zeichnet die Sünden in ihren Gattungen und Abstufungen und beleuchtet danach die guten Werke, insbesondere die Werke der Barmherzigkeit, die vier Haupttugenden, die Gaben und Früchte des Heiligen Geistes, die Seligkeiten, die evangelischen Räthe. Das Ganze gewinnt seinen Abschluß in den vier letzten Dingen des Menschen[6].

Dieser Eintheilung blieb Canisius im großen und ganzen sein Leben lang treu. „Es hängt doch alles", schreibt er in der Vorrede zu seinem mittlern deutschen Katechismus[7], „am Glauben, Hoffnung, Liebe, Sacramenten und Gerechtigkeit, wenn wir nur immer Gottes Kinder und in Christo gerecht und selig werden wollen. Ohne den Glauben erkennen wir Gott nicht; ohne die Hoffnung verzweifeln wir an Gottes Gnaden; ohne Liebe nutzt uns weder Glauben noch Hoffen oder Vertrauen, sondern

---

[1] Eccli. 1, 33.   [2] Summa, editio princeps, fol. A^b.
[3] Lib. 2. Retract. c. 63. (Patr. lat. ed. Migne XXXII, 655.)
[4] Summa, editio princeps, fol. 52^b — 53^a. Bb^b.
[5] Ps. 36, 27. Vgl. 1 Petr. 3, 11.
[6] Die Fragen vertheilen sich auf die fünf Hauptstücke der Reihe nach also: 21, 16, 36, 54, 84 (43 über die Sünden).
[7] Neu abgedruckt in „Gebetbuch des seligen Petrus Canisius", herausgegeben von Joh. Bapt. Meiser (Regensburg und New York 1867), 5—8. Näheres später.

4. Der große Katechismus nach Gestalt und Gehalt gekennzeichnet.

wir bleiben noch in der Finsterniß, ja auch im Tod, wie die heiligen Apostel schreiben. Ohne die Sacramente aber und ihren rechten katholischen Gebrauch wird die Gnade des Heiligen Geistes nicht geschöpft noch erhalten. Wo dann nicht ist die Gerechtigkeit, da ist nicht Christi, sondern des Teufels Reich, wie da geschrieben steht: ‚Wer recht thut, der ist gerecht. Wer Sünde thut, ist vom Teufel. Dazu aber ist erschienen der Sohn Gottes,' sagt Johannes, ‚daß er die Werke des Teufels zerstöre.'" [1]

Die Katechismus-Hauptstücke des Canisius sind nicht seine Erfindung. Glaubensbekenntniß, Vaterunser, zehn Gebote, Sacramente, Sünden und Tugenden, das waren von jeher die Schlagwörter für die Sichtung des Christenlehrstoffes, die großen Sammelbegriffe, bestimmt, die vielerlei Wahrheiten zu sondern, zu ordnen, aneinander zu ketten, mochte man die Lehren von den Sacramenten und von Tugend und Sünde als eigene Hauptstücke ausscheiden, oder sie bei den Hauptstücken vom Glauben und von den Geboten behandeln, mit welchen sie in inniger Verwandtschaft stehen [2]. Auch die Reihenfolge der Hauptstücke, wie Canisius sie bietet, war keine ungewohnte Erscheinung, so sehr sie auch von Luthers Anordnung abweicht. Aehnlich hatten schon vor Canisius auf katholischer Seite Gropper, Wicel, Helbing, auf lutherischer Brenz geordnet. Hirscher sieht in den fünf Hauptstücken des Canisius nichts anderes als „Gemeinplätze, nach denen er die ganze Summe der Religionslehren am bequemsten vertheilen zu können glaubte" [3]. Knecht urtheilt, die Eintheilung von Canisius gebe, soweit sie „den Versuch einer Systematisirung" einschließt, „zu begründeten Einreden Anlaß" [4]. Andere namhafte Katecheten hinwiederum, wie Erzbischof Augustin Gruber von Salzburg [5], Herenäus Haib [6], Christoph von Schmid [7], glaubten für Canisius in die Schranken treten zu sollen. Auch Abt Felbiger von Sagan, der berühmte Umgestalter des österreichischen Schulwesens, hat die Eintheilung des Canisius beibehalten [8]. Die Dominikaner Dietenberger und Fabri, Zeitgenossen unseres Seligen, ordneten: Glauben, Gebote, Vaterunser, Sacramente. Im römischen Katechismus, an welchem bekanntlich der Predigerorden das

---

[1] 1 Joh. 3, 7. 8.
[2] Siehe Joh. Mayer, Geschichte des Katechumenats und der Katechese in den ersten sechs Jahrhunderten (Kempten 1868), 281—335. Pet. Göbl, Geschichte der Katechese im Abendlande vom Verfall des Katechumenats bis zum Ende des Mittelalters (Kempten 1880), 129—242. Fr. W. Bürgel, Geschichte des Religionsunterrichts in der katholischen Volksschule (Gotha 1890), 56—89.
[3] Katechetik. Von Dr. Joh. B. Hirscher (4. Aufl., Tübingen 1840), 139.
[4] Artikel „Katechismus", in Wetzer und Weltes Kirchenlexikon VII (2. Aufl.), 303.
[5] Praktisches Handbuch der Katechetik für Katholiken, 1. Thl. (6. Aufl., Salzburg 1844), 11—17.
[6] Summa doctrinae christianae Doctoris Petri Canisii nunc tertio edita et adaucta (Landishuti 1839), xxix—xxxii.
[7] Der Katechismus der christkatholischen Religion für das Bisthum Augsburg, ausführlich erklärt von bem Verfasser I (Augsburg 1844), x—xiii.
[8] Das fünfte Hauptstück des Canisius ist im „Saganschen Katechismus" in drei Hauptstücke zerlegt, deren Stoffe jedoch ganz ebenso sich folgen wie bei Canisius.

Hauptverdienst besitzt, findet man die Reihenfolge: Glaubensbekenntniß, Sacramente, zehn Gebote, Vaterunser. Wieder anders haben Bellarmin, Overberg, Hirscher, Deharbe getheilt. Die Kirche läßt hier Freiheit[1]. Canisius selbst hat in seinem ganz kleinen deutschen Katechismus vom Jahre 1575 an, ja wahrscheinlich schon seit 1568, die Sacramente an die zweite Stelle, das Gebet an die vierte gesetzt, offenbar, um dem römischen Katechismus sich möglichst enge anzuschmiegen[2]. Ja selbst in seinen größeren Katechismen würde er die Haupttheilung in Weisheit und Gerechtigkeit später umgestoßen haben, hätte nicht sein Ordensgeneral Laynez ihn ausdrücklich davor warnen lassen[3].

Der Lehrgehalt unseres Katechismus bedarf keiner Auseinandersetzung; es ist die ganze, die reine Lehre der katholischen Kirche[4]. Der Mann, der sie darstellte, war niemals in seinem Leben ein trockener, von der Welt abgewandter Stubengelehrter. Canisius lebte für seine Mitwelt, schrieb für seine Zeit. Daß es einen Gott gebe, daß Christus Gott, daß die Seele unsterblich, die Schrift von Gott eingegeben sei, daß die Qual der Hölle ewig währe, das alles ist in dem Buche mit wenigen Worten abgehandelt; niemand rüttelte damals an diesen Grundpfeilern jeglichen Christenthums. Dagegen beleuchtet und erhärtet unser Christenlehrer mit sichtlicher Ausführlichkeit und Sorgfalt jene katholischen Lehren und Bräuche, welche die Neuerer des 16. Jahrhunderts zu verdunkeln und zu untergraben sich bemühten: daß es sieben Sacramente, daß es ein besonderes Priesterthum gebe, daß die Messe ein wahres Opfer, daß das kirchliche Fastengebot, die Verehrung der Bilder Christi und der Heiligen, die katholische Andacht zu der Gottesmutter schriftgemäß und heilig seien[5]. Nicht weniger als neun Seiten sind der Frage gewidmet, welche damals ganz Deutschland, vom Bettler bis hinauf zum Kaiser, in Erregung setzte: Sollen die Laien Fleisch und Blut des Herrn nur unter der einen Gestalt empfangen oder unter beiden? Recht bezeichnend für jene Zeiten ist es

---

[1] Der römische Katechismus wollte seine Anordnung des Stoffes keineswegs zur unbedingten Vorschrift erheben. Im Prooemium (qu. 13) heißt es: „Docendi autem ordinem eum adhibebit [parochus], qui et personis et tempori accomodatus videbitur." Vgl. F. X. Schöberl, Ueber die Eintheilung des Katechismus, im „Katholik", 72. Jahrgang, II, 255—275.

[2] Näheres später.

[3] *Polanco an Canisius, Trient, 29. Juni 1563. (Gleichzeitige Abschrift des italienischen Briefes.)

[4] Die Neuauflage des Buches vom Jahre 1566 wird uns Gelegenheit bieten, einige von dessen Lehrsätzen näher zu betrachten.

[5] Nur in diesem Sinne kann man der Behauptung von Ant. Mayer beistimmen, „der polemische Charakter" habe auch den Katechismus von Canisius beherrscht (Geschichte der geistigen Cultur in Niederösterreich I [Wien 1878], 189).

4. Der große Katechismus nach Gestalt und Gehalt gekennzeichnet. 37

auch, daß Canisius ausdrücklich die Frage glaubte aufwerfen zu müssen: „Was ist von schlechten Priestern zu halten?"[1] Mit warmen Worten verbreitet sich der Wiener Katechet über die Würde und Gewalt der Kirche[2] und ihres obersten Hirten. Die Kirche ist ihm „die Gesamtheit aller, welche den Glauben und die Lehre Christi bekennen, welche Gesamtheit dieser oberste aller Hirten dem Apostel Petrus und dessen Nachfolgern übergeben hat, damit sie dieselbe weiden und regieren". Aber auch der Gehorsam gegen die weltliche Obrigkeit wird wiederholt eingeschärft. Auch sie ist im vierten Gebote Gottes gemeint; auch ihr muß man Ehrfurcht erweisen, Hilfe leisten, Gehorsam erzeigen, und zwar innerlich sowohl als äußerlich, und wir dürfen derlei hochgestellte Personen in keinerlei Weise beleidigen oder betrüben, weder mit Worten noch mit der That[3]. Denn „das Wort Gottes macht uns den bürgerlichen Obrigkeiten sowohl als den geistlichen unterthan, den sanften sowohl als den mürrischen, und zwar heißt es uns um des Gewissens willen ihren Geboten die größte Ehrerbietigkeit und den vollsten Gehorsam entgegenbringen"[4]. Ehre schulden wir auch den Heiligen; sind sie ja doch die Freunde, Söhne, Erben Gottes und die Miterben Christi; aber nie und nimmer dürfen wir sie nach heidnischer Weise als Götter verehren. Wir dürfen durchaus kein Geschöpf, sei es auch noch so erhaben, mit Gott auf eine Stufe setzen; Gott allein gebührt jene höchste, jene ganz eigenartige Verehrung, daß wir ihn anrufen und anbeten als das höchste Gut, als unsern Schöpfer, Erlöser, Seligmacher[5]. Wie auf jedem katholischen Altare das Bild des gekreuzigten Heilandes sich zeigt, und zwar hoch auf dem Ehrenplatze in der Mitte, so bildet auch in unserem Katechismus der Heiland den Mittelpunkt, auf welchen alles hinstrebt, von dem alles Licht ausgeht, der alles beherrscht. „Es ist kein anderer Name unter dem Himmel den Menschen gegeben, in welchem wir selig werden sollen", als der Name Christi. Christus „ist uns Weg, Wahrheit und Leben". Die Menschwerdung des Sohnes Gottes ist sozusagen unsere Wiedergeburt. Verzeihung der Sünden wird uns „durch die Kraft des Leidens des Herrn zu theil". „Christi Leiden, Blut, Kreuz, Wunden und Tod bringen den Sündern fort und fort Trost, Gesundheit, Kraft und Leben, wofern wir jedoch unserem Haupte gehorchen und mit ihm leiden, damit wir auf diese Weise auch mit ihm verherrlicht werden; denn vollendet,

---

[1] Summa, editio princeps, fol. 106ᵃ—107ᵇ.   [2] L. c. fol. 43.
[3] L. c. fol. 32ᵃ.   [4] L. c. fol. 41ᵃ.   [5] L. c. fol. 27ᵇ—28ᵇ.

warb er allen, die ihm gehorchen, Ursache ewigen Heiles, wie die Schrift sich ausdrückt."[1]

In einem altehrwürdigen Kloster zu Wien findet sich ein Exemplar der Erstlingsausgabe unseres Katechismus, auf dessen Titelblatt eine alte, vielleicht dem Canisius zeitgenössische Hand in lateinischer Sprache die Worte geschrieben hat: „Warum heißt dieses Büchlein christliche Lehre? Weil sein Hauptverfasser Christus ist." Man kann dem frommen Schreiber Beifall geben in dem Sinne, daß der Katechismus nicht bloß sachlich Christi Lehre wiedergibt, sondern auch in seiner Ausdrucksweise fortwährend die Sprache der Evangelien und der andern göttlichen Schriften an das Ohr des Schülers klingen läßt. **Das Werk ist ein Gewebe von Worten der Schrift und Auslegungen der Väter.** Am Rande verweist Canisius jedesmal auf das Buch und den Abschnitt, in welchem der angeführte Satz sich findet. Für jene, deren Forschungstrieb tiefer bringen will, merkt er überdies eine Anzahl anderer Stellen an, welche die gleiche Wahrheit ins Licht stellen. So sind schon in dieser ersten Ausgabe **mehr als 1100 Schriftstellen** angeführt. Wie das christliche Alterthum diese Gottesworte verstand, bezeugen in unserem Katechismus ein Clemens von Rom, Origenes, Tertullian, ein Basilius, Ambrosius, Chrysostomus und so viele andere Väter bis hinauf zu dem römischen Gregor und dem Mönche von Damaskus. Mehr als 400 solcher Väterzeugnisse sind am Rande genannt, nicht wenige derselben auch in ihrem Wortlaute vorgelegt. Am häufigsten — etwa 150mal — tritt Augustinus auf, der „Fürst der Gottesgelehrten", wie auch Canisius ihn genannt hat[2]. Daneben trifft man auch mehrere Berufungen auf unechte und unterschobene Schriften; so auf Schreiben der Päpste Anaclet, Cajus, Urban I., Fabian, und ähnliche Stücke, wie sie bei Pseudo-Isidor sich finden. Pseudo-Dionysius Areopagita ist 13mal angeführt[3]. Als im verflossenen

---

[1] L. c. 5—8. 11.

[2] „Unum atque alterum locum ... ex Augustino Theologorum principe huc ... transferemus." De Maria Virgine incomparabili, lib. 1, c. 5 (Ingolstadii 1577), 35.

[3] Schon im Jahre 1556 machte der Lutheraner Wigand es dem Canisius zum Vorwurfe, daß er in seinem Katechismus auch unechte Schriften heranziehe, die Werke des Areopagiten und die Briefe des römischen Clemens an Jacobus (Verlegung des Catechismi der Jhesuiten [Magdeburg 1550], Bl. N b). Canisius hätte seinerseits auf eine Schrift hinweisen können, welche zum symbolischen Buche der Lutheraner geworden ist. In der Confessio Augustana beruft sich Melanchthon für seine Lehre auf Augustin, indem er eine unechte Schrift desselben anführt. Siehe Hefele-Hergenröther, Conciliengeschichte IX (Freiburg i. Br. 1800), 707, Anm. 2.

Jahrhunderte beim Seligsprechungsprocesse des Canisius dessen Schriften untersucht wurden, wies zu Rom ein gelehrter Berichterstatter — sein Name ist nicht genannt — auf diese Erscheinung hin; er bemerkte jedoch, dies sei mehr ein Fehler jener Zeit, als ein Fehler des Canisius; dieser habe eben auf dem Standpunkte der damaligen Väterkunde gestanden; zudem seien manche jener unechten Schriften immer noch hoch geschätzt ob ihres Alters und ihres Gehaltes [1].

Spätere Lehrer, wie Beda, Paul Warnefried, Alger von Lüttich [2], Oekumenius, Rupert von Deutz, sind in dem Katechismus nur spärlich vertreten; am öftesten erscheint noch der hl. Bernhard und der heute noch geachtete griechische Schrifterklärer des elften Jahrhunderts, Bischof Theophylakt. Auch die Kirchenversammlungen kommen zum Worte, und zwar nicht nur die allgemeinen, sondern auch die Provincial- und Diöcesansynoden, wie die von Laodicea, Karthago, Mileve, Toledo, Braganza, Orleans und viele andere. Die Bestimmungen des canonischen Rechtes werden mehr als 30mal angerufen, ja selbst Philo und Photius als Zeugen angeführt [3].

Von zeitgenössischen Gelehrten ist nur einer genannt: der wackere Augustiner-Prior Johannes Hoffmeister, ein persönlicher Freund unseres Christenlehrers [4].

Gänzlich schweigt das Buch von Peter dem Lombarden, Albert dem Großen, Bonaventura, Thomas von Aquin. Die Scholastik war damals von so manchen Katholiken schief angesehen, von den Neuerern gründlich ver-

---

[1] *Italienisches Gutachten — Urschrift oder gleichzeitige Abschrift — in der vaticanischen Bibliothek zu Rom, Cod. Vatic. 8679, P. 2, fol. 485—486.

[2] Summa l. c. fol. 69ᵃ verweist Canisius auf Algers Schrift über das heiligste Altarssacrament. Er war wohl durch seinen Lehrer Nikolaus van Esche (vgl. S. 1) in dieselbe eingeführt worden. Ihre zweite Ausgabe (die erste besorgte Erasmus zu Basel 1530) erschien im Jahre 1535 zu Köln und ward von Esche mit einem zehnzeiligen lateinischen Lobgedichte auf den Verfasser geschmückt. Ein Exemplar in der Bibliothek zu Craeten.

[3] Summa, editio princeps, fol. 185ᵇ. 77ᵃ.

[4] L. c. fol. 76 läßt uns Canisius verschiedene Väterstimmen vernehmen, welche die Messe für ein wahres Opfer erklären und ihre herrlichen Früchte preisen. Am Schlusse sagt er, der Kürze wegen übergehe er andere Väter, welche im selben Sinne sich aussprechen, und am Rande fügt er bei: „Siehe Hoffmeisters Loci communes." (Loci communes rerum theologicarum, quae hodie in controversia agitantur, Ingolstädter Ausgabe vom Jahre 1550, fol. 115—134.) Daß Canisius und Hoffmeister durch Bande der Freundschaft geeint waren, ist allen Lebensbeschreibern des Canisius entgangen; erst Hoffmeisters neuester Lebensbeschreiber hat es wieder in Erinnerung gebracht. Siehe Nik. Paulus, Der Augustinermönch Johannes Hoffmeister (Freiburg i. Br. 1891), 192.

fehmt und weiblich gehaßt. Canisius hat an der Ingolstädter Hochschule die „Sentenzen" erklärt; in seinem großen Werke über die seligste Jungfrau beruft er sich nicht bloß auf den hl. Thomas, sondern preist ihn auch ausdrücklich als den „Fürsten der Scholastik"[1]; seinen jüngern Ordensbrüdern empfahl er eindringlich das Studium des „englischen Lehrers". In seinem Katechismus aber glaubte er mit den Schwachen schwach sein zu müssen, die Fieberkranken nicht noch mehr erhitzen zu sollen.

Dazu kommt eine andere unverkennbare Thatsache: Petrus Canisius war nicht eben in hervorstechendem Maße speculativ-scholastisch angelegt; es geht ein mystisch-positiver Zug durch sein ganzes Sinnen und Streben. In der Schriftforschung und der Väterkunde lag das Geheimniß seiner Kraft. Das Evangelium war das tägliche Brod seiner Jugend gewesen[2]. Später fragte er einmal sich selbst, wie denn der Mensch seine Augen am besten verwenden könnte, und als Antwort schrieb er sich in sein Tagebuch die Worte ein: „Das Lobenswertheste und Gottgefälligste, was der Mensch mit seinen Augen thun kann, ist: Thränen der Liebe zu Gott vergießen und fortwährend die Heilige Schrift lesen."[3] Eine Tauler-Ausgabe war, wie es scheint, die erste Blüthe seines Schriftstellerfleißes. Tauler, Herp, Suso, Ruysbroek waren die Lieblinge der Kölner Kartäuser, bei denen der junge Peter von Nymwegen vertraulich ein und aus ging. Dem Cyrill und dem Leo ließ Canisius bald eine Auswahl von Briefen und andern Schriften des hl. Hieronymus folgen, welche mehr als 35 Drucke erlebt hat. Für Cyprian hatte er schon eine Menge von abweichenden Lesarten gesammelt, als Latinus Latinius mit seiner Veröffentlichung ihm zuvorkam[4]. Als Adam Walasser im Jahre 1562 zu Dilingen das römische Martyrologium in deutscher Sprache herausgab, übernahm Canisius die Durchsicht des Druckes und schickte der Arbeit eine lange Abhandlung über die Verehrung der Heiligen voraus. Bis in sein hohes Greisenalter hat Canisius, wie seine Briefe zeigen, für alles sich begeistert, zu allem aufgemuntert und freudig mitgeholfen, was die Väter und ihre hellen Zeiten seinem düstern Jahrhundert näher rücken konnte, mochte nun einer seiner Ordensgenossen das Werk unter den Händen haben, oder der Kartäuser Surius zu Köln, der Augustiner Panvinio zu Rom, der Laie Marcus Welser zu Augsburg. „Klug und unermüdlich", gesteht der bekannteste unter den neuern Verfechtern des protestantischen Kirchenthums, sei des Canisius Thätigkeit gewesen, und mit ausdrücklichem Hinweise auf unsern Katechismus fügt er bei, Canisius habe, „vertraut mit den Kirchenvätern wie mit dem Sinn und Bedürfniß des Volkes", „nur diesem einen Gedanken gelebt, mittels einer frommen katholischen Glaubens- und Lebensordnung den Protestantismus zurückzubringen"[5].

Ein wahres Geschenk der Vorsehung, eine Fundgrube und Vorübung für unsern väterkundigen Katecheten war die Arbeit, welche in den Jahren 1546 und 1547, also nicht lange vor Entstehung des Katechismus, ihm und seinen Mitbrüdern Laynez

---

[1] „Thomas Scholasticorum Doctorum facile princeps." De Maria Virgine incomparabili, lib. 1, c. 10, p. 71.
[2] Vgl. S. 1.
[3] Beati Petri Canisii S. J. Exhortationes domesticae, ed. *G. Schlosser* (Ruraemundae 1876), 448.
[4] Siehe die Ausgaben bei Sommervogel a. a. O. col. 670—672. Nach dem Erscheinen von Sommervogels Werk fand ich noch drei andere Ausgaben.
[5] Kirchengeschichte. Von Dr. Karl August Hase (11. Aufl., Leipzig 1886), 479.

4. Der große Katechismus nach Gestalt und Gehalt gekennzeichnet. 41

und Salmeron von den Vorsitzern der Trienter Kirchenversammlung übertragen wurde: sie mußten aus den Schriften der Neuerer kurz zusammenstellen, was diese über die Rechtfertigung des Menschen und über die Sacramente gelehrt, und danach hatten sie aus den Beschlüssen der alten Kirchenversammlungen, den päpstlichen Rechtsbüchern und den Schriften der Väter und Kirchenlehrer alles zusammenzutragen, was geeignet war, die falschen Lehren Lügen zu strafen. Wohl mag der vielbelesene Paynez hier die Hauptrolle gespielt haben; aber Canisius half treulich mit; insbesondere berichtet man aus der Zeit, da die Versammlung zu Bologna tagte, Canisius habe die Arbeiten seiner Mitbrüder in besseres Latein gebracht und von denselben hübsche Reinschriften gefertigt[1]. Heute noch verwahrt die Königliche Lycealbibliothek zu Dilingen einen handschriftlichen Band mit solchen Stoffsammlungen für die ersten Trienter Glaubensbeschlüsse; mehr als einmal macht in dem ehrwürdigen Denkmale die Hand unseres Seligen sich sichtbar; er hat wahrscheinlich den Band auch für seinen Katechismus verwerthet und später das Dilinger Collegium mit der Concilshandschrift begabt.

Hat Canisius bei Ausarbeitung seines Katechismus einzig Schrift und Väter zu Rathe gezogen? Das ist von vornherein nicht wahrscheinlich. Er mag ja recht wohl all die Stellen, die er anführt, selbst nachgesehen und verglichen haben. Sie alle selbst zu finden, all die Väterschriften von Anfang bis zum Ende durchzublättern, dafür gebrach es dem vielbeschäftigten, erst 34 Jahre zählenden Gelehrten sicherlich an der nöthigen Muße. Manche Blume nahm er aus der Hand derer, welche vor ihm den reichen Garten durchstreift, und wand sie mit dem, was er selbst gefunden, zum Kranze. Einige von diesen Quellen zweiten Ranges hat Canisius, wie wir sahen, selbst genannt. Eine erschöpfende Angabe aller Quellen und Hilfsmittel im Sinne der heutigen Wissenschaft lag ganz außerhalb des Pflichtbewußtseins jener Jahrhunderte. Was der hl. Bonaventura von Alexander von Hales, der hl. Thomas von Albert dem Großen, was auch ein De Thou und Sarpi von ihren Vorläufern in der Geschichtschreibung entlehnt haben, das vermöchte wohl nur eiserner Fleiß vollständig herauszuschälen. Für unsern Katechismus Derartiges hier leisten zu wollen, hieße die Grenzen dieser Schrift überschreiten. Einige Andeutungen müssen genügen. Zuweilen beruft sich Canisius auf einen Kirchenvater, ohne das Buch und den Abschnitt zu nennen, aus welchem das Zeugniß geschöpft sei. Das legt den Gedanken nahe, er habe dort die eine oder andere jener vielen „Catenen" benützt, in welchen das Mittelalter die Schriftauslegungen der Väter und Lehrer zu sammeln liebte. Die Erklärung der Gottesliebe und der Pflicht, sie zu üben, erinnert an Peter den Lombarden, dessen „Sentenzen" unser Katechet wenige Jahre früher zu Ingolstadt ausgelegt hatte[2]. Den Ausführungen über die Sünden wider den Heiligen Geist liegt die theologische Summe des hl. Thomas zu Grunde[3]. Einem eucharistischen Schriftchen des gleichen Lehrers hat Canisius allem Anscheine nach eine schöne, angeblich dem

---

[1] *Orlandinus* l. c. lib. 7, n. 23, p. 203—204. *Boero*, Canisio, 50.
[2] *Petri Lombardi* Sententiarum libri quattuor, lib. 3, dist. 27. In der Pariser Ausgabe vom Jahre 1564 fol. 264^b—266^b.
[3] Summa theol. 2, 2, q. 14, a. 1. 2. 3.

hl. Bernhard angehörige Schilderung der Gnadenwirkungen des heiligste Altarssacramentes entnommen ¹. Auch Johannes Gropper, Bischof Cuthber Tonstall von Durham ², und der selige Martyrer Johannes Fisher, Cardina bischof von Rochester ³, haben, wie es scheint, mit ihren Auseinandersetzunge über das Altarssacrament dem Meister des Wiener Katechismus als Berathe und Führer gedient. Andere Stellen lassen vermuthen, daß das „Enchiribion seines großen Ingolstädter Vorgängers Johannes Eck ⁴ und der Katechismu des Kölner Provincialconcils ⁵ bei der Katechismusarbeit auf seinem Schreib tische gelegen ⁶. Wahrscheinlich hatte Canisius damals auch schon näher Kenntniß erhalten von dem herrlichen lateinischen „Bekenntniß des katholische Glaubens", welches Stanislaus Hosius im Jahre 1551 auf der Versammlun von Petrikau ausgearbeitet hatte; ein Theil dieses Werkes war schon in Jahre 1553, also vor unserem Katechismus, der Oeffentlichkeit überantworte worden; als Canisius seine „Summe" an Cromer sandte, erbat er sich al Gegengabe die Werke des Hosius ⁷. Möge der Forschungseifer späterer Ge schlechter die Männer alle in helles Licht stellen, auf deren Schultern be Verfasser des „kurzen Begriffs der christlichen Lehre" gestanden!

Seine Gegner, einen Luther, Melanchthon, Zwingli, Huß, ha Canisius in seinem Katechismus auch nicht ein einziges Mal genannt selbst Namen wie „Protestanten", „Utraquisten", „Augsburger Religions verwandte" sucht man vergebens. Dem Irrthum gilt der Kampf; di Irrenden finden Schonung. Canisius widerlegt die neuen Lehrsätze zu meist und zunächst dadurch, daß er aus der Schrift und dem Zeugniß des christlichen Alterthums die katholische Wahrheit erhärtet.

König Ferdinand, schreibt er, „verlangte von mir für seine religiö verkommenen Oesterreicher einen Katechismus, und dies Buch sollte bevar

---

¹ „Hoc est corpus Christi aegris medicina" etc. Man vgl. des hl. Thoma Opusculum 59: „de sacramento Eucharistiae secundum decem praedicamenta" c. VI.

² De veritate corporis et sanguinis Jesu Christi in Eucharistia (Pari siis 1554).

³ Fisher, gewöhnlich Johannes Rossensis genannt, schrieb gegen Oekolampadiu „De veritate corporis et sanguinis Christi in Eucharistia". Das Buch wurd auch zu Köln gedruckt.

⁴ Enchiridion locorum communium adversus Lutherum et alios hoste ecclesiae, 6. de confirmatione; 15. de veneratione Sanctorum. In der Parise Ausgabe von 1546 fol. 46—47. 80—87.

⁵ Canones concilii provincialis Coloniensis. Quibus adiectum est Enche ridion Christianae institutionis (Coloniae 1537), fol. XLIX. L—LI. LXXVI—LXXVII

⁶ Einige dieser Quellen sind in spätern Ausgaben des Katechismus am Rand angemerkt.

⁷ * Canisius an Cromer, Wien, 27. April 1555, Nachschrift. Vgl. S. 2 Anm. 3.

behalten sein, daß es auf sanfte Weise die Gefallenen aufrichten und die Verirrten durch Gottes Gnade auf den rechten Weg zurückführen könnte"[1]. In Luthers großem Katechismus liest man von Bischöfen und Fürsten, welche „toll und thöricht werden"[2], von „päpstischen Haufen, Pfaffen, Mönchen, Nonnen", „so den Ehestand verachten und verbieten" und mit ihrem Gelübde ewiger Keuschheit „die Einfältigen betrügen"[3]; das kirchliche Stundengebet heißt hier „das unnütze schwere Geschwätze der sieben Bezeiten"[4]. Aehnliche Kraftausdrücke lassen sich im Katechismus des Nymweger Jesuiten nicht entdecken. **Die Darlegung ist leidenschaftslos, sachlich, würdevoll.** Das Buch, gesteht ein tonangebendes protestantisches Werk der Neuzeit, ist „mit vielem Tact" geschrieben[5]. Die Thatsache, daß der Stempel der Mäßigung und Bescheidenheit dem Werke aufgedrückt ist, haben auch verschiedene zeitgenössische Gegner des Canisius anerkannt, wenn sie auch ihm dabei unedle Beweggründe unterlegen. Die Jesuiten haben, so schreibt im Jahre 1562 der braunschweigische Superintendent Martin Chemnitz, „ungefährlich vor acht Jahren zu Wien in Oesterreich einen Catechismum in den Druck ausgehen lassen, doch mit Vertauschung ihres Namens, und wiewohl sie in gedachtem Catechismo von den meisten Artikeln der christlichen Lehr unverhohlen anzeigten, wohin sie sich neigen wollten, doch haben sie darin, aus großer Furcht, mit leisem verzagtem Tritt und Gang, mehr rückgesüsselt und unter dem Berg gehalten, als daß sie sich aufrichtig hersürgeben und ihrer Meinung bekannt sein wollten"[6]. Bei ihrer Ankunft in Deutschland,

---

[1] *Confessiones. Siehe S. 15 Anm. 4.

[2] Katechetische deutsche Schriften, herausgegeben von Irmischer I (Erlangen 1832), 40.

[3] A. a. O. 71.   [4] A. a. O. 26.

[5] Realencyklopädie für protestantische Theologie, herausgegeben von Herzog I (1. Aufl., Stuttgart und Hamburg 1854), Art. „Canisius" von E. Schwarz, S. 550. Der keineswegs jesuitenfreundliche Dr. Eberhard Zirngiebl führt im beistimmenden Tone die Worte Vogels (Die Schulordnung des Hochstifts Münster ꝛc., 1837, LXV) an: „Der Katechismus des P. Canisius hält in Absicht auf Toleranz wenigstens den Vergleich mit den Katechismen anderer Confessionen damaliger Zeit aus." Studien über das Institut der Gesellschaft Jesu (Leipzig 1870), 190.

[6] Vom newen Orden der Jesuwiter, Was jr glaube sey, vnd wie [so] wider Jhesum, vnd wider sein heiligs Evangelion streitten, der meinung, das sie die Deutschen vmb jre Seligkeit bringen, vnd widerumb vnter des Bapsts Joch ziehen wolten, zuuor in Latein durch M. Martinum Kemnitz gestelt, Jetzt aber dem deutschen Leser zur warnung ins Deutsch gebracht. Durch Johan. Zanger Oenipontanum. 12°. (Leipzig, ohne Jahr), Bl. C 6ᵇ—C 7ᵃ. Aehnlich der jesuitenfeindliche Verfasser der Schrift: Wolmeinender, Warhaffter Discurs, WArumb vnd wie die Römisch-Catho-

schreibt im gleichen Sinne der Jesuitenfeind Ludwig Lucius, Universitäts professor in Basel[1], „gingen sie gar leise daher und schrieben gar gelin von Sachen, inmassen ihr Catechismus, den sie erstlich in Oesterreich au gehen lassen, ausweiset; darinnen sie fast forchtsam und mit allgemacher Tritt hereinschlichen, und ihre Meinung nicht so grob und offentlich a ben Tag gaben"[2]. Von den strittigen Punkten, versicherte im Jahre 156 der Stuttgarter lutherische Prediger Lucas Osiander in einer Schrift gege unsern Katechismus, reden die Jesuiten „nicht mit der groben bäpstische Sprach" der „vorigen Vorfechter des Bapstumbs", sondern „suchen d allerglimpfigste Wort, mit welchen sie die bäpstische Irrthumb ferben un verkaufen"[3].

„Glimpflich" und „gelinde" war in der That die Sprache, welche der Katechi mus der deutschen Jesuiten den Protestanten gegenüber führte. Aber sie war nic von Furchtsamkeit und Gleisnerei eingegeben, wie Chemnitz und Osiander meinter sie kam aus der Tiefe des Herzens. Unseres Canisius geistlicher Führer und Meiste der selige Petrus Faber, huldigte dem Grundsatze: „Will man den von der Kirch Getrennten in unserer Zeit sich nützlich erweisen, so ist das erste Erforderniß ein große Liebe gegen sie. Man muß sie mit wahrer Zuneigung umfassen und jer Gedanken sich aus dem Sinne schlagen, welche irgendwie die Hochachtung gegen f in uns vermindern könnten."[4] Nicht anders dachte Canisius. Trete ich schrif stellerisch auf, so äußerte er sich im Jahre 1559 gegen Laynez, „so hoffe ich wenigsten an Liebe und Bescheidenheit die meisten Schriftsteller zu übertreffen, die, ich wei nicht welch einen Ungestüm und welch menschliche Regungen in ihre Schriften hinein tragen und die Deutschen durch dieses harte Heilverfahren eher verletzen als heilen"

---

lischen in Teutschland sich billich von Spaniern vnd Jesuiten absonderen .. solle vnd können .. durch einen Trewhertzigen Teutschen Catholischen [?] gestelt (1610 ohne Druckort) 193.

[1] Jesuiter=Histori: Von des Jesuiter=Ordens Vrsprung, Nammen ꝛc. (Bas 1626), 524.

[2] Das wollte wohl auch Fischart sagen, wenn er in seinem „Nachtraben (Nacht Rab oder Nebelkräh [1570, ohne Druckort] Bl. C 6 ᵃ) reimte:
Der Canis ist ein fein gesell,
Sein Catechismus gibt gefäll.

[3] Warnung vor der falschen Lehr, vnd Phariseischen Gleißnerey der Jesuit (Tübingen 1569), 2—3. Näheres über diese Schrift später.

[4] Spanisches Schreiben an Laynez über das Benehmen gegen Irrgläubig Jn lateinischer Uebersetzung bei *Orlandinus* l. c. lib. 4, n. 91—98. Auch in be gleichen Verfassers Forma sacerdotis apostolici, expressa in exemplo Petri Fab (ed. 2, Dillingae 1647), 208—212.

[5] Bei J. Janssen, Geschichte des deutschen Volkes IV (14. Aufl.), 39 Erheiternd wirkt dem allem gegenüber die Auslassung Sugenheims: „Es i kaum zu sagen, wieviel dieser Katechismus dazu beigetragen hat, die in Deutsch land heimisch gewordene Verträglichkeit zwischen Alt- und Neugläubigen zu verbanner des Glaubenshasses giftigen Stachel immer tiefer in die Brust jener zu senken. Den

4. Der große Katechismus nach Gestalt und Gehalt gekennzeichnet.

Das Latein des Wiener Katechismus ist stets fließend, gemessen, ge=
zählt, ungefähr die Mitte haltend zwischen der Härte mittelalterlicher
Schulausdrücke und der Künstelei des spätern Humanismus [1]. Mit welcher
Sorgfalt Canisius und seine römischen Censoren selbst die einzelnen Worte
erwogen, zeigen die 20 „Berichtigungen" am Ende des Buches. So war
bei Erklärung des letzten Glaubensartikels den Guten ein überschwäng=
liches Maß der „größten Wonnen" verheißen worden [2]; an die Stelle der
„größten" sollten „himmlische" Wonnen gesetzt werden. Den Origenes
hatte Canisius einen „uralten Lehrer der Kirche" genannt [3]; das Lob schien
zu stark; er sollte ein „gefeierter, sehr alter Schriftsteller" heißen.

Gerhard von Zezschwitz, Professor der protestantischen Theologie zu
Erlangen, nennt den großen Katechismus des Canisius ein „Muster an
Klarheit und Präcision des Lehrausdruckes" [4]. Der scharfe Kritiker
Adrian Baillet [5] vereint sich mit dem jansenistisch angehauchten Andreas
Serrao [6] und dem Jesuitenfeinde Guettée [7] im Lobe des Buches [8]. Das=

---

natürlich ganz in jesuitischem Geiste abgefaßt, stellte er, was die erste Obliegenheit
eines echten Loyoliten war, den Haß, den Kampf gegen Nichtkatholiken an die Spitze
der christlichen, der menschlichen Pflichten überhaupt; den Fanatismus zu entflammen,
zu begründen, zu rechtfertigen, war seine Bestimmung, und er hat sie in höherem
Grade erfüllt als irgend ein anderes literarisches Product bis seinige." Geschichte
der Jesuiten in Deutschland I (Frankfurt a. M. 1847), 49—50. Von Sugenheim
meint Theodor Griesinger gelernt zu haben, wenn er über die „Drachensaat"
ehklagt, welche durch die Katechismen des Canisius ausgestreut worden. „Welcher
Geist weht nun aber in diesen ‚Lehrsätzen der christlichen Frömmigkeit'? Etwa der
Geist des Christenthums und der christlichen Liebe? Nein, o nein und dreimal nein!
Es wehte darin vielmehr der Geist der Unduldsamkeit, der Geist des Glaubenshasses,
der Geist des religiösen Fanatismus." Die Jesuiten. Vollständige Geschichte ihrer
offenen und geheimen Wirksamkeit I (Stuttgart 1866), 239.

[1] „Le style est fort bon, d'une latinité remarquable et vraiment digne
d'un Père de l'Église." *Rohrbacher-Guillaume*, Histoire universelle de l'Église
catholique X (Lyon 1872), 285.

[2] Summa, editio princeps, fol. 12ᵃ.   [3] L. c. fol. 42ᵃ.

[4] Der Katechismus oder der kirchlich=katechetische Unterricht nach seinem Stoffe
2. Aufl., Leipzig 1872), 295.

[5] Jugemens des Savans sur les principaux ouvrages des auteurs, par
Adrien Baillet, revûs .. par *Mr de la Monnoye* (Nouv. éd., Amsterdam 1725),
162; III, 10—11.

[6] De claris Catechistis ... libri 3 (Viennae 1777), 167.

[7] Histoire des Jésuites I (Paris 1858), 164.

[8] Der protestantische Theologe P. Rousset erklärt: „Canisius est justement
célèbre par son Catéchisme, véritable arsenal de la doctrine romaine." En-
cyclopédie des sciences religieuses, publiée sous la direction de *F. Lichtenberger*,
doyen de la Faculté de théologie protestante de Paris II (Paris 1878), 576—577.

selbe ward bald nach seinem Erscheinen von zwei Doctoren der Pariser Sorbonne durchgesehen und gebilligt¹. Ruard Tapper, der berühmte Kanzler der Hochschule Löwen, fällte als kirchlicher Censor das Urtheil „Dieser Katechismus ist fromm, nützlich, gut katholisch."² Als Philipp II beschlossen hatte, in den Niederlanden die protestantischen Katechisme durch einen katholischen „Antikatechismus" aus dem Felde zu schlagen lautete das Gutachten seiner Gottesgelehrten dahin: Der König könn nichts Besseres thun, als den neuen Wiener Katechismus einführen; we nach diesem Buche glaube und lebe, der gehe sicher zum Himmel³. Ar gesichts der vielen Schrift- und Väterstellen des Buches behauptet Ribad neira, es gelte so viel wie eine reichbestellte Bibliothek⁴. Possevin sieht i demselben „eine Art von kurzer Zusammenfassung der gesamten Gottes gelehrtheit"⁵. Der Oratorianer Raynaldus, der große Fortsetzer de Annalen von Baronius, schreibt, dieser Katechismus strahle im reine Glanze katholischer Gelehrsamkeit⁶. Man kann „nur staunen", so drück ein gewiegter Fachmann unserer Tage sich aus, „über die Fülle von Kenn nissen, welche dem Verfasser zu Gebote standen, und die Gewandtheit b wundern, mit welcher Canisius den überreichen Stoff verarbeitet und z einem Büchlein zusammengedrängt hat, das wie ein Werk aus einem Guß erscheint und doch keinen Satz, fast kein Wort enthält, welche nicht de Heiligen Schrift oder den Lehrern der Kirche entlehnt wären. Es i

---

¹ Diese Gutheißung ist erwähnt in dem Privileg des französischen Parlament vom 8. August 1559, in der Ausgabe: Catechismus, sive summa doctrinae chr: stianae ... editus opera *Gabrielis Prateoli Marcossii* (Parisiis 1560), Rückseite de Titelblattes. Ein Exemplar in der Bibliothek des Priesterseminars zu Dilingen, K. 15'

² „Pius est, utilis, et catholicus hic Catechismus." Tappers Gutachte findet sich zuerst in der Löwener Ausgabe des Jahres 1556 (Hofbibliothek zu Wie 18 Z 71), dann in dem Lütticher Drucke von 1557 (Bibliothek des Augustine Chorherrenstiftes Neustift bei Brixen) und in der gleichzeitigen Löwener Ausgal (Nationalbibliothek zu Mailand), dann in mehreren späteren Drucken.

³ Philipp berichtet dies in seiner oft, z. B. in der Kölner Ausgabe unsere Summe vom Jahre 1566 (fol. 7—8), gedruckten Katechismusverordnung vor 16. December 1557.

⁴ Illustrium Scriptorum Religionis Societatis Jesu Catalogus (ed. Lugduni 1609), 159.

⁵ Bibliotheca selecta de ratione studiorum I (Coloniae 1607), 293—29.

⁶ Annales ecclesiastici. T. XIV ad a. 1555 n. 52, P. 2 (Coloniae 1727 134. Scheeben (Dogmatik I, 446, § 1082) vergleicht das Buch mit den Sentenze des Lombarden. „Die Summa doctrinae christianae mit ihren reichen Belege aus der Heiligen Schrift und den Vätern kann als das den Bedürfnissen der Ze entsprechende ‚Sentenzenbuch' betrachtet werden."

nicht das Genie eines Einzelnen, das hier zu uns spricht, sondern es ist der Geist und die Sprache der Kirche, in welchem dieser Katechismus mit uns redet. Daher kommt auch die Kraft, die Gedankenfülle und der positive Gehalt, die aus diesem weltberühmten Büchlein uns anmuthen"[1].

Auch die obersten Wächter und Leiter des Christenlehrunterrichts, die Päpste, haben zu allen Zeiten dem Katechismus des Canisius Lob und Gunst gespendet. Unter Pius IV. wurden im Jahre 1565 zu Rom 3000 Exemplare des Buches gedruckt[2]; es gab damals, wie es scheint, bereits eine italienische Uebersetzung desselben[3]. Als im Jahre 1569 der Kölner Drucker Gerwin Calenius eine Ausgabe des großen Katechismus von Canisius veröffentlichen wollte, in welcher sämtliche Belegstellen ausgedruckt, nicht nur angeführt wären, erklärte Pius V., der gewaltige Eiferer der Glaubensreinheit, dies für ein lobwürdiges, der Christenheit sehr nützliches Unternehmen und gewährte dem Verleger ein Privileg auf zehn Jahre[4]. Unter Gregor XIII. druckte man zu Rom einen lateinischen Auszug aus unserem Katechismus[5]. Der nämliche Papst ließ die „Summe" zum Besten der katholischen Illyrier in deren slawische Muttersprache übersetzen und im Jahre 1583 zu Rom durch Dominicus Basa mit prächtigen cyrillischen

---

[1] So Domkapitular Dr. Fr. J. Knecht zu Freiburg i. Br. in seinem hochbedeutenden Artikel „Katechismus" in der 2. Aufl. von Wetzer und Weltes Kirchenlexikon VII. 303.

[2] * „Catechismos P. Canisii 3000, doctrinas christianas 2000 imprimendas curavimus." Litterae annuae S. J. Romanae pro provincia Rhenana, Rom, 1. Januar 1566. Cod. „Litterae quadrimestres Provinciae Germ. inf. 1561—1566" P. 1 ad a. 1565—1566. Im Archiv der Kirche zur Himmelfahrt Mariens in Köln.

[3] Ich habe dieselbe nirgends mehr ausfindig machen können. Der einzige Rest derselben findet sich in Elias Hasenmüllers Schmähbuch „Jesuiticum ieiunium" (deutsche Ausgabe von Melchior Leporinus [Frankfurt a. M. 1596], 64), wo es heißt: „1565 . . . Canisius in seinem Tractat von der christlichen Lehre, zu Rom gedruckt, setzet diese Worte: ,Osservarai i digiuni in cierti giemi [sic] et tempi comandati'."

[4] Abgedruckt in Authoritatum Sacrae Scripturae et Sanctorum Patrum, quae in Summa doctrinae christianae Doctoris *Petri Canisii* . . . citantur . . ., pars prima (Coloniae 1569), fol. A 2—A 3.

[5] Ich gebe den genauen Titel, weil bei Sommervogel die Ausgabe fehlt. CATECHISMVS | CATHOLICVS | *IVVENTVTI FORMAN-* | *dæ hoc sæculo quam maxime necessarius.* | AVCTORE D. PETRO | Canisio, Doctore Theologo | Societatis JESV. | *Accessere Preces Horariæ de æterna Dei* | *sapientia JESV CHRISTO Domino* | *nostro, cum pijs quibusdam &* ' *Christianis exercita-* | *tionibus.* | Cum licentia Superiorum. | *ROMAE,* | Apud Franciscum Zannettum. | Anno M. D. LXXIX. 16°. 144 S. einschl. Titelblatt. Ohne Vorrede. Der Katechismus endet S. 58. In der Nationalbibliothek zu Florenz.

Buchstaben und hübschen Holzschnittverzierungen herausgeben [1]. Der große Katechismus von Canisius, erklärte Possevin gegen Ende des 16. Jahrhunderts in einem Gutachten [2], ist vom Apostolischen Stuhle schon seit langer Zeit gutgeheißen und dient in Rom als Lehrbuch. Noch im Jahre 1827 nahm Papst Leo XII. die Widmung der Neuausgabe an, welche Herenäus Haib, der Bannerträger der Christenlehre in Bayern, zu Landshut veranstaltete [3]. Pius IX. ließ für das Fest des Seligen in die Lesungen

---

[1] Klein Quart, 108 Blätter einschl. Titelbl. Es gibt aus demselben Jahre auch eine größere römische Ausgabe dieser Uebersetzung (196 Blätter einschl. Titelbl.); ich sah die erstere Ausgabe in der Rossischen Bibliothek zu Wien, die andere, wenn ich nicht irre, auch in der Bibliotheca Pia zu Rom. Der Druck ist nicht die Cyrillika im engsten Sinne, wie sie die Serben und Bulgaren gebrauchten, sondern die sogen. Bukwica. K. Estreicher, Bibliografia Polska I (Część 2, Kraków 1882), xxi, und desselben Verfassers Polnische Bibliographie des 15.—17. Jahrhunderts (Krakau 1883), x.

[2] In The first and second diaries of the English College, Douay, edited by Fathers of the Congregation of the London Oratory (London 1878), 256.

[3] Summa doctrinae christianae . . . ex postrema recognitione Doctoris Petri Canisii (Landishuti 1839). Die Dankbarkeit heißt mich hier ein Wort von diesem Manne sagen. Ein armer Hirtenknabe, mußte seine kleine Herenäus Haib des Schulunterrichtes entbehren. Er lernte aber von seiner frommen Mutter den kleinen Katechismus des Canisius und den Rosenkranz. Mit diesen zwei Waffen wahrte er sich später kirchenfeindlichen Lehrern gegenüber seinen katholischen Glauben und eroberte jenen Schatz von Wissen und von Liebe zur Kirche, welchen er in der Folgezeit als Lehrer der heiligen Wissenschaften zu St. Gallen, als Christenlehrer und Domprediger zu München und als fruchtbarer Schriftsteller so reichlich verwerthet hat. Dafür blieb er auch sein Leben lang ein glühender Verehrer des seligen Petrus Canisius. (Art. „Haib" in Wetzer und Weltes Kirchenlex. [2. Aufl.] von Streber.) Er schrieb in deutscher Sprache dessen Leben (Landshut 1826), ließ Rabers lateinisches Canisiusleben neu drucken (Augsburg 1834, Einleitung zu dem erweiterten großen Katechismus), gab des Canisius „Handbuch für Katholiken" zu wiederholten Malen neu heraus, lieferte eine fünfbändige Uebersetzung von seinen Erklärungen der Sonn- und Festtagsevangelien (Augsburg 1844—1851) und eine vierbändige Neuausgabe von des Busäus Erweiterung und Erklärung des großen Katechismus von Canisius (Augsburg 1833—1834). Den großen Katechismus selbst hat Haib in lateinischer Sprache fünfmal (Landshut 1823, 1827, 1839, 1842, 1848) und in einer von ihm gefertigten deutschen Uebersetzung viermal (Landshut 1823, 1824, 1826, 1846) herausgegeben, die kleinen Katechismen mindestens viermal (Landshut lateinisch und deutsch 1824, ebenda 1843, München 1864). Schon früher, im Jahre 1822, hatte er zu Landshut die Schrift erscheinen lassen: Apologie oder Schutzrede des ehrwürdigen Theologen und Lehrers Petrus Canisius, und seines unsterblichen Werkes: „Summa doctrinae christianae." Dieses Werk, klagt er hier (S. 68), „ist unserer Zeit kaum bekannt", „von Tausenden verachtet, von stolzen Scholarchen zum verächtlichen Sprichworte gemacht! Auch in diesem Stücke offenbart sich die Erbärmlichkeit unserer Zeit, aus welcher alle wahre Gelehrsamkeit entwichen

des kirchlichen Stundengebetes den Satz aufnehmen: Canisius „gab einen kurzen Inbegriff der christlichen Lehre heraus, dessen Trefflichkeit durch das Urtheil der Gottesgelehrten und den öffentlichen Gebrauch des Buches verbürgt ist".[1]. Die Summe, erklärt der gleiche Papst in seinem Breve für die Seligsprechung des Canisius, „ist klar und knapp geschrieben. Das Büchlein ist höchst geeignet, die Völker in der katholischen Lehre zu unterweisen und darin zu bestärken; dasselbe ist deshalb von Bischöfen und Gottesgelehrten mit ungetheiltem Beifalle aufgenommen worden."[2]

Glücklicherweise gehört die Erstlingsausgabe der „Summe christlicher Lehre" nicht eben zu den größten Seltenheiten. England bewahrt sie im Britischen Museum zu London, Baden in der Universitätsbibliothek zu Freiburg im Breisgau, Bayern in der Münchener Universitätsbibliothek[3] und in der Königlichen Kreisbibliothek zu Regensburg[4], Belgien in der Universitätsbibliothek von Löwen[5]. In Oesterreich hat nicht nur die Wiener Universitätsbibliothek durch die Stürme der Zeiten das werthvolle Stück sich gerettet[6], sondern es ist auch noch in einigen Klöstern zu finden; so bei den Benediktinern von Göttweig[7] und bei den böhmischen Prämonstratensern von Strahow[8].

5. Angriffe auf den großen Katechismus.

Ist zu allen Zeiten dem großen Katechismus des Canisius vom Stuhle Petri so reiches Lob zugeflossen wie in den Tagen Pius' IX.? Paolo Sarpi, der bekannte Geschichtschreiber der Kirchenversammlung von Trient, berichtet, das Werk habe bei seinem Eintritte in die

---

ist". 23 Jahre später erzählte Haib in der Vorrede zu seiner vierten deutschen Ausgabe des großen Katechismus (S. CXL—CXLIV): In der Zeit, da ich das Buch zum erstenmal herausgab, „hat man sich mit Herausgabe und Uebersetzung eines Werkes, in welchem der Verfasser sich für das Dogma so bestimmt erklärt und die echt katholische Lehre so entschieden ausspricht (diese zwei Worte sind von Haib selbst gesperrt), nicht nur nicht empfohlen, sondern sich sogar übel notirt, und wenn auch nicht offene Verfolgung, doch Schmähung und Zurücksetzung zugezogen, zumal wenn man solcher Weise ein Werk befördert hat, das aus der Feder eines Jesuiten geflossen ist. Nun ist schon längst die Sonnenwende eingetreten." Im Jahre 1826 hatte Haib seine deutsche Ausgabe des großen Katechismus dem Könige Ludwig I. von Bayern widmen dürfen. Haib lebt immer noch fort durch die von ihm gestiftete Christenlehre im Dome von München.

[1] „Summam doctrinae christianae, theologorum iudicio et publico usu comprobatam . . ., in vulgus edidit." Officium Beati Petri Canisii (27. Apr.) lectio V.

[2] Breve vom 2. August 1864, abgedruckt bei *Boero*, Canisio, 511—518, und bei *Rieß*, Canisius, 555—564.

[3] Theol. past. 18. [4] Past. 209. [5] V. P. VI, 23.
[6] Theol. past. I, 324. [7] XXXIII. K 26³. [8] B. J. X, 3.

Welt „recht böses Blut gemacht am römischen Hofe. Es hätte, so sagte man dort, vor dem Drucke an den Papst geschickt werden sollen, damit dieser es mit seiner Gutheißung ausstatte. Wenigstens mußte es den Namen der österreichischen Bischöfe an der Stirne tragen. Nun aber maßt sich ein weltlicher Fürst an, in Glaubenssachen Bücher schreiben zu lassen und ihnen die Gutheißung zu ertheilen. Und hier handelt es sich sogar um ein Buch, das sich Katechismus nennt! Das heißt doch soviel als: die weltliche Obrigkeit hat zu bestimmen, welche Religion die Leute zu bekennen, und welche sie zu verwerfen haben!" So der Mönch von Venedig[1]. Ihm haben im verflossenen Jahrhunderte der deutsche Protestant Köcher[2] und der Verfasser der Berliner Jesuitengeschichte nachgeschrieben[3]. Auch Bezschwitz scheint Sarpi zu folgen, wenn er versichert, das Erscheinen der Summe sei „weniger günstig von der Curie begrüßt worden"[4].

Die Nachricht klingt nichts weniger als märchenhaft. Mehr als einmal hatten Habsburger Herrscher ihre weltliche Hand in kirchliche Angelegenheiten gemengt. Jetzt eben, am 23. Mai 1555, hatte die Tiara des kaiserfreundlichen Julius III.[5] ein Mann geerbt, der mit Ferdinand I. wie mit dessen Vetter Philipp II. in recht gespannte Beziehungen treten sollte, ein Mann, der mit heiliger Eifersucht über die Gerechtsame der Kirche wachte: Paul IV., der strenge, feurige Caraffa.

Doch treten wir dem Venetianer etwas näher! Er selbst nennt keine Quelle. Der handschriftliche Nachlaß Sarpis, welchen das Servitenkloster von Venedig aufbewahrte, ist leider gegen Ende des 17. Jahrhunderts bei einem Brande des Klosterarchives in Rauch aufgegangen[6]. Eine Anzahl Sarpischer Concilspapiere hat sich zwar den Flammen zum Trotz in Abschriften erhalten und ist theils durch die Schelhorn'schen Veröffentlichungen[7], theils handschriftlich[8] bis auf uns gelangt. Aber

---

[1] Historia del Concilio Tridentino. Di *Pietro Soave Polano*, lib. 5 ad a. 1554 (Londra 1619, Erstlingsausgabe), 377.

[2] A. a. O. 49—50.

[3] Versuch einer neuen Geschichte des Jesuiterordens, 1. Thl. (Berlin und Halle 1769), 472.   [4] A. a. O. 295.

[5] Sein unmittelbarer Nachfolger Marcell II. regierte nur drei Wochen.

[6] So berichtet Augustin Theiner, der nach Venedig gereist war, um diese Schriftstücke einzusehen. Acta genuina Concilii Tridentini I (Zagabriae 1875), Praef. VII, nota 3.

[7] Z. B. Sammlung für die Geschichte, herausgegeben von J. G. Schelhorn dem Jüngern I (Nördlingen 1779), 178. 205—225.

[8] Vor mehreren Jahren sah ich eine solche Sammlung in einer größern Bibliothek; es sind meist Briefe, und zwar vielfach nur lateinische, zu Anfang unseres Jahrhunderts gefertigte Uebersetzungen der italienischen Urschriften.

in unserer Frage scheinen auch diese Zeugen die Aussage zu verweigern. Europas Archive und Büchereien sind reich und überreich an Handschriften jeder Art, welche mit dem damaligen Rom und Trient sich beschäftigen. Ich hatte selbst Gelegenheit, Hunderte derselben zu durchblättern, in London und Brüssel, in Florenz und Mailand, in Düsseldorf, Marburg, Karlsruhe, Augsburg, Prag und an andern Orten: nirgends zeigte sich ein Gewährsmann für die Sarpische Behauptung. In der Stadtbibliothek von Trient schien endlich ein Sonnenstrahl in das Dunkel zu fallen. Dort liegt ein italienisches, meines Wissens ungedrucktes „Tagebuch der Kirchenversammlung von Trient", welches Mazzetti im Jahre 1840 aus einer alten Handschrift der Herzoglichen Bibliothek von Parma sich hat abschreiben lassen[1]. Eine weit ältere, wohl dem 16. oder 17. Jahrhundert angehörige Abschrift der gleichen Arbeit traf ich bald darauf in der vaticanischen Bibliothek zu Rom[2]. Hier heißt es: „König Ferdinand befahl die Abfassung eines Katechismus, welcher zeigen sollte, wie seine Unterthanen zu leben hätten. Das erregte aber das Mißfallen des Papstes, daß er nämlich sich angemaßt habe, solche Bücher drucken zu lassen ohne Beiziehung von Bischöfen und Papst."[3] Man sieht: Hier ist mit dürren Worten das Gleiche gesagt, was Sarpi mit rednerischer Breite ausführt. Daß Sarpi aus diesem „Tagebuche" geschöpft hat, dafür spricht auch die Rolle, welche er den seligen Canisius und dessen Ordensgenossen Nadal im Jahre 1563 bei dem kaiserlichen Theologen-Ausschusse von Innsbruck spielen läßt[4]. Das Tagebuch läßt sie die gleiche Thätigkeit entfalten[5]. Leider hat der Aufzeichner jener Concilserinnerungen seinen Namen verschwiegen. Liest man seine Aeußerungen über Luther und seine Ergüsse über den bekannten Ablaß des Papstes Leo X., der „an die Religion nicht dachte", so möchte man ihn für einen Geistesverwandten des papstfeindlichen Staatskirchenmannes von Venedig halten. Wie er über die religiöse Geschichte jener Zeit unterrichtet war, läßt seine Angabe über den Inhalt des Augsburger Religionsfriedens erkennen: „Der Kaiser hielt einen Reichstag in Augsburg, und man setzte fest, daß jeder nach seiner

---

[1] * Diario dell' Istoria del Concilio di Trento. 4°. Gezeichnet: Cod. 142.
[2] * Diario del Concilio di Trento. Diviso in Otto Librj. 8°. Gez.: Cod. Ottob. 2656. Beginnt: „Giulio 2° attese piú all' armi, che al ministerio sacerdotale." Endet: „tennero la residenza de jure divino, et il Papa se né lasciò intendere."
[3] * Cod. Ottob. fol. 113ᵃ: „Ferdinando ordino un Catechismo, come douessero vivere li suoi sudditi, il che dispiacque al Papa per essersi intromesso à far stampar libri di riforme [Cod. Trid.: di Religione] senza Vescovi, né Papa."
[4] L. c. 655.   [5] * Cod. Ottob. fol. 209.

Weife leben und feinen Gefährten nicht behindern follte, das Gleiche zu thun."[1] Dies, und nichts weiter! Man weiß, wie Sarpi auch fonft fo manchen eigenthümlichen Berichterftattern fein Ohr gefchenkt, und wie fo oft der Romhaß fein Forfcherauge getrübt hat[2].

Die Briefe des hl. Ignatius find neueftens in fechs Bänden gefammelt worden[3]; zahllofe Zeitereigniffe fpiegeln in ihnen fich ab; von dem päpftlichen Zorne über den Katechismus des Canifius zeigt fich keine Spur. Gleiches Schweigen herrfcht in dem noch ungedruckten Briefwechfel des Verfaffers der „Summe"[4].

Aber hatte denn Rom nicht allen Grund, zu grollen? Mit welchen Augen würde ein Katholik des 19. Jahrhunderts einen Katechismus anblicken, der den Namen feines Verfaffers verfchweigt, dabei eine bifchöfliche Gutheißung nicht aufweift und allein mit dem Namen eines weltlichen Fürften und mit deffen Machtgebot den Weg fich bahnen will in das Heiligthum des Glaubens und des Gewiffens? Doch verfchieden von unfern Rechtsanfchauungen und Rechtsbeftimmungen war der Rechtsboden, auf welchem das Jahr 1555 ftand. Das Wormfer Edict vom 8. Mai 1521 verbot zwar bei fchwerer Strafe, daß jemand Schriften über den katholifchen Glauben ohne Erlaubniß des Ortsbifchofs oder feines Stellvertreters und der theologifchen Facultät einer benachbarten Hochfchule drucken laffe. Aber die Beftimmung wurde bald gemildert. Der Regensburger Reichstag vom Jahre 1548 verlangte, die Bücher feien vor dem Drucke von der Ortsobrigkeit zu prüfen; außer Drucker und Druckort feien auch die Verfaffer zu nennen[5]. Auf kirchlicher Seite hatte das Trienter Concil fchon am 8. April 1546 genaue Weifungen erlaffen für jene, welche Bücher „über heilige Dinge" herausgeben wollten. Aber die Väter hatten dabei nur Schriftausgaben und Schrifterklärungen im Auge[6]; zudem waren die Befchlüffe im Jahre 1555 noch nicht verkündigt, entbehrten fomit noch der Rechtskraft. Man war noch an die Gefetze gewiefen, welche Papft Leo X. am 4. Mai 1515 auf dem fünften Laterconcil gefchaffen[7]. Niemand, befagen diefe Verfügungen, die offenbar in erfter Reihe die Drucker, nicht die Verfaffer berühren, folle ein Buch drucken oder drucken laffen ohne Durchficht und Gutheißung des Bifchofs oder bifchöflichen Cenfors und des Inquifitors. Daß die Gutheißung in jedem Drucke ausdrücklich

---

[1] * Cod. Ottob. fol. 113ᵇ.

[2] L. v. Ranke, Die römifchen Päpfte a. a. O., 26*—34*. Außer den bekannten Arbeiten von Pallavicino, Brifchar ꝛc. geben darüber auch lehrreiche Auffchlüffe die Monumenti di varia letteratura, tratti dai Manoscritti di Monsignor *Lod. Becadelli* II (Bologna 1804), Prefazione.

[3] Cartas de San Ignacio de Loyola (Madrid 1874—1889). Meines Wiffens fteht ein beträchtlicher Nachtrag in Ausficht.

[4] Pallavicino widmet in feiner Concilsgefchichte (l. 13, c. 13, n. 5) unferem Katechismus einige Worte der Anerkennung, ohne jener Angabe Sarpis zu gedenken.

[5] F. H. Reufch, Der Index der verbotenen Bücher I (Bonn 1883), 80—82.

[6] Ueber den Sinn der Trienter Verordnung fiehe *Aug. Lehmkuhl S. J.*, Theologia moralis II, n. 180 (ed. 6, Friburgi Brisgoviae 1890), 697.

[7] Bei *Hardouin*, Acta Conciliorum IX (Paris. 1714), col. 1779—1781.

5. Angriffe auf den großen Katechismus.

angeführt werde, ist mit keinem Worte gefordert; das ward erst viel später verfügt. Man könnte zu dem Zweifel versucht sein, ob wohl die lateranischen Vorschriften damals in Deutschland nach ihrem vollen Wortlaute und Umfange zu Recht bestanden. Cajetan, Navarrus, Suarez, Tolet glauben, jene Gebote samt ihren Strafbestimmungen seien nicht sofort in der Kirche in Uebung getreten [1]. Doch davon abgesehen, sündigte denn der Wiener Katechismus gegen jene Erlasse?

Ein großer Theil des Werkes war, wie wir sahen, vor der Drucklegung unter den Augen des Papstes, zu Rom selbst, geprüft und vom hl. Ignatius gutgeheißen worden. Wie es scheint, ward der Rest in Abzugbogen nach Rom gesandt und das Buch erst nach deren Durchsicht und Rücksendung ausgegeben [2].

Ferdinand I., als römischer König den römischen Päpsten nahe stehend und von Amts wegen zum Schirmvogte des katholischen Glaubens bestellt, ließ dem Katechismus seinen Namen, schickte ihm einen Erlaß voraus, in welchem er erklärte, das Werk sei auf seinen Befehl verfaßt; ausdrücklich und feierlich setzte er sein Fürstenwort dafür ein, daß dasselbe von durchaus rechtgläubigen, gelehrten, unbescholtenen Theologen geschrieben, durchgesehen, gebilligt worden sei [3].

Am 1. Januar 1554 hatte Ferdinand, höchst wahrscheinlich unter Mitwirkung von Canisius, ein Reformgesetz erlassen, welches bestimmte: Keinerlei Schrift solle zu Wien in den Druck gehen, ohne daß zuvor der Rector der Universität und der Decan der theologischen Facultät sie gesehen und ihrer Veröffentlichung zugestimmt hätten [4]. Nun bewarb sich Canisius, wie wir sehen werden, selbst für die spätern Neuausgaben des Katechismus mit rastlosem Eifer um die Durchsicht und die Verbesserungsvorschläge von Mitbrüdern und Freunden. Es kann darum kaum zweifelhaft sein, daß er seinen ersten Versuch den zwei gelehrten Mitgliedern seines Ordens unterbreitet hat, welche damals an der Wiener Hochschule die heiligen Wissenschaften vortrugen: es waren der Belgier Nikolaus von Lanoy, der bald darauf die Leitung der österreichischen Ordensprovinz als deren erster Provincial übernahm, und der Holländer Nikolaus Floris, von seinem Geburtsorte Gouda gewöhnlich Goudanus genannt, der später als päpstlicher Nuntius nach Schottland zu Maria Stuart ging. Goudan hat, wie sich zeigen wird, auch später noch an die Katechismen seines Nymweger Freundes die verbessernde Hand angelegt. Daß endlich der Rector der Wiener Hochschule einer Schrift keinen Riegel vorschieben wollte, die sein König selbst durchgesehen und sich sozusagen angeeignet hatte [5], das ist fast selbstverständlich.

Man möchte diese Gutheißung eine staatliche, rein weltliche nennen. In jenen Zeiten und noch später wurde, so scheint es, überhaupt in Oesterreich die Prüfung der geistlichen wie der weltlichen Bücher im Namen der Regierung geübt [6]. Doch verschiedene angesehene Lehrer des Kirchenrechts pflichteten in den guten alten Tagen der letzten Jahrhunderte der wohlwollenden Ansicht bei: Wo die weltliche Behörde die Schriften durchsehe und die Druckbewilligung ertheile, die Geistlichkeit aber dazu schweige, da könne eben hierin ein Ersatz gefunden werden für die kirchliche Druckerlaubniß [7].

---

[1] Näheres bei *Jos. Pennacchi*, Commentaria in Constitutionem „Apostolicae Sedis" qua censurae latae sententiae limitantur I (Romae 1883), 139.

[2] Siehe oben S. 25. 27.   [3] Siehe S. 28. 33.

[4] A. Wappler, Geschichte der theologischen Facultät der K. K. Universität zu Wien (Wien 1884), 91.

[5] Siehe S. 19. 20.   [6] Reusch a. a. O. 84.

[7] *Fr. Suarez*, De censuris, disp. 23, sect. 7, n. 1 (Lugduni 1608), 424. *Mart. Bonacina*, De censuris, disp. 2, q. 2, punct. 16. (Opera omnia III [Ve-

Vielleicht besaß auch Canisius schon damals für Herausgabe von Büchern besondere kirchliche Vollmachten. Im Jahre 1581 ward ihm, und wohl auch andern Mitgliedern des Freiburger Collegiums, vom Heiligen Stuhle gestattet, Bücher, die im katholischen Geiste geschrieben, auch ohne Nennung von Verfasser, Druckort, Drucker u. s. w. drucken zu lassen und herauszugeben. Dies galt auch für die Fälle, für welche der Kirchenrath von Trient ein solches Verfahren streng untersagt hatte¹. Die Gründe, welche damals eine solche Ausnahme vom allgemeinen Gesetze rechtfertigten, bestanden wohl in noch weiterem Umfange in der Mitte des Jahrhunderts, der Geburtszeit unseres Katechismus.

Noch nicht genug! Durch Breve vom 3. November 1554 hatte Papst Julius III. den P. Canisius auf ein Jahr zum Verwalter des verwaisten Bisthums Wien ernannt². Wenn also dessen Katechismus um Ostern des folgenden Jahres in die Oeffentlichkeit trat, so geschah dies rundweg mit bischöflicher Erlaubniß und Gutheißung.

Das wußte man auch bei dem Seligsprechungsprocesse unseres Katecheten. Eine unvermeidliche Gestalt bei jedem Processe dieser Art ist bekanntlich der „Beförderer des Glaubens"³, vom Volke scherzweise „Teufelsadvocat" genannt. Kraft seines Amtes muß er aus dem Leben und den Schriften des Dieners Gottes alles aufspüren und aufspeichern, was denselben der Ehre der Altäre könnte unwürdig erscheinen lassen. Der Proceß des Verfassers der „Summe" hat durch drei Jahrhunderte sich hingezogen; ein „Beförderer des Glaubens" folgte dem andern; diese Männer alle bemühten sich ernstlich, ihrer Aufgabe gerecht zu werden; das zeigen die Acten. Daß aber Canisius in der Herausgabe seines Katechismus die Vorschriften der Kirche mißachtet habe, das ist keinem in den Sinn gekommen. Es ward vielmehr in den Jahren 1731 und 1732 bei der ersten Untersuchung, welche die Congregation der Riten über die Schriften von Canisius anstellte, auch sein großer Katechismus gutgeheißen. Einer der Berichterstatter erklärte am 11. April 1731: Besäße man auch für die Heiligkeit dieses Mannes keine andern Beweise, seine Schriften allein würden zur Genüge sie barthun⁴.

---

netiis 1710], 175.) Vgl. auch *Thom. Tamburini*, Explicatio Decalogi, lib. 2, c. 1, § 7, n. 50 (Theologia moralis I [Venetiis 1748], 45). Nach diesem Grundsatze entschied auch der berühmte „Doctor Navarrus", Martin von Azpilcueta, in seinem Gregor XIII. gewidmeten Enchiridion sive Manuale Confessariorum et Poenitentium, c. 27, n. 148 (Antverpiae 1575), 752.

¹ * Im Besitze des Ordens findet sich noch eine eigenhändige Aufzeichnung des seligen Petrus Canisius über sechs Befugnisse und Vollmachten, welche ihm der Ordensvisitator Oliverius Manareus am 9. Juli 1581 gewährt hatte. Man gewahrt beim ersten Blicke: Manareus konnte nur kraft besonderer päpstlicher Ermächtigung solch reiche Gnaden ertheilen. Die erste derselben besteht in einem vollkommenen Ablasse, welchen alle Gläubigen, insbesondere alle Convertiten, durch den Empfang der ersten Communion gewinnen konnten („in prima communione sua per sacram communionem susceptam", also, scheint es, durch die Communion selbst, ohne weitere Leistungen). Die letzte Erlaubniß geht dahin, „ut liceat libros catholicos imprimere et edere, tacito nomine authoris, loci, et typographi, ac reliquorum, non obstante Concilio Tridentino". Cod. „Scripta B. P. Canisii" x. K. 25.

² Das Breve bei *Boero*, Canisio, 467—470.   ³ Promotor fidei.

⁴ Sacra Rituum Congreg.: ... Beatificationis et Canonizationis Ven. Servi Dei Petri Canisii. ... Positio super dubio: An et quomodo sit signanda Com-

5. Angriffe auf den großen Katechismus.

In einer Stadt wie Rom tummeln sich gar mancherlei Geister. Möglich, daß einmal von den sieben Hügeln herab einige unfreundliche Lüfte dem Katechismus entgegenwehten, und daß einige Wasser darob sich kräuselten. Im übrigen, scheint es, ist Sarpis Mittheilung in das weite Reich der „Jesuitenfabeln" zu verweisen[1].

Es war nicht der Statthalter Christi zu Rom, der über den Katechismus von Canisius grollte. In einer ganz andern Himmelsgegend ballten über dem Büchlein die Wolken sich zum Gewitter zusammen.

Man könnte es ein erstes Wetterleuchten nennen, was am 11. Mai des Jahres 1555 zu Wien sich zutrug. Am Eingang der Kirche, welche Canisius als Domprediger und als Bisthumsverweser so recht seine Kirche nennen konnte, am Thore des Stephansdomes, ward eine lateinische Schmähschrift angeheftet, in welcher er als „Fürst der Jesuiten und Gleißner" angeredet und gefragt wurde, wie er sich nach dem Herrn Jesu benennen könne; er verbreite ja doch nicht Jesu Lehren, sondern die des Satans. Daran reiht sich in dem Machwerke ein Zwiegespräch zwischen „Canisiophilus", dem Freunde des Canisius, und „Christophilus", dem Liebhaber Christi; dasselbe kommt zu dem Ergebnisse, daß auch die Laien das Recht hätten, das heilige Abendmahl unter beiden Gestalten zu empfangen. Das Zwiegespräch erschien auch im Druck, natürlich ohne Nennung von Drucker und Druckort[2]. Es kehrt sich nicht eigentlich, wie man mehrfach behauptet hat[3], gegen den Katechismus, sondern gegen eine Predigt, welche Canisius zu Ostern jenes Jahres in der Stephanskirche gehalten.

Canisius antwortete nicht. Sachlich war das Stück in seinem Katechismus widerlegt. Persönliche Nörgeleien aber waren ihm bis ins tiefste Mark hinein zuwider. „In Ihren Schriften", so schrieb er bald darauf an Wilhelm Linden, damals Professor zu Dilingen, „könnte vieles milder ausgedrückt werden, besonders wo Sie ungehörige Anspielungen auf die Namen Calvins, Melanchthons und ähnlicher Männer einzuflechten suchen. Das mag sich für einen Kunstredner schicken; für Gottesgelehrte unserer Zeit geziemt es sich nicht, an solchen klingenden Redensarten sich zu ergötzen.

---

missio in casu etc. (Romae 1734). Summ. sup. sign. Comm. 2—3. Der erste Beschluß über die Schriften von Canisius ist auch wiedergegeben in der Positio super virtutibus (Romae 1833), Summ. obiect.

[1] Eine Zusammenstellung der vornehmsten Jesuitenfabeln samt einer streng wissenschaftlichen Beleuchtung derselben bietet die neueste Arbeit von Bernh. Duhr S. J., Jesuiten=Fabeln, ein Beitrag zur Culturgeschichte. Freiburg i. Br. 1891—1892.

[2] DIALOGVS | CONTRA IMPIA PETRI CA- | NYSII DOGMATA DE SACRAMENTO | Eucharistiæ compositus, & Viennæ Austriæ in | ualuis Templi sancti Stephani | v. Idus Maij affixus. | M. D. LV. | M. D. LV. [!o] 4⁰. 12 Blätter einschl. Titelbl. Am Ende: Actvm in Aphannis tempore mobili, die securo mensis sereni.

[3] *Aug. de Backer*, Bibliothèque des écrivains de la Compagnie de Jésus I (Nouv. éd., Liège-Paris 1869), col. 1064. Theob. Wiebemann, Geschichte der Reformation und Gegenreformation im Lande unter der Enns II (Prag 1880), 69—70, Anm. 2. Sommervogel a. a. O. II, col. 666. Diese Gelehrten haben wohl den seltenen Druck nicht selbst eingesehen; der Titel hat sie verführt.

56 Erster Abschnitt. Der große Katechismus.

Mit derartigen Arzneien heilen wir die Kranken nicht; wir machen sie vielmehr nur noch unheilbarer. Mit Verstand, mit Ueberlegung, nüchtern muß man die Wahrheit vertheidigen, auf daß unsere Bescheidenheit allen Menschen kund sei und wir womöglich auch von denen, welche draußen stehen, ein gutes Zeugniß empfangen. . . . Die gewöhnlichen Leute bei uns in Deutschland haben nun die Ohren so voll von den bisherigen Zänkereien, daß sie nichts mehr hören wollen. Auch die Gutgesinnten empfinden Widerwillen, wenn etwas nach Bitterkeit schmeckt. Was alle verlangen und preisen, ist Bescheidenheit, mit Würde und gewichtvoller Beweisführung gepaart."[1]

In einem grellen Gegensatze zu den Grundsätzen des Canisius steht die Sprache, welche manche Widersacher des katholischen Glaubens in ihren Gegenschriften gegen seinen Katechismus führten[2].

Voran trug die Fahne in diesem Feldzuge Johannes Wigand, der lutherische Superintendent von Magdeburg.

Die Stadt Magdeburg hatte in den Jahren 1549—1552 über 100 theologische Streitschriften unter das deutsche Volk geschleudert und sich damit bei den Protestanten den Ehrennamen „unsers Herrgotts Kanzlei" erworben[3]. Ihr Hirte Wigand gehörte zum Geschlechte der sogen. „Streittheologen". Er hatte im Jahre 1550 gegen den Katechismus des Mainzer Weihbischofs Michael Helbing geschrieben. Bald spitzte er seine Feder auch wider seine eigenen Glaubensgenossen: Justus Menius, Victorin Strigel, selbst Melanchthon mußten ihre Schärfe fühlen. Im Jahre 1552 bewog er den Grafen Albrecht von Mansfeld, den hervorragenden protestantischen Prediger Georg Major des Landes zu verweisen. Seit dem Jahre 1570 war er auch mit seinem alten Freunde Flacius Illyricus entzweit. Im Jahre 1577, als protestantischer Bischof von Pomesanien in Preußen, zerschlug er sich mit seinem Amtsbruder Heßhusius, protestantischem Bischof von Samland; er machte sich um dessen Absetzung verdient, erhielt dann auch noch dessen Bisthum und behauptete die beiden Pfründen bis zu seinem Tode.

Wigand ließ im Jahre 1556 zu Magdeburg seine „Verlegung aus Gottes Wort des Catechismi der Jesuiten" erscheinen[4].

---

[1] Lateinischer Brief, Regensburg, 25. Februar 1557, zuerst gedruckt im Annuaire de l'Université Catholique de Louvain (Louvain 1852), 310—318.

[2] Vgl. Janssen a. a. O. IV, 423—426.

[3] Fr. Kapp, Geschichte des deutschen Buchhandels bis in das 17. Jahrhundert (Leipzig 1886), 429.

[4] Verlegung aus | Gottes wordt, des Cate= | chismi der Jhesuiten (Summa doctrinae Christiauæ [sic] ge= | nand) newlich im | druck ausgan= | gen. | Durch M. Johannem Wi= | gandum. | Joh. X. | Meine schefflein hören meine stimme, | aber einem frembden folgen sie nicht nach, | benn sie kennen seine Stimme nicht. Am Ende: Gedruckt zu Magdeburg| durch Michael Lother. 1556. Kl. 8°. 104 Blätter, nicht gezeichnet. Der Buchdrucker Michael Lother oder Lotter hatte in seinen frühern Jahren zusammen mit seinem Bruder Melchior Lother dem Jüngern in Wittenberg gesessen und verschiedene Schriften Luthers, besonders dessen Bibelübersetzung, gedruckt (Kapp a. a. O. 419—420). Obige Schlußworte der Wigandschen Schrift gegen Canisius beweisen, daß Kapp (a. a. O. 423) mit Unrecht den Michael Lother schon im Jahre 1554 zu Magdeburg sterben läßt.

5. Angriffe auf den großen Katechismus.

n, so heißt es im Eingange, ist von dem Katechismus zu
blinder Lehrer unterstehet, blinde Leute zu leiten und zu
enn das, möchte Einer sagen, sollte das Buch blind sein?
I, auch von den allerhöchsten Personen, seit die Welt ge-
h Licht aufgegangen, als eben jetzund durch dieses Buch.
as Buch hinten und vorn, die Quer und die Länge, so
rheit befinden, daß dieser arme und barmherzige Lehrer nur
e zum Markte bringet, und weiß von der Gerechtigkeit
s vor Gott oder von Vergebung der Sünden weniger dann
it solchen Lehren, und wenn's noch so köstlich wäre, kein
ier Sünde halben erschrocken ist, können zufrieden stellen..."
Katechismus" weiß und lehrt nur von dem Gesetze; "von
: weiß und lehrt er nicht einen Pfifferstiel. Und wenn
hristus aus dem Buche thäte, damit doch nur ein lebig
ben wird, so ist er nicht viel besser denn der Heiden Ari-
nis Bücher von guten Tugenden." Dieser Katechismus
Seelen stracks Weges zur Höllen zu. Ei, das wäre ein
igest Du; führet doch das Buch den Titel: Summa oder
en Lehre. Ja, lieber Gesell, Du mußt nicht dem Teufel
ndern auf die Fäuste. Also siehe, wie hie dieser Seelmörder
nd Alten von guten Werken prediget, und von der Ge-
dem Leiden Christi, durch den Glauben uns geschenkt wird,
et... Der Türke hauet mit dem Säbel nach den Köpfen,
er sich nit davor entsetzt, sonderlich die ihm nahe sitzen und
vie er mit Ungarn und andern Ländern hat tyrannisiret.
rder hat mit dem Buche sein Schwert gewetzet und ge-
nach den Seelen, dieselben ewig zu morden und dem Teufel
g in die ewigen höllischen Feuerflammen zu überschicken. Wer
zittern und fliehen, weil er ganze Sohlen an Füßen hätte"?[1]
ht es fröhlich weiter. So wird es als ein "gar grob und
chnet, daß der Katechismus den Englischen Gruß unter die
ein Christ verrichten solle. "Was willst Du auch für ein
Maria dein Grüßen oder Anrufen erhöre, dieweil die leib-
amit sie hören soll, nämlich die Ohren, noch in der Erden
erfaulet, und vor dem jüngsten Tag nicht werden wieder
Allerdings empfehlen viele Kirchenlehrer die Andacht zu
Schrift ist mehr zu glauben; "und ist wohl müglich, daß
Dreck in ihre", der Kirchenlehrer, "Bücher nach ihrem Ab-
hissen und Willen geschmissen hat"[2]. Daß das Meßopfer

l. B 5ᵃ—C ᵃ.
D 4ᵃ. Bezeichnend sind auch Wigands Auslassungen über den
F 7ᵃ. Ihre Häßlichkeit verbietet mir, sie hier wiederzugeben.
r St.-Ulrichskirche zu Magdeburg glaubte Wigand auch dem
in zu sollen und tischte seinen Lesern den unechten "Ulrichsbrief"
n "mehr als 6000 Kindsköpfen" auf. Bl. F 1ᵇ.

nicht könne für die Seelen der Verstorbenen dargebracht werden, muß unter andern Gründen auch dieser zeigen: „Den Todten gefrieret der Mund zu es verschrumpft ihnen der Magen, und fressen die Würmer den ganzen Kucher eines Menschen hinweg; weil sie dann nicht essen noch trinken können, sondern werden gegessen, zerrissen und verzehret von den Würmern der Erden, so ge höret ihnen auch kein Sacrament des Altars." [1] „So hat der Antichrist seiner bittern Haß wider Christum noch in diesem Stücke auch müssen beweisen und ausgießen, daß er einen Theil, nämlich den Gebrauch des Kelchs oder Bluts Christi, den armen Schäflein Christi, nämlich den Laien, hat vor dem Maul hinweggerissen und nur seinen beschorenen Plattenhengsten zugeschrieben .. und wird solches Alles in diesem neuen Katechismo vertheidigt; denn der Hundsmünch hat ihm einmal fürgenommen, allen . . . Gräuel des Papstes oder Antichrists zu fressen, und schmeckt ihm wohl wie Zucker, wollt' denselben auch Andern gerne einreden." [2] „Siehe aber Wunder zu, wie dieser hündisch Münch nicht allein wie ein Canis, sondern vielmehr cainisch mit der heiligen Schrift umgehet und dieselbe bei den Haaren herzuzeucht." [3] „Er kennet Christum nicht; das ist gewißlich wahr." [4] Auch mit andern Ehrennamen wird Canisius bedacht; er ist „ein gräulicher Gottesläſterer und grober Tölpel" [5] ein „unverschämter Mensch" [6], ein „Götzendiener" [7], „Papſtler" [8], „Wolf" [9] „Papſtesel" [10]; er wird angeredet: „du schwindelhafter Geist" [11], „o du unverschämter und elender Teufel" [12].

Zum Schlusse bot Wigand, wie billig, der deutschen Christenheit einige Aufklärungen über den Orden, welchem der Verfasser des Katechismus angehörte: Der Teufel hat „immerdar eine neue Secte oder Orden der Mönche nach dem andern aufbracht, da immer einer heiliger und besser hat sein wollen denn der ander, wie das die Historien bezeugen. Ja er hat sich nicht gescheuet zu dieser herrlichen Zeit, da der himmlische Glanz des seligmachenden Worts Gottes ist erschienen, sondern wie ein unverschämter und unreiner Geist immer ein Dreck nach dem andern ge schmissen. Denn ungefähr in dreißig Jahren daher sind etliche Secten der Mönch aufkommen. Als erst sind die, welche in Welschland Skapiziner genannt werden darnach die Chietini, so der jetzige Papst Saulus IV. [so!] erdichtet hat [14], ur endlich die Jesuiten." Diese „dritten Mönche", „die Jesuiter", sind „schier n weltliche Priester, tragen keine Münchskappen, rühmen auch nicht hoch ihre We wie die andern thun. . . . Dieser Münche fürnehmste Werke und Fleiß ist, daß den Antichrist mit seiner Lehr und Lügen vertheidigen und ausbreiten und die wah Lehre Christi anfechten und verdammen. Sie nennen sich nit Franziskaner, Ber diktiner, Augustiner, daß man ihnen nicht vorwerfen könne, sie setzen ihren Tr auf Menschen. Sie heißen aber Jesuiter, daß sie die allerärgsten und abgefein testen Verräther und Verfolger sind des Herrn Jesu Christi, gleichwie man v Zeiten die römischen Herren hieß, einen Germanicum, den andern Asiaticum, b dritten Africanum, nicht daß sie den selben Völkern viel Gutes, sondern nur v

---

[1] Bl. H 2ᵃ. [2] Bl. H 3ᵇ. [3] Bl. J 3ᵇ. [4] Bl. M 3ᵇ.
[5] Bl. C 5ᵇ. [6] Bl. C 8ᵇ. [7] Bl. D 3ᵇ. [8] Bl. D 5ᵇ.
[9] Bl. D 5ᵃ. [10] Bl. H 8ᵃ. [11] Bl. D 7ᵃ. [12] Bl. D 5ᵇ.
[13] Offenbar sind die Kapuziner gemeint. [14] Die Theatiner.

Böses hatten gethan, sie geplündert und beraubet. Daß sie aber in der That und mit der Wahrheit Christum verfolgen als die rechten antichristlichen Verwölfe, und Christum ebenso lieben wie jener, der ihn in das Angesicht mit der Faust schlug und sagte: Prophezeie uns, Christe, wer ist, der dich schlug: das zeiget ihr gottes= lästerischer Katechismus reichlich und überflüssig an; denn sie Christi Wort verkehren, lästern und Lügen strafen." [1]

In einer protestantischen Schrift des Jahres 1562 ward Wigand höchlich gepriesen, daß er „die Posaune göttlichen Wortes gegen den un= flätigen Teufelsdreck des hündischen Canisii erhoben und der Welt gezeigt" habe, „wie sie sich vor den mörderischen Teufelsklauen zu hüten" hätte [2]. Es ist bezeichnend für den Geschmack des Jahrhunderts, daß in demselben die Wigand'sche „Katechismus-Verlegung" noch zwei weitere Auflagen erlebte. Wir werden sie später kennen lernen.

Dem Verfasser des Katechismus kam Wigands Sturmlauf nicht ganz unerwartet. Schon am 25. März 1555 hatte er aus Wien an den hl. Ignatius geschrieben [3]: „Wir sind hier darauf gefaßt, daß dies Werk vielen Widerspruch finde; man ist auch in Sachsen und andern Gegenden so gespannt auf dasselbe, daß es leicht geschehen kann, daß seitens der Protestanten eine oder auch mehrere Vertheidigungsschriften gegen mich erscheinen. Jetzt schon verbreitet man hier in Oesterreich Spottgedichte auf Canisius . . . Gepriesen sei der heilige Name Jesu! Möchten wir würdig werden, für denselben Schimpf und Unrecht zu erleiden, ob nun dasselbe in Worten bestehe oder in Thaten!"

Auf die Spottgedichte, deren unser Katechet hier gedenkt, werfen ein ziemlich helles Licht die neun lateinischen Distichen „auf den Katechis= mus des Canisius", welche sich heutzutage noch in einer Handschrift des 16. Jahrhunderts finden [4].

Der höllische Cerberus, so erfahren wir hier, hat einen Hund geboren. Canisius ist an Gestalt dem wüthenden Hunde ähnlich, aber schlimmer, gräßlicher als dieser; denn er speit Gift wider die Himmelsbewohner. Wohl bedeckt er sich mit einem Löwenfelle und mit Adlersfedern. Aber man kennt ihn doch. Der Psalmensänger hat ihn schon im Geiste vorhergeschaut; darum läßt er den Messias am Kreuze klagen, er sei von wüthenden Hunden umgeben. Der ungenannte Dichter schließt mit dem ebenso geistreichen als christlichen Gedanken: „O wenn der König der Vögel kömmt, der König der wilden Thiere, wenn er das Fell zurückverlangt, so wird nur ein Spott

---

[1] Bl. N 2ᵇ—N 4ᵃ.
[2] Wie wir Christen dem antichristlichen Baal und römischen Abgott christlich widerstehen sollen, 8—9. Angeführt von Janssen a. a. O. 424.
[3] Siehe S. 25 Anm. 2.
[4] * Herzogliche Bibliothek in Wolfenbüttel, Cod. 64. 11. Extr. fol. 58ᵇ. Dieses Stück zeigt keine Jahreszahl; die meisten andern aber gehören dem Jahre 1556 an.

noch übrig sein. Ober wenn noch etwas von ihm übrig, dann möge der Jäger von hohem Baume herab den ausgebienten Hund mit einem Stricke erwürgen! Das ist mein Wunsch."¹

Einstweilen, bis zum Einbruch des jüngsten Tages und dem Erscheinen jenes erwürgenden Jägers, fehlte es nicht an solchen, welche vorerst wenigstens dem verhaßten Buche ein ähnliches Los zu bereiten suchten. Luther hatte sich einst hoch erzürnt wider jene berühmte „Summe" von Beichtanweisungen, welche von dem seligen Angelus Carletus aus dem Franziskanerorden verfaßt und nach ihm „Summa angelica", englische Summe, genannt war. Nicht englisch, sagte Luther, sondern teuflisch sollte man sie heißen, „um der großen Büberei und Sophisterei willen, so darinnen ist". Er verbrannte das Werk zusammen mit der Bannbulle und den kirchlichen Rechtsbüchern am 10. December 1520 zu Wittenberg². Unter Luthers Schülern schienen manche die „Summe" unseres Canisius als Zielscheibe und Sammelpunkt ihres theologischen Grimmes sich auserkoren zu haben.

Melanchthon äußerte sich im Jahre 1555 in einem lateinischen Vortrage, welchen er an der Hochschule von Wittenberg über den Sauerteig des Evangeliums hielt: „Jüngst ist der österreichische Katechismus erschienen. Viele falsche Sätze werden in demselben aufgestellt. Insbesondere ist auch die tolle Lehre von den Mönchsgelübden wieder aufgefrischt. Die erheuchelte Armut und gewisse andere äußerliche Uebungen werden mit dem Namen der evangelischen Vollkommenheit beehrt. Die Unverschämtheit des Verfassers ist des Hasses würdig." Denn er weiß, worin nach dem Evangelium die Vollkommenheit besteht. „Aber um sich den Beifall seiner Zuhörerschaft zu erwerben, kommt er zurück auf das alte Lied von den Mönchen, oder vielmehr von den Cynikern, und bezeichnet als Vollkommenheit das Faß des Diogenes und jenes Bettlerwesen, durch welches das bürgerliche Leben und Gottes herrliche Ordnung untergraben wird, welche mit so großer Weisheit eine Theilung des Be-

---

¹ *Bald nach dem Wormser Religionsgespräche vom Jahre 1557 scheint ein anderes lateinisches Schmähgedicht „auf den Jesuiten Canisius" verfaßt zu sein, in welchem wir vernehmen: Canisius trägt seinen Hundsnamen mit Fug. Er bell wider Jesum und fletscht die Zähne, schreckt die frommen Wanderer, stört mit seinem Gebell die friedliche Versammlung und das erbauliche Gespräch, als ein unreiner, grausamer, wüthender Hund. Im übrigen ist dieses Lied weniger kannibalisch als das von Wolfenbüttel. Eine dem 16. Jahrhundert angehörige Abschrift hat sich erhalten in der Staatsbibliothek zu München, Cod. lat. 936 fol. 79.

² R. Stintzing, Geschichte der deutschen Rechtswissenschaft, 1. Abth. (München und Leipzig 1880), 19.

sitzes in der Welt eingeführt hat. Ein Abraham, Joseph, David, Josaphat, Ezechias sind in den Augen dieses Gauklers keine vollkommenen Männer." Dagegen nennt er vollkommen jenen Cyniker, der mit andern Philosophen von Demetrius von Phaleron zu Tische geladen wurde. „Man setzte ihm eine Flasche feinsten Weines vor; er aber nahm die Flasche und schlug sie dem Demetrius an den Kopf, mit der Erklärung: Für einen Cyniker schickten sich keine Schleckereien. Darin besteht nach jenem Cyniker die Vollkommenheit. Hat ja auch der Verfasser jenes Katechismus seinen Namen vom Hunde." [1]

Der „österreichische Hund", wie Canisius von seinen Gegnern nicht selten genannt wurde, mußte in vollen Zügen den Kelch des Hasses und der Schmähungen trinken. In Oesterreich, so schrieb er selbst an den hl. Ignatius, war man sehr böse auf ihn, sowohl des Hofpredigers Pfauser als des Katechismus wegen[2]. Als er von Wien nach Prag gegangen war, ein Collegium seines Ordens zu gründen, war er vor den Husiten kaum seines Lebens sicher. Einmal flog ein großer Stein durch das Fenster der Clemenskirche, als Canisius eben am Hochaltare das heilige Meßopfer feierte[3]. Den Katechismus griff der Braunschweiger Prediger Martin Chemnitz in seinen „Hauptstücken der Jesuitentheologie" an[4]. In Mecklenburg ließ Herzog Johann Albrecht I. in seiner Concordienformel vom Jahre 1557 den „Aberwitz des Jesuiten Petrus Canisius" verdammen[5]. Ein Jahr später klagte Petrus Dathänus, Prediger zu Frankfurt, in einer lateinischen Schrift den Canisius an, daß er „mit gottlosem Gebelle und hündischem oder jesuitischem Hasse Christum

---

[1] Declamationum D. Philippi Melanthonis, quae ab ipso et aliis in Academia Vuitebergensi recitatae ac editae sunt, nunc primum in gratiam et communem studiosorum utilitatem, optimo ordine, distinctae opera et studio M. Joannis Richardii, ... Tomus III. Theologicus. Argentorati. Exc. Theodos. Richelius. Ohne Jahr. Widmung vom Jahre 1570. Die Rede steht p. 206—213. Sie ist auch schon 1559 zu Straßburg erschienen (Köcher a. a. O. 67), und wiederum abgedruckt im Corpus Reformatorum, ed. *Bretschneider*, XII (Halis Saxonum 1844), 107—112.

[2] *Italienisches Schreiben, Prag, 11. Juni 1556.

[3] Rieß, Canisius, 138.

[4] Theologiae Jesuitarum praecipua capita (Lipsiae 1563), fol. F 3ᵃ. Wie schlecht Chemnitz über die Jesuiten unterrichtet war, und in welch niedriger Sprache er über sie sich ergeht, zeigt M. Reichmann S. J., Die Jesuiten und das Herzogthum Braunschweig (Freiburg i. Br. 1890), 5.

[5] Es handelte sich hier um die Frage, ob Christus im Himmel noch unser Fürsprecher sei. F. W. Schirrmacher, Johann Albrecht I., Herzog von Mecklenburg, I (Wismar 1885), 307

in seinen Gliedern verfolge"[1]. Balb barauf prophezeite ihm der Regensburger Superintendent Nikolaus Gallus, er werde mit anbern „im Namen des Herrn" „bahinfahren"; sein Name und seine Thaten würden „bei den Gottseligen in allen Landen ein Fluch werden"[2].

Zu dem Scheiterhaufen, auf welchem die „Summe" verbrannt werden sollte, wollten auch die Prediger der Graffschaft Mansfeld ihre Beisteuer leisten. Sie ließen im Jahre 1560 auf dem Schlosse von Eisleben ihr „Bekenntniß" drucken[3]. Im Eingange findet man das Verzeichniß der „Secten und Rotten, so in diesem Buche widerlegt werden" Mitten unter den Wiedertäufern, Servetisten, Stancaristen, Antinomern „Mißbrauchern der Lehre vom freien Willen", „Wiederbringern der Lehre von der Nothwendigkeit der Werke zur Seligkeit", Sacramentirern, Schwenkfelbisten, Osianbristen findet man die Rotte der „Jesuiter"[4]. Ein „Oberster" dieser „Mönche" ist Canisius.

Sie sind in Deutschland „eingeschlichen als solche Mittelpersonen, daburch man das gefallene und zerbrochene Papstthum wiederum aufrichten möchte". Zu diesen Zwecke haben die Jesuiten ihre Schulen errichtet. Uebrigens wünschen die frommen Prediger den Jesuiten von Herzen, daß sie „an Kunst und Geschicklichkeit wachsen und zunehmen"; benn bann werden sie sich zweifellos zum Protestantismus bekehren zeigt ja die Erfahrung, „daß die Allergelehrtesten im Papstthum in deutschen Landen zu uns getreten sein, und hiervon nichts mehr übrig bei den Papisten, als bei Papsteseln Hefen und Grundsuppen, welche ihrer Ungeschicklichkeit halben weder zu Sieben noch zu Braten taugen. Und da noch gleich etliche bei ihnen möchten gelehrt sein und bei ihnen bleiben, so werden dieselbige allein von der Bekehrung zu uns burch den Geiz und die fetten Präbenden aufgehalten, und ist ihnen doch sonst die päpstliche Religion kein Ernst". „Von diesem Canisio", so heißt es weiter, „haben nu die Ketzer, die Canisten oder Jesuiter ihren Irrthum empfangen." Derselbe besteht in dem Satze: Christus sei jetzt nicht mehr unser Mittler und Fürbitter; man solle ihn als solchen jetzt nicht mehr anrufen[5]. Die Canisten, versichern die Mans-

---

[1] Brevis ac perspicua Vani scripti, quo Joannes a Via Theologos Augus Confessionis impie traducit ac malitiose insectatur, Refutatio (ohne Drucker 1558), fol. 23b.

[2] Vom Bäpstischen Abgöttischen Fest, Corporis Christi oder Fronleichnam Tag genannt (Regensburg 1561), Bl. E IV.

[3] Bekendtnis der Prediger in der Graffschafft Mansfelt, vnter den jungen Herren gesessen. Wider alle Secten, Rotten, vnd falsche Leren, wider Gott wort die reine Lere D. Luthers seligen, vnd der Augspurgischen Confession, an etliche örten eingeschlichen, mit notwendiger widerlegung derselbigen. Gedruckt im Schle zu Eisleben, durch Vrban Gaubisch. M. D. LX. 338 Blätter, und außerdem Vorrebe und Anhang.

[4] Bekenntniß Bl. A VIIIa.

[5] Die Mansfelber führen fünf Gründe an, auf welche die Jesuiten diese Behauptung gestützt hätten. In welchen Jesuitenschriften dieselben zu lesen, wi

5. Angriffe auf den großen Katechismus.

selber, „haben dießfalls alle Scham abgelegt"; kein Wunder; hat ja auch Canisius „seinen Namen von einem Hunde" ¹.

Bei der Hetzjagd auf den Provincial der oberdeutschen Jesuiten wollte auch Tilmann Heßhusius sich tapfer erzeigen. Bereits hatte dieser rührige Streittheologe als Superintendent und Pfarrer zu Goslar mit dem dortigen protestantischen Rathe sich überworfen, als Pfarrer und Professor zu Rostock die beiden Bürgermeister der Stadt von der Kanzel herab in den Bann gethan, im Amte eines Generalsuperintendenten zu Heidelberg seinen Diakon Klebitz als einen „neuen Arius und Sacramentsschänder" gebrandmarkt, als Pfarrer von Magdeburg nicht nur die Ausweisung des melanchthonischen Predigers Harbenberg aus Bremen durchgesetzt, sondern auch den Rath von Magdeburg selbst gebannt und damit seine eigene Ausweisung herbeigeführt. Nun richtete er als „Verbannter Christi" von Wesel aus an die Christenheit eine „Treue Warnung" wider den calvinistischen Heidelberger Katechismus und benutzte diese Gelegenheit, auch auf den Katechismus des Canisius einige Pfeile abzuschießen ².

Ihn schmerzte vor allem der Abbruch, welchen Luthers Katechismus durch das Büchlein der Jesuiten erlitt. Der Teufel, versicherte er, „sieht wohl, welchen edlen, köstlichen und süßen Geruch der liebe Katechismus bis daher gegeben", welchen der „heilige Lutherus" verfaßt, dieser „theure Mann Gottes und seliges Rüstzeug des Heiligen Geistes". Darum hat dieser „zornige, bittere Feind unserer Seligkeit" beschlossen, „uns diesen edlen und köstlichen Schatz unter den Händen zu entführen und an Statt desselben Koth und Gift zu legen... Er verstellet sich in einen Engel des Lichts, läßt sich angehen, als woll' er sich hinfürder der Jugend annehmen und die Leut unterrichten, sprühet aber sein höllisch Gift aus unter dem herrlichen Titel und Namen des Katechismi". „Mit solchem Anschlag hat er das schändliche, lästerliche Volk der Jesuiter erweckt, die auch einen Katechismum gestellet und in Druck haben

---

nicht gejagt. Der Ingolstädter Universitätsprofessor Johannes Albertus fragte sie in seinem „Bericht von der Gesellschaft Jesu" (Ingolstadt 1563, Bl. 53ᵇ — 55ᵇ), mit welchem Rechte sie dem Canisius solche Beweise zuschrieben. Sie selbst hätten dieselben „nur nach ihrem Wohlgefallen und zänkischem, neidigem Gemüth erdacht".

¹ Bekenntniß Bl. 70.
² Trewe Warnung, für den Heidelbergischen Calvinischen Catechismum, sampt wiederlegung etlicher jrthumen desselben. D. Tilemannus Hesshusius Exul Christi. Weissagung S. Pauli von Schwermeren. 2 Timoth. 4. Es wird eine Zeit sein da sie die heilsame Lehre nicht leiden werden, Sondern nach jren eigen lüsten werden sie jnen selbst Lehrer auffladen, nach denen jnen die Ohren jücken: Vnd werden die ohren von der Warheit wenden vnd sich zu den fabeln keren. 1564. Ohne Druckort. 12⁰. 58 Blätter, ohne die Vorrede. Widmung an den Stadtphysikus von Braunschweig, Gervasius Marstaller.

64 Erster Abschnitt. Der große Katechismus.

ausgehen laſſen. Darin ſie fürwenden, als wollten ſie die Jugend von Gott und der ewigen Seligkeit unterrichten. Thun aber anders nichts, denn daß ſie alle Irrthumen, Lügen, Abgöttereien, Läſterungen und Greuelen des verdammten Papſtthums ganz unverſchämt, gleich als wäre kein Buchſtab je wider die grobe, ſtinkende Lügen und Läſterungen jemals geſchrieben, wieder herfürbringen, und die unerfahrne und unvorſichtige Jugend damit vergiften und beſchmutzen." Es iſt der Teufel, der ſich unterſtehet, „ſeine papiſtiſche Lügen und Greuel einfältiger Weiſe in Frage und Antwort zu ſtellen, ob er damit den Leuten den heiligen Catechismum aus den Händen zwacken, und ſein Gift und Dreck an die Statt bringen möchte. Wunder nimmt mich's aber, daß ſich der Lügen- und Läſtergeiſt in dem heilloſen Mann Caniſio, der der Jeſuiter Catechismum geſchmiedet, bei dieſem hellen Licht der Wahrheit, ſo Gottlob jetziger Zeit der Welt erleuchtet und den Papiſten gleich in die Augen ſticht, noch ein wenig geſchämt und ſeine Läſterung etwas ſubtiler fürbracht. Denn er je wohl hätt denken mögen, daß jetzt Gottlob viel eine andere Zeit iſt, dann vor fünfzig Jahren geweſen, da die Leute bis an die Ohren in der Blindheit und Schlamm des gottesläſteriſchen Papſtthums und unter den Lügen und Sündenreich des verdammten Antichriſts gefangen gelegen und kaum einen Blick der Wahrheit haben merken können. Aber der unverſchämte, gottesläſtriſche Caniſius thut die Augen zu, ſtellet ſich, als wiſſe er von keinem Aufgang des Lichts, macht ihm vielmehr die Hoffnung, es ſeien die Lügen, Läſterungen und Irrthumen im Papſtthum ſo grob und greiflich, als ſie wollen, ſo werde er gleichwohl zu ſeinem Lügenkram Kaufleute finden. Alſo bringt er den alten Tand und heidniſche Blindheit herfür, von Anrufung der verſtorbenen Menſchen, von Anbetung der ſteinern und hölzern Bildern, die weder Ohren zu hören, noch Augen zu ſehen haben, heißet die Heiligen ſeine Helfer, Fürbitter, Patronos und raubet öffentlich Chriſto ſeine Ehre... Auch den Greuel aller Greueln, die verfluchte Gottesläſterung in der Opfermeſſe, will er noch vertheidigen, ungeacht, wie gewaltig die mit göttlicher Schrift widerlegt iſt. Und in Summa, da iſt kein Irrthum, Lügen, noch Läſterung ſo grob im blinden Papſtthum getrieben, die ſich der unverſchämte Caniſius nicht unterſtünde zu vermänteln und zu beſchönigen". Die katholiſchen Lehren aus der Heiligen Schrift zu widerlegen, ſo beruhigt ſchließlich Heßhuſius ſeine und ſeiner Leſer erregte Nerven, das ſei jetzt nicht nöthig; „denn ſolchs in viel herrlichen, tapferen Schriften Lutheri und anderer Theologen geſchehen". „Allhie aber hab ich nur die Jugend und Einfältigen vor dem heilloſen, lügenhaftigen und läſterlichen Catechismum des Jeſuiters Caniſii warnen wollen." [1]

Im gleichen Jahre, wie Heßhuſius, zog noch ein anderer Kämpfer wider unſern Katechismus das Schwert aus der Scheide, und das war kein Geringerer als der Fürſt aller Streittheologen, der Vater der „Magdeburger Centurien", der nimmermüde Vorkämpfer und dabei doch wieder

---

[1] Treue Warnung Bl. C IV^a — C V^a. A II^a - A VIII^b.

5. Angriffe auf den großen Katechismus.

das Schreckenskind seiner eigenen Glaubensgemeinschaft, der allzeit streitbare Flacius Illyricus. Kampf war sein Leben und seine Stärke, aber auch sein Verderben. Groß in Begabung, Belesenheit, Federgewandtheit, war er noch größer in seiner Rechthaberei und Verketzerungssucht. Als Störenfried von einer protestantischen Stadt zur andern gejagt, endete er armselig, gleich einem Wilde, das die Jäger zu Tode gehetzt. Der erste Streich, welchen Flacius wider den Katechismus des Canisius führte, bestand in einer lateinischen Schrift, deren Titel in deutscher Uebersetzung also lautet: „**Heidnische Lehre der Jesuiten über die zwei Hauptartikel des christlichen Glaubens, nämlich über die Sühnung und Vergebung der Sünden und über die Rechtfertigung oder die Gerechtigkeit Christi, durch welche die Christen gerechtfertigt werden: Wörtlich angeführt aus ihrem echten, mit großen Bullen bestätigten Katechismus. Woraus sich ein Christ ein sicheres Urtheil bilden kann über die ganze Lehre und Religion unserer Gegner.**"[1]

Sein Versprechen, die Lehre des Jesuiten=Katechismus wörtlich wiederzugeben, führt Flacius nicht eben mit allzu großer Aengstlichkeit aus. Die Schrift= und Väterstellen, auf welche Canisius am Rande verweist, schiebt er einfach unter die Bank. Unter des Canisius eigenen Worten versteht er Auswahl zu treffen. Man erfährt, daß nach dem Jesuiten=Katechismus Vergebung der Sünden erlangt werden könne durch die Beicht, durch Almosen, Verzeihung von Beleidigungen, brüderliche Zurechtweisung, herzliche Liebe und Reue[2]. Aber daß nach dem gleichen Katechismus aller Sündennachlaß „in Kraft des Leidens des Herrn" geschieht[3], und Christus „der Urheber und Vollender unserer Weisheit und Gerechtigkeit" ist[4], das wird von Flacius verschwiegen. Christus, so schreibt Canisius, „ist uns Weg, Wahrheit und Leben"[5]. „Aus der Fülle Christi haben wir alle empfangen."[6] Mit dem hl. Hieronymus erklärt er: „Ohne Christus kann man weder weise sein, noch verständig, noch ein Rathgeber, noch stark, noch gelehrt, noch fromm, noch voll von Furcht Gottes."[7] Und wiederum liest man in dem Katechismus: „Christi Leiden, Blut, Kreuz,

---

[1] Ethnica Jesvitarvm doctrina de duobus praecipuis christianae fidei articulis, nempe de expiatione remissioneque peccatorum: ac de iustificatione aut iustitia Christi, qua Christiani iustificantur: ex eorum autentico, magnisque bullis confirmato Catechismo, ad verbum descripta. Vnde Christianus homo certo de tota aduersariorum doctrina ac religione indicare potest. M. Flac: Illyricus. Ohne Druckort. Am Ende der Schrift: M. D. LXIIII. 12°. 8 Blätter, nicht gezeichnet.
[2] Summa, editio princeps, fol. 145ᵃ—147ᵇ. [3] L. c. fol. 11.
[4] L. c. Rückseite des Titelblattes. [5] L. c. fol. 8ᵇ.
[6] L. c. fol. 173. [7] L. c. fol. 174.

Wunden und Tod bringen den Sündern fort und fort Trost, Gesundheit, Kraft und Leben, wofern wir jedoch unserem Haupte gehorchen und mit ihm leiden, damit wir auf diese Weise auch mit ihm verherrlicht werden; denn vollendet, ward er allen, die ihm gehorchen, Ursache ewigen Heiles." [1] Flacius wirft über all diese Sätze den Schleier des Schweigens. So kann er zu dem Ergebnisse gelangen: Die Jesuiten denken über die Gerechtigkeit des Menschen nicht anders als die Heiden, Türken und Juden. Im Katechismus des Canisius und somit auch in der katholischen Religion, die sich vollkommenst in ihm ausprägt, „sind Christi Leiden und Blut, Christi Genugthuung und Gerechtigkeit voll und ganz abgeschafft". „Es mögen also vor diesen Wölfen", den Jesuiten, „alle Kleinen Christi sich in acht nehmen und wider sie rufen: Wenn einer ein anderes Evangelium predigt als Paulus, sei er Anathema, Maranatha, Amen." [2]

---

[1] L. c. fol. 6.
[2] Vgl. Gal. 1, 8. 9. 1 Kor. 16, 22. Nachdem unser Katechismus die oben genannten Mittel, Sündennachlaß zu erlangen, aufgezählt hat, fügt er bei: „Auf diese Weise und durch andere Uebungen wahrer Frömmigkeit verschaffen wir uns und bringen wir zuwege das, wozu der Apostel mit vollem Fug und Recht uns ermahnt mit den Worten ec." So die Erstlingsausgabe vom Jahre 1555. Daß aller Sündennachlaß aus Christi Leiden hervorquelle, besagt diese Ausgabe an dieser Stelle nicht; Canisius brauchte es auch hier nicht zu sagen; denn er hatte es, wie wir oben sahen, in dem Buche zuvor schon mehrmals hervorgehoben. Wenn also Flacius in jener Stelle eine „Abschaffung" des Leidens Christi finden wollte, so hatte er sie mißverstanden, oder er mißdeutete sie absichtlich. Damit übrigens alles noch klarer gestellt und alle Einwürfe von vornherein überlegt würden, hatte schon die Wiener Ausgabe des Jahres 1556 (fol. 146 b; vgl. auch Kölner Ausgabe von 1560, p. 202) bei den Mitteln, Verzeihung der Sünden zu erlangen, drei Worte eingefügt, so daß es nunmehr hieß: „Auf diese Weise ... verschaffen wir uns und bringen wir in Christo Jesu zuwege" ec. Vom Jahre 1556 bis Anfang des Jahres 1564, in welchem Flacius schrieb, sind in verschiedenen Ländern wenigstens 25 Neuausgaben der „Summe" erschienen. Flacius sagt selbst in seiner Schrift, das Buch sei „sehr oft" und an verschiedenen Orten herausgegeben worden. Aber die neuen Auflagen waren nicht für ihn gedruckt; mochte es auch nicht sehr ehrlich sein, am vortheilhaftesten deuchte es ihm, hier einfach bei der ersten Auflage zu bleiben und von den Worten „in Christo Jesu" — nichts zu wissen. Man könnte denken, Flacius habe das übersehen. Ist ihm ein solches Uebersehen auch bei der Frage begegnet, was denn zur christlichen Gerechtigkeit gehöre? Im Jesuitenbuche, sagt hier Flacius, lautet die Antwort: „Dazu gehören, kurz gesprochen, zwei Stücke, welche in folgenden Worten enthalten sind: ‚Bleibe fern vom Bösen, und thue Gutes,' wie auch Isaias lehrt" ec. So heißt es wirklich im ersten Drucke des Katechismus, und wirklich ist die Nothwendigkeit der Gnade Christi hier nicht erwähnt. Sie brauchte auch hier nicht erwähnt zu werden, und Illyricus riß die Stelle aus ihrem Zusammenhange, wenn er im Sinne einer heidnischen Gerechtigkeit sie auslegte. Lehrt ja der Katechismus, wie wir sahen, schon in seinem ersten Drucke an verschiedenen andern Stellen, daß der Seele Leben, Gesundheit und Kraft, daß unsere Weisheit und Frömmigkeit von Christus komme und ohne ihn nicht bestehen könne. Noch größerer Deutlichkeit

5. Angriffe auf den großen Katechismus.

Der Illyrier glaubte mit dieser Schrift noch zu wenig geleistet zu haben[1]. Schon im Jahre 1565 begann er abermals Sturm zu läuten, diesmal in noch schrilleren Tönen.

Im großen Katechismus des Canisius, so erklärt er in seinem lateinischen Buche „Von den Spaltungen und Widersprüchen der päpstlichen Schriftsteller und Lehrer"[2], „findet man klärlich das Heidenthum vom reinsten Wasser"[3]. „Von dem wichtigsten Hauptstücke der christlichen Religion, der christlichen Gerechtigkeit", wissen die Jesuiten, „diese Blüthe der päpstlichen Gottesgelehrtheit", „nicht mehr als irgend ein Türke, Heide, Jude, oder jeder beliebige andere wilde, barbarische Götzendiener". Aristoteles, Plato, Averroes, Mohammed, ein jüdischer Rabbiner oder Pharisäer würden nicht anders lehren als sie. Ihr Katechismus, welcher bei den Papisten das höchste Ansehen genießt und von vielen der angesehensten papistischen Gottesgelehrten ist gutgeheißen worden, zeigt „auf das deutlichste, daß sie eine äußerst gottlose, pharisäische, türkische und ganz und gar widerchristliche, dem Amte Christi schnurstracks widerstrebende religiöse Lehre vortragen und offen verkünden und dieselbe den Kleinen Christi mit Trug und blutigen Gewaltmaßregeln aufzubringen versuchen". „Allem Anscheine nach arbeiten eben diese jesuitischen Verführer darauf hin, daß sie dem Mohammedanismus, der mit Waffengewalt auf uns

---

halber brachte übrigens die Wiener Ausgabe des nächstfolgenden Jahres auch hier eine Erweiterung oder Einschaltung, und zwar besteht diese hier nicht etwa in drei Worten, sondern in den Sätzen: „Dazu aber, daß wir dieser doppelten Aufgabe der Gerechtigkeit entsprechen, ist uns durch Christus Jesus Gottes Gnade erworben und verheißen worden und allezeit uns vonnöthen. Wenn sie uns vorangeht und uns unterstützt, so verwirklicht sich, was Johannes behauptet: ‚Wer die Gerechtigkeit übt, der ist gerecht, wie auch jener (d. i. Gott) gerecht ist.' Er fügt bei: ‚Wer die Sünde thut, ist aus dem Teufel.'" (Summa [Viennae 1556], fol. 117^b—118^a; vgl. z. B. auch Summa [Coloniae 1560], 164.) Für Flacius bestanden im Jahre 1564 diese Sätze noch nicht! Wir werden in der Folge sehen, daß er später den nämlichen Kunstgriff noch ausgiebiger gehandhabt hat.

[1] Auch in Rom wünschte man des Flacius' „Heidenlehre der Jesuiten" kennen zu lernen. Der Secretär der Gesellschaft Jesu schrieb von dort an den Rector des Ingolstädter Collegiums am 7. November 1564: man möge die Schrift senden, wenn es bequem geschehen könne. * Italienischer Brief in gleichzeitiger Abschrift.

[2] De sectis, dissensionibvs, contradictionibvs et confvsionibvs doctrinae religionis, scriptorum, et doctorum Pontificiorum Liber: Authore *Matthia Flacio Illyrico*. Basileae 1565. Das Buch erschien 1568 zu Basel in deutscher Uebersetzung als „Vnchristliche vneinigkeit vnd einigkeit der Papisten" ꝛc. W. Preger, Matthias Flacius Illyricus und seine Zeit, 2. Thl. (Erlangen 1861), 564.

[3] „Ipsissimum Ethnicismum." De sectis etc., 34.

einbringt, eine Thüre öffnen und den Leuten für denselben eine Art Vor=
bereitungsunterricht ertheilen." Haben diese einmal türkische Begriffe von
der Gerechtigkeit in sich hineingesogen, „so werden sie dann später, wenn
die Türken bereinst das Scepter führen, leicht in volle Mohammedaner
ausarten"[1].

So hat Flacius die Lehre des Canisius tapfer verrufen, geächtet und
verketzert. Er wollte auch einen Streich auf den Mann selbst führen,
und zwar mit der traurigen Waffe persönlicher Verdächtigung,
um nicht zu sagen Verleumdung.

„Der Jesuwider fürnehmster Stifter", so belehrte er das deutsche Volk schon
im Jahre 1559, „ist der Canisius, von welches Heiligkeit und Keuschheit man ben=
noch viel schöner Historien erzählet, sonderlich die mit der Aebtissin zu Mainz."[2]
Noch unverblümter malte Flacius in der lateinischen Schrift, deren wir eben gedacht,
die Mär von dem Freudenmahle und der „Hundshochzeit" mit der fabelhaften
Aebtissin und „kleinen Hündin" zu Mainz[3]. Canisius konnte sich trösten: In den
Magdeburger Centurien, deren „oberster Steuermann" Flacius Illyricus war, wurde
Papst Gregor VII. mit noch mehr Schmutz beworfen[4]. Im Laufe der Jahrhunderte
haben zwei oder drei Schriftsteller klanglosen Namens die Canisiusfabel des Illyricus
nachgeschrieben. Im übrigen muß man zur Ehre des deutschen Stammes anerkennen,
daß die Verdächtigung des kroatischen Unruhestifters in der deutschen Luft schnell und
spurlos verhallte.

Der Sturm gegen den Katechismus war zu gewaltig, als daß dessen
Verfasser gleichgiltig hätte zusehen können. Schon bald, nachdem aus der
Feder Wigands die erste Gegenschrift geflossen, meldete er dem hl. Igna=
tius deren Erscheinen und fügte bei: „Unsere Freunde möchten gerne, daß
wir auf dieses von Gift strotzende Buch antworten, welches gegen den
Apostolischen Stuhl und namentlich gegen den Katechismus der Jesuiten

---

[1] De sectis etc., 34—36. Aehnlich p. 58. Auch die Schrift „Symphonia
der Lehr oder Religion Christi vnd des Bapsts. M. F. I." (Ohne Ort und Jahr,
12⁰.) Bl. A 3ᵃ enthält einen Angriff auf unsern Katechismus.

[2] Bonn der grewlichen Vneinigkeit, Zwitracht, Secten vnd Rotten der Bepsti=
schen Religion vnd Kirchen, Itzigerzeit sehr nützlich zu lesen: Durch Matth. Fla=
cium Illiricum (Jhena 1559. 4⁰), Bl. C 3ᵃ.

[3] Beim Wormser Religionsgespräch des Jahres 1557, sagt er, habe man all=
gemein davon gesprochen. „Ea fabula tunc in Vuormaciensi colloquio fuit toto
notissima coelo." De sectis etc, 77. Widerlegung bei *Matth. Raderus*, De vita
Petri Canisii (Antverpiae 1615), 61. Ihm folgt *Ign. Agricola*, Historia Provinciae Societatis Jesu Germaniae Superioris, P. 2 (Augustae Vindelicorum
1729), 223.

[4] Vgl. J. Niemöller S. J., Matthias Flacius und der Flacianische Geist in
der ältern protestantischen Kirchengeschichte, in der Zeitschrift für katholische Theologie,
12. Jahrg. (Innsbruck 1888), 75—115.

5. Angriffe auf den großen Katechismus.

gedruckt ist. Im Verlaufe der Erörterung wendet sich der ganze Angriff gegen den Doctor Canisius. Dieser wird auf tausenderlei Weise durchgehechelt und gerade so behandelt, als säße er auf dem Lehrstuhle der Pestilenz." Man müsse eine Wiberlegung verfassen, um von der katholischen Lehre Rechenschaft zu geben und den Ruf und das Ansehen zu wahren, welches für den Dienst Gottes nöthig sei. Uebrigens schreibe er dies alles nur, um sein Gewissen zu entlasten und sich ganz in die Hände seines Obern zu legen. Dieser möge bestimmen. „Der Katechismus", fügt Canisius bei, „wird jetzt zu Wien in deutscher Sprache gedruckt, und da halten es einige für angezeigt, daß man am Ende des Buches eine kurze, deutsche Entgegnung auf die hauptsächlichsten Gründe beifüge, welche dieser große Irrlehrer gegen die Lehre des Katechismus ins Treffen geführt hat." [1]

Ob der Ordensstifter noch Zeit fand, zu entscheiden, wissen wir nicht. Er starb schon am Ende des folgenden Monates. Laynez, der nun als Generalvicar die Zügel ergriff, wünschte eine Erwiderung, und Canisius schrieb ihm am 1. Januar 1557 aus Regensburg, er werde demgemäß eine solche ausarbeiten. Aber, bemerkte er, „ich werde mich dabei immer in acht nehmen, die Schranken der Bescheidenheit zu wahren" [2]. Sein Ordensgenosse Goudan sollte bei dem Werke hilfreiche Hand leisten [3]. Zu Anfang des folgenden Jahres dachte Canisius an eine verbesserte Neuausgabe des Katechismus. In der Vorrede wollte er auf Wigands Schrift eine, wie er sich ausdrückt, „allgemeine, kurz gehaltene Antwort" ertheilen. Ein Theil dieser Vorrede war bereits von Canisius fertiggestellt und von Kaiser Ferdinand durchgesehen. Canisius richtete an Laynez die Frage, ob er ihm das Schriftstück, nachdem es vollendet, zur Begutachtung vorlegen dürfe [4].

Die Wiberlegung Wigands ward nicht veröffentlicht. Laynez urtheilte schließlich, seine Ordensgenossen vertheidigten sich am besten durch ein christlich frommes Leben [5]. Canisius aber schrieb am 15. October 1560

---

[1] *Canisius an den hl. Ignatius, Prag, 17. Juni 1556. Italienische Urschrift. Nicht ganz genaue lateinische Uebersetzung aus dem 16. oder 17. Jahrhundert in der Staatsbibliothek zu München, Cod. lat. 1606, fol. 81. Ein kleines Stück des Briefes gedruckt bei *Boero*, Canisio, 120—121. Vgl. auch Rieß, Canisius, 163.

[2] *„Mi guarderò sempre da ogni immodestia." Urschrift.

[3] *Canisius an Laynez, Regensburg, 11. Februar 1557. Eigenhändiges italienisches Schreiben.

[4] *Canisius an Laynez, Ingolstadt, 23. Februar 1558. Italienische Urschrift.

[5] *„Del far resposta alli heretici che usano ingiurie pare a nostro Padre non sia tanto conveniente quanto l'attendere a far bene et con le opere buone

aus Augsburg an Gouban: „Euer Hochwürden mögen mir dazu Glück wünschen, daß die Irrgläubigen mich in ihren Schriften einen Irrgläubigen, ja einen Häresiarchen nennen. Den Jesuiten geben sie den Namen Canisten. Diese Leute, sagen sie, läugnen sogar, daß Christus unser Mittler, und nicht bloß, daß er uns ein Fürsprecher sei. Was soll man da machen? Lieben wir die, welche uns verfolgen und verleumden! Rechnen wir es uns zum Lobe an, für den Namen Jesu in dieser Weise ausgezeichnet und mißhandelt zu werden! Freuen wir uns und frohlocken wir, daß wir würdig sind, aus dem Munde solcher Feinde der Kirche die Namen zu hören: Jesuwider, Seelmörder, höllischer Hund, Erzwolf, Erzketzer, Fürst der Heuchler u. s. w. Das sind die Stilblüten, mit denen man uns schmückt. Gepriesen sei Gott! Er lasse diese Unbilden die Vorübungen sein zu einem schwerern Kampf und zum blutigen Tode!"[1]

6. Bemühungen, den großen Katechismus zu verbessern.

In einem seiner Werke spricht Canisius den Gedanken aus: Mit den Büchern ist es wie mit den Kindern. Allmählich, mit Mühe und Gebuld, muß man sie heranziehen und zur Reife befördern[2]. Das war in der That der Grundsatz, welcher seine Feder beherrschte. Als er in den Jahren 1570 und 1571 an der Schrift über Johannes den Täufer arbeitete, klagte der Provincial Paul Hoffäus dem hl. Franz Borgia, P. Canisius könne mit dem Werke an kein Ende kommen. Denn, so drückt Hoffäus wiederholt sich aus, „er ist mit sich selbst niemals zufrieden"[3]. Es kann vorkommen, versicherte dem Ordensgenerale der P. Theodorich Canisius, ein Stiefbruder des Seligen, „daß ein Abschnitt der Arbeit schon achtmal, ja zehnmal geändert, verbessert, neu geschrieben worden ist, und er dann doch noch nicht zufrieden ist und immer wieder alles anders macht"[4]. Noch bei Abfassung seines letzten größern Werkes, der „Bemerkungen zu den Sonn- und Festtagsevangelien", stieg der damals schon sehr gebrechliche Greis im Freiburger Collegium oft zwei Stiegen hoch zu einem jungen Ordensbruder, der noch nicht Priester war, und bat ihn um sein Urtheil über das, was er geschrieben[5].

---

refutar le loro bugie, secondo il conseglio di Santo Pietro nella sua canonica."
P. Polanco an Canisius, Rom, 20. Juli 1560. Gleichzeitige Abschrift.

[1] *Lateinischer Brief in neuer Abschrift. Die Schmähnamen sind in dem Briefe deutsch.

[2] Commentariorum de Verbi Dei corruptelis Tomi duo (Ingolstadii 1583) I. Vorrede, auf der Rückseite des Titelblattes.

[3] *Lateinische Schreiben, Augsburg, 27. Mai 1570, und Innsbruck, 5. September 1570.

[4] *Lateinischer Brief an den hl. Franz Borgia, Dilingen, 11. Mai 1571.

[5] Rieß, Canisius, 511.

6. Bemühungen, den großen Katechismus zu verbessern. 71

So hielt es Canisius auch mit seinem Katechismus. Er ward nicht müde, zu feilen und feilen zu lassen. Schon die zwei Wiener Ausgaben, welche der ersten fast auf dem Fuße folgten, weisen verschiedene Verbesserungen auf[1]. Am 1. December 1556 schrieb er aus Ingolstadt an Laynez über den Katechismus: „Möchte doch das ganze Buch gelehrten Männern zum Durchlesen und Verbessern übergeben werden! Ich würde dafür sorgen, daß eine bessere Ausgabe veranstaltet würde mit einer neuen Empfehlung des Königs. Ich bitte Eure hochwürdige Paternität in dieser Angelegenheit um Ihre ernstliche Unterstützung."[2] Die Bitte ward ohne Zweifel erneuert, als unser Katechet um Ostern des folgenden Jahres in Rom zu der Generalversammlung des Ordens sich einfand. Laynez ging auf sein Verlangen ein. Es traf sich, daß um dieselbe Zeit der Portugiese Emmanuel Sa aus Spanien nach Rom kam, um dort im Collegium der Gesellschaft Jesu die Heilige Schrift zu erklären.

Sa hatte schon als Jüngling von 17 Jahren in Spanien einen Lehrstuhl der Philosophie erhalten. Seine kurzen Erläuterungen zu den vier Evangelien sind im Jahre 1596 in der Plantinischen Druckerei zu Antwerpen, und dann noch fünfmal aufgelegt worden. Seine „Bemerkungen zu der ganzen Heiligen Schrift" erschienen zu Mainz, Köln und andern Orten, im ganzen ungefähr zwölfmal. Beinahe 50 Auflagen erlebten seine „Aphorismen für Beichtväter", an denen er 40 Jahre soll gearbeitet haben. Als 70jähriger Greis fand er noch seine Erholung darin, in Oberitalien den Landleuten den Katechismus zu erklären[3].

Dieser „Doctor Emmanuel", wie man ihn nannte[4], ward nun auch mit der Durchsicht unseres Katechismus betraut. Canisius hatte kaum

---

[1] Der Erstlingsausgabe am nächsten steht wohl jene, welche bei Sommervogel (a. a. O. col. 619) an zweiter Stelle kurz vermerkt ist. Ich füge bei, daß sie am Schlusse nur acht Errata hat und schöner, ruhiger gedruckt ist als die erste. Sie scheint sehr selten zu sein. Ich fand sie nur in der Bibliothek des Augustiner-Chorherrenstiftes St. Florian in Oesterreich (Sign. vii, 4028). An diesen Druck schließt sich zunächst der bei Sommervogel ebenda an vierter Stelle aufgeführte. Es ist die erste datirte Wiener Ausgabe; man sieht nämlich die Zahl 1556 auf der Rückseite des Titelblattes, in dem Bilde, welches den vom Kreuze abgenommenen Erlöser auf dem Schoße seiner Mutter darstellt, unten in einer Ecke. Die Ausgabe findet sich in der Bibliothek des Jesuitencollegiums zu Lüttich und in der Stadtbibliothek zu Frankfurt a. M. Vom selben Jahre kennt man auch schon eine datirte Löwener Ausgabe. [2] * Eigenhändiger, lateinischer Brief.
[3] *Nic. Orlandinus*, Historiae Societatis Jesu prima pars, L 7, n. 59 (Romae 1615), 213. *A. de Backer*, Bibliothèque etc. III (Louvain-Lyon 1876), col. 445—447. 2461. *Ph. Alegambe*, Bibliotheca Scriptorum Societatis Jesu (Antverpiae 1643), 102.
[4] In dem geschichtlich werthvollen, 1561 im Wiener Colleg gedruckten Verzeichnisse der Jesuiten von Wien und Rom, welches P. Sommervogel ausfindig ge-

der ewigen Stadt Lebewohl gesagt, weilte noch in den Mauern von Bologna, als er schon besorgten Herzens den Pater Polanco brieflich ersuchte, er möchte doch den „Doctor Emmanuel" spornen, damit derselbe den Katechismus genau durchnehme und eifrig verbessere[1]. Früher schon hatte Canisius seinen Freund Martin Cromer gebeten, er möge ihm sein Urtheil über das Buch kundgeben, damit die Mängel bei einer spätern Ausgabe beseitigt werden könnten. „Denn", so fährt Canisius in dem Briefe fort, „hier handelt es sich um eine Angelegenheit, welche für die Ehre Christi und die Vertheidigung des Glaubens von höchster Bedeutung ist, und in solchen Dingen gebe ich gerne dem Könige "Ferdinand „eine Mahnung."[2]

Inzwischen ward allerdings die Thätigkeit unseres Katecheten vielfach vom Katechismus abgezogen und auf sehr verschlungene, oft dornenreiche Wege gelenkt. Er war seit dem Jahre 1556 Provincial seines Ordens für Oberdeutschland und hatte als solcher Jahr für Jahr die Collegien von Prag, Ingolstadt, Wien zu besuchen und über das Thun und Treiben daselbst oft und eingehend dem obersten Leiter des Ordens Bericht zu erstatten. Seit 1559 war er überdies Domprediger zu Augsburg. Dazu kamen außerordentliche Arbeiten von mancherlei Art. Das Jahr 1556 brachte ihn als Prediger und Fürstenberather zum Reichstage von Regensburg; das folgende führte ihn nach Rom und zum Wormser Religionsgespräche; das Jahr 1558 sah ihn zu Straubing mehr als einen Monat lang Mission halten, in Rom an der Wahl des neuen Ordensgenerals theilnehmen, mit dem päpstlichen Nuntius nach Polen zum Reichstage von Petrikau ziehen. Im Jahre 1559 nahm der Augsburger Reichstag seine Thätigkeit in Anspruch. Um dieselbe Zeit waren die Grundsteine zu legen zu den neuen Collegien von München, Innsbruck, Dillingen. Dabei gibt Canisius im Jahre 1556 zu Ingolstadt eine lateinische Sprachlehre und ein lateinisches Gebetbuch für Studenten heraus, besorgt im Jahre 1558 für den gelehrten Ermländer Bischof Stanislaus Hosius den Druck einer Schrift gegen den Lutheraner Brenz und veröffentlicht ungefähr zu gleicher Zeit eine deutsche Flugschrift über das Gespräch von Worms.

In all diesem Sturm und Drang behielt der Kinderfreund seinen Katechismus fest im Auge. Am 23. Februar 1558 meldete er nach Rom: Der Bemerkungen Sa's wegen wünsche er einige nicht bedeutende Aenderungen vorzunehmen und dann das Buch mit einer neuen Vorrede aber-

---

macht, genau nach dem Urbild wiedergegeben und mit gelehrten Anmerkungen begleitet hat, heißt P. Emmanuel Sa „Doctor Emanuel Professor Hispanus". C. *Sommervogel*, Les Jésuites de Rome et de Vienne en M. D. LXI. (Bruxelles 1892), fol. B 2 b. p. VII.

[1] *Italienischer Brief vom 7. Juli 1557. Urschrift.
[2] *Canisius an Cromer, Wien, 27. April 1555, Nachschrift. Vgl. S. 27.

6. Bemühungen, den großen Katechismus zu verbessern. 73

mals in den Druck zu geben[1]. Zwei Jahre danach schrieb er nach Köln, Gouban und die andern Kölner Ordensbrüder möchten ihm doch angeben, was ihres Erachtens dem Katechismus beizufügen und darin zu ändern sei[2]. Ein Bischof hatte an dem Buche einige Ausstellungen zu machen und theilte dieselben dem P. Eberhard Mercurian mit[3], welcher damals Provincial für Niederdeutschland war und später zum General des Ordens gewählt wurde. Canisius schrieb an Mercurian am 13. August 1560 aus Augsburg: Er werde alles sorgfältig in Erwägung ziehen. Er sei gerade im Begriffe, den Katechismus zu überarbeiten. Mercurian möge, wenn es ihm so gut scheine, auch andere um ihr Urtheil fragen und dann schnell nach Augsburg schreiben, wie das Buch solle umgestaltet werden. „Wenn aber", fügte Canisius bei, „andere auf diesem Gebiete mehr bewandert sind als ich, so will ich fürwahr recht gerne zurücktreten."[4]

Einige Buchdrucker, scheint es, trugen nicht wenig dazu bei, daß Katechismussorgen den Geist des gewissenhaften Mannes umschwirrten. Die Katechismusausgaben, welche sie lieferten, würden heutzutage wohl als Nachdrucke verfehmt werden. Doch von dem Urheberrechte des Schriftstellers, welches in der Gegenwart mit so vielen Gesetzen und Strafen ummauert ist, hatte das 16. Jahrhundert kaum erst einen blassen Begriff. An allgemeinen Verordnungen zu seinem Schutze boten die Rechtsbücher jener Zeit nicht viel mehr als Justinians Pandekten oder der alte deutsche Sachsenspiegel. Verfasser, Drucker, Verleger suchten sich gegen Verluste sicherzustellen durch Privilegien von Reichsstädten, Fürsten, Kaisern, wie wir ein solches in der Geschichte unseres Katechismus bereits angetroffen und gekennzeichnet haben[5]. Nicht selten stellten auch die Päpste solche Schutzbriefe aus; war doch anfangs sogar „Macchiavelli" mit einem Privileg von Clemens VII. gedruckt worden[6]. Aber jene Erlasse der Fürsten waren jenseits der Grenzpfähle ihres Landes ohnmächtig. Zudem gebrach es den Obrigkeiten zuweilen an Macht oder an Willen, ihre Gebote zur Geltung zu bringen. Zeigte das Werk ein anderes Format oder eine andere Druckeinrichtung, so ward dies, da und dort wenigstens, nicht als Widerstreit gegen das Druckprivileg angesehen[7]. Und wie wurden von den Nachdruckern zuweilen die Bücher mißhandelt! Es gebe, klagte Erasmus, in Deutschland eine unzählbare Menge von entstellten Schriften. „Man straft", sagte er, „den,

---

[1] *„Per le annotazioni del P. Emanuele io vorrei mutar alcune cosette e ristampar il libro." Vgl. S. 69 Anm. 4.
[2] *Canisius an P. Leonhard Kessel, Augsburg, 30. Juli 1560. Lateinischer Brief in neuer Abschrift.
[3] *Canisius an Kessel, Augsburg, 16. Juli 1560. Lateinischer Brief in neuer Abschrift.
[4] *Lateinischer Brief in neuer Abschrift. [5] Vgl. S. 24.
[6] *Sf. Pallavicino*, Storia del Concilio di Trento, l. 15, c. 13, P. 2 (Roma 1657), 262—263.
[7] Kapp a. a. O. 748.

Erster Abschnitt. Der große Katechismus.

welcher englisches Tuch statt des venetianischen verkauft. Aber derjenige, welcher an Stelle guter Texte dem Leser wahres Kreuz und wahre Qualen schafft, bleibt unbestraft."¹ Luther erklärte öffentlich im Jahre 1525, in einigen Nachbrucken seien seine Schriften so „schändlich zugerichtet", daß er seine eigenen Bücher nicht mehr kenne; man habe ihm sogar einen Theil seiner Handschrift gestohlen, habe den Namen des Druckortes gefälscht; er spricht von Buben, von Dieben und Straßenräubern². So übel ward Canisius nicht mitgenommen. Aber auch ihm bereiteten die Buchdrucker manches Leid.

Im Jahre 1559, vielleicht auch schon ein Jahr früher, nannte zu Venedig Michele Tramezino ohne Wissen des Dieners Gottes und wider dessen Willen³ in einem Neudrucke des Katechismus den Canisius auf dem Titelblatte als den Verfasser des Werkes⁴. Er that das Gleiche im Jahre 1560 bei der italienischen Uebersetzung des Katechismus⁵. Den Namen des Verfassers trug auch wider dessen Willen der kleine Katechismus unseres Seligen, welcher im Jahre 1559 bei Johannes Beller zu Antwerpen erschien⁶. Die vlämische Uebersetzung, welche 1561 zu Löwen bei Peter Sangre ans Licht trat⁷, und die lateinische Ausgabe der Summe, welche Michael Jovius im folgenden Jahre zu Lyon veranstaltete⁸, folgten diesem Beispiele.

---

¹ Kapp a. a. O. 378.   ² Kapp a. a. O. 424—425.

³ „Veneti et Galli, dum opus recudunt, me quidem inscio, nomen meum adscripserunt." Summa (Coloniae 1566), fol. 2ᵃ. — * „Typographus Venetus et Antverpiensis vel me invito nomen ascripsit autoris." Canisius an Mercurian, Augsburg, 13. August 1560. Vgl. S. 73.

⁴ SVMMA | DOCTRINAE | CHRISTIANÆ. | PER QVÆSTIONES CON | scripta à Reueren. D. PETRO | Canisio Theologo societatis JE- | SV, & nunc recens ab eodem re- | cognita, & aucta. | Jussu, & auctoritate sacratissimæ Rom. | Hung. Boem. &c. Regiæ Maiest. | Archiducis Austriæ, &c. | CVM priuilegio Senatus Veneti | ad annos decem. Am Ende: VENETIIS apud Michaelem Tra- | mezinum, MDLIX. 12⁰. 107 Blätter, und außerdem am Anfang 12 nicht gezeichnete Blätter, einschließlich Titelblatt. Man findet den Druck zu Rom (Biblioteca Barberiniana, V xiv. 12) und zu Neapel (Biblioteca nazionale). In der Staatsbibliothek zu München (Catech. 90) sah ich eine Ausgabe, welche den nämlichen Titel hat, aber nur 106 gezeichnete Blätter, und am Ende keine Angabe von Druckort und Druckjahr. Nach Sommervogel (Bibliothèque de la Compagnie de Jésus II, 620) gäbe es auch eine Ausgabe, welche am Schlusse den Namen Tramezins und das Jahr 1558 nennt.

⁵ Titel bei Sommervogel II, 633. Das Buch findet sich zu Rom in der Biblioteca Casanatense, EE xv. 32.

⁶ CATECHISMVS | CATHOLICVS | IVVENTVTI FORMANDAE | hoc saeculo quam maxi- | mè necessarius. | Autore D. Petro Canisio Doctore | Theologo Societatis Jesu. | ANTVERPIAE | Apud Joannem Bellerum. | M. D. LIX. Kl. 8⁰; 28 nicht gezeichnete Blätter, einschl. Titelblatt. Hofbibliothek zu Wien 11. K. 107.

⁷ Sommervogel II, 632.

⁸ Bei Sommervogel (II, 622) nur kurz angedeutet. Es ist: SVMMA | DOCTRINAE | CHRISTIANAE, | PER QVAESTIO- | NES CONSCRI- | PTA, A |

6. Bemühungen, den großen Katechismus zu verbessern. 75

Seit dieser Zeit lag das Bewußtsein der Verantwortlichkeit mit besonderer Schwere auf dem Herzen unseres Katecheten; so bekannte er selber ¹. Dazu kam, daß Kaiser Ferdinand eben damals den Wunsch zu erkennen gab, daß der Katechismus neu herausgegeben werde; Ferdinand wollte denselben mit einer neuen Verfügung ausstatten, dahin gehend, daß in allen seinen Landen dieses Religionshandbuch zu gebrauchen sei, und kein anderes. Das schien dem Verfasser die rechte Gelegenheit, das Werk umzugestalten, es gleichsam von neuem zu schaffen. Es sollte seine Wiedergeburt aber auch bei einem neuen Buchdrucker feiern. Canisius selbst traf die Wahl. Sie fiel auf **Maternus Cholinus** ².

Aus einer Züricher Buchdruckerfamilie stammend, stiftete Maternus Cholinus zu Köln im Hause zum goldenen Halsbande unter Fettenhennen ein angesehenes Druck- und Verlagsgeschäft und schwang sich zum Rathsherrn jener freien Reichsstadt empor. Er stand in enger Geschäftsverbindung mit Christoph Plantin, dem Buchdruckerfürsten von Antwerpen, in brieflichem Verkehre mit dem hl. Franz Borgia und mit Cardinal Hosius³. Wilhelm Linden, Jodocus Lorichius, Lorenz Surius, Onufrio Panvinio, der gefeierte römische Alterthumsforscher, vertrauten ihre Schriften seiner Presse an. Das kleine Ermland allein verdankt ihm beinahe 20 Ausgaben von gottesdienstlichen Büchern und Schriften seines großen Bischofspaares Hosius und Cromer⁴.

Als Hosius im Jahre 1558 seine Widerlegung des Brenz bei Cholin wollte drucken lassen, war es Canisius, der die Handschrift nach Köln beförderte und zu dem Werke eine Vorrede schrieb. Noch näher trat Canisius ohne Zweifel dem wackern Maternus, als er im Jahre 1560 vom Kaiser ein Druckprivileg auf 10 Jahre ihm erwirkte. Dasselbe lautete allgemein auf die Herausgabe von Büchern, wofern nur dieselben von der Kölner theologischen Facultät gutgeheißen wären; zwei bis drei Stück jedes Werkes waren an die kaiserliche Kanzlei abzuliefern⁵.

Reueren. D. Petro Canisio Theologo societatis | Jesv, & nunc recēns ab eodem reco- | gnita, & aucta. | *LVGDVNI*, | Apud Michaëlem Jouium. | 1562 | CVM PRIVILEGIO. Kl. 8°. 80 Blätter, und am Anfange 4 nicht gezeichnete Blätter einschl. Titelblatt. Mailand, Biblioteca nazionale di Brera, ZY 1, 6.

¹ *Schreiben an Mercurian, vom 13. August 1560. Siehe S. 73.
² *Canisius an Kessel, Augsburg, 30. Juli 1560. Lateinisches Schreiben in neuer Abschrift.
³ Von dem Briefwechsel zwischen Canisius und Cholin hat sich ein einziger Rest erhalten: *eine, wohl dem 17. oder 18. Jahrhundert angehörige Abschrift des lateinischen Schreibens, das der Selige am 12. Juli 1569 aus Augsburg an den Kölner Drucker richtete.
⁴ F. Hipler, Die deutschen Predigten und Katechesen der ermländischen Bischöfe Hosius und Cromer (Köln 1885), 137—138.
⁵ So angegeben von Canisius in seinem *Schreiben an Kessel, Augsburg, 16. Juli 1560. (Lateinischer Brief in neuer Abschrift.) Die gleiche Gnade, schreibt hier Canisius, habe er, dem Wunsche seiner Kölner Mitbrüder entsprechend, den Erben des Johannes Quentel sowie den Erben Arnold Birkmanns verschafft.

Ende Januar des folgenden Jahres konnte Canisius durch seinen Freund Leonhard Kessel, Rector des Kölner Collegiums, das kaiserliche Privileg für den „verbesserten und vermehrten Katechismus" — so sprach er in seinem Briefe[1] — sich aus — an Cholin gelangen lassen. Dasselbe erstreckte sich auch auf einen Auszug aus der Summe. Innerhalb der nächsten zehn Jahre sollte niemand außer Cholin diese Bücher drucken oder verkaufen, bei Strafe von zehn Mark reinen Goldes[2].

Cholin hatte eben erst den großen Katechismus in seiner alten Fassung neu aufgelegt[3]. Auf die „Verbesserung" sollte er noch lange genug warten.

Canisius hatte zu seinen regelmäßigen Arbeiten nun auch die Verbesserung des Augsburger Breviers übernommen. Im Jahre 1562 ward er von den päpstlichen Legaten nach Trient zur Kirchenversammlung berufen; ein Jahr danach mußte er auf Kaiser Ferdinands Geheiß an den Berathungen des Theologen-Ausschusses von Innsbruck sich betheiligen.

Es geschah wohl während seines Aufenthaltes zu Trient, daß er für seine Katechismusverbesserung den P. Alfons Salmeron als Mitarbeiter gewann. Am 29. December 1562 erhielt er aus Trient die Nachricht: Salmeron beschäftige sich mit dem Katechismus[4]. Drei Wochen später konnte P. Polanco melden: „Mit dem Katechismus, dessen Bereicherung P. Salmeron übernommen hat, geht es gut voran."[5]

So lag die Arbeit in den besten Händen.

Alfons Salmeron aus Toledo hatte als Studirender der Pariser Hochschule fast gleichzeitig mit Laynez an Ignatius sich angeschlossen. Er lehrte zu Rom an der Sapienza, tröstete 1542 im Auftrage Pauls III. die bedrängten Katholiken Irlands, begleitete die päpstlichen Gesandten nach Polen und nach Belgien. Deutschland lernte er als Lehrer der göttlichen Wissenschaften zu Ingolstadt kennen. Der Kirchenversammlung von Trient gehörte er vom Anfange bis zum Ende als päpstlicher Theologe an; in den gelehrten Zusammenkünften der Concilstheologen pflegte er

---

[1] *Canisius an Kessel, 21. Januar 1561. Lateinischer Brief (Bruchstück) in neuer Abschrift.

[2] Verordnung Ferdinands, Wien, 10. December 1560, in der Summa (Coloniae 1566), fol. 5—7.

[3] Catechismvs, sive Svmma Doctrinae Christianae, in vsum Christianae pueritiae, per quaestiones recens conscriptus, et nunc primum editus ... Coloniae, Apud Maternum Cholinum. Anno 1560. Ohne Nennung des Verfassers. Ein Privileg für Cholin ist nicht erwähnt. Exemplare in der Stadtbibliothek zu Köln und in der Bibliothek von Eraeten.

[4] *P. Hieronymus Natalis (Nabal) an Canisius. Italienischer Brief in gleichzeitiger Abschrift.

[5] *Polanco an Canisius, Trient, 19. Januar 1563. Italienischer Brief in gleichzeitiger Abschrift.

6. Bemühungen, den großen Katechismus zu verbessern.

den Reigen der Sprecher zu eröffnen. Für die freien Stunden des Trienter Aufenthaltes hatte er von dem Ordensstifter die Weisung erhalten, Werke der Liebe und Demuth zu üben. Ausdrücklich war unter denselben die Erklärung des Katechismus genannt. In Neapel gründete Salmeron zwei fromme Vereine, zu deren Aufgaben die Unterweisung in den Anfangsgründen des Glaubens gehörte. Von seinem wissenschaftlichen Streben legen die 16 Foliobände Zeugniß ab, in welchen seine Erklärungen der neutestamentlichen Schriften gesammelt sind [1].

Nicht weniger als zu der Mitarbeit Salmerons konnte Canisius sich Glück wünschen zu der warmen, thätigen Theilnahme, welche Hieronymus Nabal dem Katechismus widmete.

Nabal, ein Sohn der balearischen Insel Majorka, war schon vom hl. Ignatius zum Gehilfen in der Ordensregierung auserlesen worden; darauf bekleidete er nacheinander im Orden die wichtigen Aemter eines Provincials, Assistenten, Commissärs, Generalvicars. Im Jahre 1555 kam er als Begleiter des Cardinals Morone zum Reichstage nach Augsburg und besuchte danach Dilingen und Wien. Im Jahre 1563 mußte der vielgereiste Mann abermals in wichtigen Ordensangelegenheiten Deutschland durchwandern. In der Kunstgeschichte hat er seinen Namen verewigt durch die 153 großen, herrlichen Kupferstiche, mit welchen er seine Betrachtungen über die Sonn- und Festtagsevangelien zu Antwerpen durch die drei Wierx und durch Adrian Collart zieren ließ [2].

„Betreffs des Katechismus", so schrieb Canisius gegen den Ausgang des Jahres 1562 nach Köln, „wurde mit dem hochwürdigen Pater Commissär" Nabal „verhandelt. Er verspricht seine Beihilfe und will einiges beifügen, sobald er so viel freie Zeit erübrigt, und er hofft sie bald zu erübrigen. Ich redete ihm zu, er möchte bald die Hand anlegen und so dieses Werk endlich einmal in sorgfältiger Ausarbeitung in die Welt treten lassen. Das würde ich wahrhaftig nicht weniger gerne sehen, als Cholin oder sonst irgend jemand. Bisher sind verschiedene Hindernisse in den Weg getreten." [3] Wenige Wochen später bekam der Rector des Kölner Collegiums zu vernehmen: „Der lateinische Katechismus schläft jetzt. Der Pater Commissär hält es nämlich für gut, daß das Werk nicht eher in verbesserter Gestalt erscheine, als bis er selbst dasselbe sorgfältig durchgesehen und bei dieser Durchsicht angemerkt hat, was seines Erachtens in der neuesten Auflage beigefügt werden solle. Ich glaube, es ist eine

---

[1] Köln 1602—1604. Widmung an Fürstbischof Julius Echter von Würzburg. Die andern Ausgaben von Salmerons Werken bei *De Backer* III, 502—505. Ueber sein Leben vgl. *Matth. Tanner*, Societas Jesu Apostolorum imitatrix, P. I (Pragae 1694), 193—202. *Gius. Boero*, Vita del Servo di Dio P. Alfonso Salmerone (Firenze 1880).
[2] Vgl. *De Backer*, Bibliothèque II (Liège-Lyon 1872), col. 1481—1482.
[3] *Canisius an Kessel*, Augsburg, 7. November 1562. Lateinischer Brief in neuer Abschrift.

Art von göttlicher Fügung, daß dies Geschäft der Verbesserung des Buches nicht so von statten geht, wie mein Herz es wünscht. Wenn dem Cho‌linus dieser Entschuldigungsgrund nicht genügt, so sehe ich nicht, was ich sonst noch vorbringen soll." [1]

Cholinus mochte wohl grollen. Kaiser Ferdinand hatte schon am 10. December 1560 von Wien aus seine neue Katechismusverordnung erlassen. Dieselbe besagte: Canisius habe auf kaiserlichen Befehl das Buch verfaßt, und dasselbe nun von neuem überarbeitet. Cholin aber sei damit beauftragt, den Neudruck auszuführen. Es blieb vorläufig bei den Worten. Noch im Jahre 1563 mußte Matern sich damit begnügen, die alte Aus‌gabe in einem Neudruck seinen Käufern zu bieten [2], allerdings nunmehr mit dem Namen des Verfassers geschmückt [3].

„Ich kann dem Maternus für den Augenblick nicht helfen," erklärte Canisius zu Anfang dieses Jahres. „Der Katechismus wird zu Trient durchgesehen. Danach wird er mir zugesendet werden. Vielleicht wird man ihn auch mit Zugaben bereichern." [4]

Wollte man vielleicht in der Concilsstadt das Buch seinem deutschen Verfasser aus den Händen spielen, um es nach spanischem und italienischem Geschmacke umzugießen? Nichts weniger als dieses. Laynez kannte seinen Canisius. Im Sommer des Jahres ließ er ihn mahnen: er solle seine freie Zeit auf die Vollendung des Katechismus verwenden. Was er ausgearbeitet, brauche er keineswegs nach Trient zu senden. Es genüge, daß Nadal es sehe [5]. „Unser Pater General", so schrieb ihm Polanco, „ist der Ansicht: Ungeachtet der Bemerkungen, welche

---

[1] *Canisius an Kessel und die andern Kölner Ordensgenossen, Augsburg, 1. December 1562. Lateinischer Brief in neuer Abschrift.

[2] SVMMA | DOCTRINAE | Christianæ, | In usum Christianæ pueritiæ, per quæ | stiones conscripta, à D. Petro Ca | nisio Doctore Theologo, So- | cietatis Jesu. | Edita iussu & auctoritate | Sacratissimæ Cæsareæ | Maiestatis, | &c. | COLONIAE, | Apud Maternum Cholinum. | Anno 1563. | Cum gratia & priuilegio Cæs. Mai. 12⁰. 302 Seiten und außerdem am Anfange 6 nicht gezeichnete Blätter, einschl. Titelblatt, und am Ende 11 nicht gezeichnete Blätter. Am Eingange des Buches ließt man die Katechismusverordnung von 1554, nicht aber die von 1560. Kreisbibliothek zu Regensburg (Past. O. 58); Hofbibliothek zu Darmstadt; Biblio‌thek des Benediktinerstiftes Einsiedeln.

[3] Im selben Jahre erschien bei Cholin, gleichfalls mit Nennung des Verfassers, die deutsche Uebersetzung des großen Katechismus.

[4] *Canisius an Kessel, Augsburg, 15. Januar 1563. Lateinischer Brief in neuer Abschrift.

[5] *Polanco an Canisius, Trient, 25. Mai und 28. Juni 1563. Italienische Briefe in gleichzeitigen Abschriften.

P. Salmeron und P. Natalis gemacht, sollten Euer Hochwürden das thun, was Ihnen selbst das Beste dünkt, und nicht meinen, Sie müßten die Eintheilung in die christliche Weisheit und die christliche Gerechtigkeit nun ändern. Denn das würde in das ganze Gefüge des Buches große Störung bringen. Auch sollten Sie nicht zu dem Ihrigen vieles hinzusetzen, es sei denn, daß man es sehr kurz und passend beifügen könnte. Bedenken Euer Hochwürden: eine der Eigenschaften, welche Ihrem Katechismus Beifall verschafft haben, ist seine Kürze. Einigen erscheint er sogar jetzt schon als etwas lang; so dem Cardinal Hosius „von Ermland."[1]

Es fehlte unserem Katecheten nicht an gutem Willen, den Weisungen seines Obern nachzukommen. Am 23. Mai 1563 schrieb er aus Innsbruck nach Trient, er wolle nun an die Vollendung des Katechismus gehen. Laynez möge mit seinem Gebete ihn unterstützen[2]. Doch die Innsbrucker Luft war dem Unternehmen nicht freundlich. Im Theologen-Ausschusse hatte der Diener Gottes gar oft mit Winden und Wogen zu ringen. „In diesen Stürmen", klagte er seinem General, „habe ich keine gute Fahrt und fühle wenig Lust zur Fertigstellung des Katechismus. Aber es liegt wenig an dem Schicksal dieses Buches, wenn nur die Sache der Kirche und der Synode keinen Schaden leidet."[3] Laynez ließ den bedrängten Mann nicht im Stiche. Noch kurz vor Schluß der Kirchenversammlung, von der Last hochwichtiger Concilsgeschäfte fast erdrückt, gedachte er des Katechismus und ließ Nabal abermals ersuchen, er möge denn doch die Durchsicht des Buches besorgen. Sei dies nicht möglich, so könne man wohl dem Verfasser selbst das Ganze überlassen. Man sollte nämlich, so heißt es weiter in dem Briefe, mit dem Drucke sich beeilen[4]. „Besorgen Sie", so ward Canisius einige Monate später von Rom aus angewiesen, „den Katechismus nur selbst! Von den Zusätzen, welche man Ihnen geschickt hat, nehmen Sie das auf, was Ihnen gut scheint! Das übrige lassen Sie weg!"[5]

Noch mußten fast zwei Jahre vergehen, bis das Kind so vieler Sorgen zur Welt kam. Canisius mußte für das Erzbisthum Salzburg

---

[1] *Polanco an Canisius, Trient, 29. Juni 1563. Italienischer Brief in gleichzeitiger Abschrift.
[2] Urschrift oder alte Abschrift.
[3] *Canisius an Laynez, Innsbruck, 31. Mai 1563. Urschrift oder alte Abschrift.
[4] *Polanco an Nabal, Trient, 13. November 1563. Gleichzeitige Abschrift.
[5] *Polanco an Canisius, Rom, 25. Februar 1564. Italienischer Brief in gleichzeitiger Abschrift.

ein Kirchenbuch bearbeiten¹, von einigen seiner frühern Schriften neue Ausgaben herstellen und zu alldem im Jahre 1564 das herbe Leid verkosten, daß an jener Stätte, welche der Schauplatz seiner reinsten Freuden und schönsten Siege gewesen, im Dome zu Augsburg, ein langes, schweres Ungewitter über ihn und die Seinigen hereinbrach: sie wurden bei den Domherren unbefugter Einmischung in das Pfarramt und anderer Uebergriffe beschuldigt und mußten darauf verzichten, im Dome die Sacramente zu spenden. Bald darauf raubte ihnen der Tod ihren Ordensgeneral und nöthigte unsern Seligen, ein viertes Mal über die Alpen nach der Stadt der Apostelfürsten zu ziehen. Der hl. Franz Borgia ward in Rom zum General erkoren. Canisius aber erhielt vom Papst Pius IV. den Auftrag, einen Theil des westlichen Deutschlands zu bereisen und die Beschlüsse von Trient dort zu verkündigen oder deren Ausführung einzuschärfen. Auf seinen Wanderungen gewahrte der Mann Gottes sicher mehr als einmal mit eigenen Augen, welch dichte Nacht religiöser Unwissenheit noch immer so manche Geister umfing, und wie es so hoch vonnöthen war, das Licht des Katechismus den deutschen Gauen leuchten zu lassen. Als er nach Köln gekommen, mag Cholin, mag der seeleneifrige Rector Leonhard Kessel samt den Seinen einen Sturmlauf unternommen haben auf das Herz des Kinderfreundes. In Köln schlug denn wirklich unserem Werke die Stunde seiner endgiltigen Vollendung. Am Dreikönigsfeste des Jahres 1566 schrieb Canisius die Widmung des Buches an den Rath der Reichsstadt. In der Osterwoche, also zwischen dem 14. und 27. April, konnte Kessel dasselbe als geistiges „Osterei", wie er sich ausdrückt, an drei befreundete Stiftsherren senden².

<small>Der Verfasser hatte eine Zeitlang daran gedacht, das Werk auf dem Titelblatte ausdrücklich als seinen „größern Katechismus" zu bezeichnen. Doch seine Kölner Freunde scheinen anders gedacht zu haben; er ließ den Plan fallen³.</small>

7. Der große Katechismus nach seiner Verbesserung durch Canisius.

Vergleicht man den großen Katechismus des Jahres 1566 mit seinem Vorgänger vom Jahre 1555, so muß man sagen: Bei seinem zweiten

---

<small>¹ *Sommervogel*, Bibliothèque II, col. 672.

² * Kessel an einen ungenannten Freund, Köln, Donnerstag in der Osterwoche des Jahres 1566. Lateinischer Entwurf des ungedruckten Briefes. Abschrift im Ordensbesitze.

³ * „Fortasse non erit abs re minorem et maiorem Catechismum in ipso titulo appellare. Sed P. Goudani et vestram expecto sententiam." Canisius an Kessel, Augsburg, 30. Juli 1560. Siehe S. 75 Anm. 2.</small>

7. Der große Katechismus nach seiner Verbesserung durch Canisius.

Eintritte in die Welt zeigte sich das Werk mit größerem Ansehen bekleidet, in seinem Umfange erweitert, im Gehalte vertieft, in der Gestalt verschönert.

Auf dem Titelblatte trug nun das Buch den Namen seines Verfassers[1]. Dieser Name war der Welt nicht mehr unbekannt. Man wußte, daß die Cardinäle Otto Truchseß und Stanislaus Hosius den Vater der deutschen Jesuiten zum Freunde und Rathgeber hatten, daß Kaiser Ferdinand, daß die Päpste Julius III., Paul IV., Pius IV. ihm ihr Vertrauen geschenkt. Schon war in den Domen von Wien, Prag, Regensburg, Augsburg, Straßburg, Worms, Köln, Osnabrück sein Predigtwort erklungen. Wilhelm Eisengrein hatte ihn in seinen „Katalog der Zeugen der Wahrheit" aufgenommen[2]. Der protestantische Baseler Arzt Heinrich Pantaleon trug kein Bedenken, in seinem „Heldenbuch des deutschen Volkes" den Namen Canisius zu preisen[3].

Drei Gründe führt Canisius in seiner Vorrede dafür an, daß er jetzt als Verfasser sich bekenne: Sein Name sei schon in frühern Drucken von andern verrathen worden. Der Kaiser nenne denselben in dem neuen Ausschreiben. Endlich sei es Vorschrift der Kirche, daß kein Buch zur Veröffentlichung zugelassen werde, ohne daß darin der Verfasser genannt sei. Das alte kirchliche Verbot war im Jahre 1559 durch den Index Pauls IV. wieder in Erinnerung gebracht worden[4].

Ansehen gaben dem Buche auch die Namen der zwei mächtigsten Fürsten der damaligen Welt: der Katechismus erwähnt auf seinem Titel und bietet auf seinen ersten Blättern im vollen Wortlaute die kaiserliche Christenlehrverordnung vom Jahre 1560, die wir schon kennen gelernt, und danach den Erlaß des herrschgewaltigen Mannes, der unter seinen mehr als 30 Fürstentiteln auch die eines „Königs der Inseln und des Festlandes von Indien, Königs des Oceans, Herrschers über Asien und Afrika" führte. Philipp II. hatte von Anfang an die Sonne seiner Gunst auf das Büchlein niederstrahlen lassen. Von Brüssel aus spendete er am

---

[1] SVMMA | DOCTRI- | NÆ CHRISTIANÆ, PER QVAESTIONES LV- CVLENTER conscripta, nunc demum recognita & locupletata, authore D. Petro Canisio Societatis Jesv Theologo, vt ex eius noua Præfatione constabit. | Accessit huic recognitioni authoritas, decretū & pri uilegium Ferdinandi Imp. & Philippi Regis Hisp. | COLONIAE, | Apud Maternum Cholinum, Anno | M. D. LXVI. | Cum priuilegio Cæs. Maiest. ad decen. Kl. 8°. 209 Blätter inkl. Titelblatt, und am Ende 9 nicht gezeichnete Blätter. Stadtbibliothek zu Frankfurt a. M. Bibliothek zu Graeten. Gymnasialbibliothek zu Osnabrück. Ueberhaupt nicht sehr selten.
[2] Catalogus testium veritatis (Dilingae 1565), fol. 208—209.
[3] Prosopographia heroum atque illustrium virorum totius Germaniae. P. 3 (Basileae 1566), 501. Das Werk erschien auch deutsch.
[4] Reusch a. a. O. 197—265.

16. December 1557 dem Katechismus hohes Lob und schrieb seinen Gebrauch allen Schulen der Niederlande vor [1].

Aber auch an die Gegner des Canisius erinnert uns die neue Kölner Ausgabe gleich auf ihren ersten Seiten. Gerade um sie nicht zu reizen, betheuert der Verfasser in seiner Widmung an die Kölner, habe er anfänglich seinen Namen unterdrückt und sich in seinen Ausdrücken überall der Bescheidenheit beflissen, obwohl er oft Gelegenheit gehabt, ihnen kräftig zuzusetzen. „Das alles", sagt er, „half nichts. Es schützte mich nicht davor, daß ich heimlich und offen dieser Arbeit wegen angepackt und zerzaust wurde. Indessen sage ich Christo dem Herrn, der gleichfalls für sein bestes Thun von seinen Zeitgenossen auf das schlechteste mitgenommen wurde, ganz besondern Dank dafür, daß er mich würdig erachtet hat, von den Irrlehrern angebellt und gebissen zu werden." „Ihre grimmigen Reden und ihre ungerechten Verdammungsurtheile lasse ich an mir vorübergehen, als hätte ich sie nicht gehört. Von den Feinden der katholischen Kirche, den Beschützern vielfältiger Irrlehre getadelt werden, was heißt das denn anders als Empfehlungen ernten und bei allen Gutgesinnten immer mehr als guter Christ beglaubigt werden? Alles, was ich hier geschrieben habe, das habe ich nicht aus Verlangen nach Erwerb, Lohn, Ruhm geschrieben, nicht aus Haß oder Liebe gegen irgend einen Menschen. Ich that es vielmehr, um die religiöse Wahrheit an das Licht zu stellen. Das kann ich mit einem heiligen Eide beschwören. Ich schrieb es auf Antrieb des Kaisers Ferdinand, um damit dem Gemeinwohle der Katholiken, besonders der deutschen Katholiken, zu dienen. Bei Abfassung des Buches bin ich wahrhaftig nicht meinem Kopfe oder dem Sinne eines Einzelnen gefolgt, sondern dem übereinstimmenden Urtheile der ganzen katholischen Kirche, und ich bin von ganzem Herzen gewillt, dies auch ferner zu thun." [2]

Im Bewußtsein dieses steten Einklanges zwischen seiner Lehre und dem Glauben der Kirche konnte denn auch Canisius das Verhältniß dieser neuen Ausgabe zu der alten mit den Worten zeichnen: „Um mich verständlicher zu machen und dem Leser unter die Arme zu greifen, habe ich manches umgeändert, auch viele Zusätze mir erlaubt." „Hat man ja doch schon in alter Zeit nicht mit Unrecht gesagt: ‚Die spätern Gedanken sind die bessern.' Wenn übrigens jemand die alte Ausgabe beibehalten

---

[1] Der Erlaß steht Summa (Coloniae 1566), fol. 7ᵃ—8ᵃ.
[2] Summa (Coloniae 1566), fol. 2ᵇ—3ᵃ.

will, so mag er es thun. Die Sachverständigen werden finden, daß beide Ausgaben katholisch sind und in der Darlegung der wahren Lehre übereinstimmen."¹

„Verbessert und vermehrt" war in aller Wahrheit dieser neue Katechismus. Manche Fragen sind ganz neu eingefügt. So im ersten Hauptstücke die Frage, woran man eine Ueberlieferung als apostolisch erkenne², im zweiten die zweite, fünfte, fünfzehnte Frage. Im fünften Hauptstücke werden die Unterschiede der Sünden und das Wesen von Erbsünde, Todsünde, läßlicher Sünde in einer eigenen langen Frage auseinandergesetzt³. Mit den vier letzten Dingen des Menschen hatte sich in der ersten Fassung des Katechismus nur eine Frage beschäftigt; jetzt werden dieselben in vier Fragen eingehend erläutert. So sind aus 211 Fragen 222 geworden.

Sehr viele der alten Fragen sind nun mit neuen Erklärungen und Beweisen versehen; so die Fragen von der Anrufung der Heiligen⁴, von der Verehrung der Bilder Christi und der Heiligen⁵, von den Anschauungen der Väter über Mariens Würde und Hoheit⁶. Es wird der Begriff der Liebe⁷, der Zweck der Ehe⁸, der Umfang ihrer Unauflöslichkeit⁹ genauer bestimmt als früher, die Giltigkeit der Taufe, die ein Irrgläubiger in der rechten Weise spendet, ausdrücklich anerkannt¹⁰.

Mit besonderer Ausführlichkeit und Wärme verbreitet sich die Erklärung des zweiten Glaubensartikels über die Person Christi, seine Gottheit, seine Erlöserherrlichkeit, seine Aemter als Lehrer, Hohepriester, König der Menschheit¹¹. Flacius hatte Heidenthum und Koran in der katholischen Kirche gewittert, weil er bei der Frage über die Mittel, Sündennachlaß zu erlangen, in der Erstlingsausgabe unseres Buches Christum den Herrn nicht ausdrücklich erwähnt gefunden, andere Abschnitte der Ausgabe aber, in denen alle Sündenvergebung und Gerechtigkeit von Christus hergeleitet wird, und spätere Drucke nicht eingesehen oder nicht berücksichtigt hatte. Jetzt konnte er zu allem Ueberflusse in dem Katechismus auch noch die Worte lesen: „Wie werden die Sünden getilgt?

---

[1] L. c. fol. 3.   [2] L. c. fol. 48.   [3] L. c. fol. 123ᵇ—125ᵃ.
[4] L. c. fol. 37ᵇ—40ᵃ.   [5] L. c. fol. 40ᵇ—41ᵃ.
[6] L. c. fol. 32ᵃ—34ᵃ.
[7] L. c. fol. 34ᵇ. Vgl. Editio princeps fol. 14.
[8] L. c. fol. 115ᵇ—116ᵃ. Vgl. Editio princeps fol. 110ᵃ.
[9] L. c. fol. 117ᵇ. Vgl. Editio princeps fol. 112.   [10] L. c. fol. 72.
[11] L. c. fol. 12ᵇ—13ᵇ.

„Bei dieser Frage steht es vor allem unbestritten fest, daß Christus uns der Sühnebringer ist und jenes Gotteslamm, welches die Sünden der Welt hinwegnimmt. Er allein konnte uns die Nachlassung der Sünden verdienen und die Reinigung von den Sünden vollbringen. Sodann ist es sicher, daß Gott durch den Glauben die Herzen reinigt, wie Petrus sagt; denn ohne den Glauben, diese Thüre und Grundlage des menschlichen Heiles, kann niemand Nachlassung oder Tilgung seiner Sünden erlangen oder hoffen. Den Glauben aber haben diejenigen nicht, die mit dem Glauben der Kirche nicht übereinstimmen und in einer Art von eitlem Vertrauen sich und andern versprechen, Christi wegen den Sündennachlaß und die Gnade der Rechtfertigung zu erlangen. Denen aber, welche, im Glauben und in der Einheit der Kirche verharrend, Befreiung von ihren Sünden suchen, bietet die Schrift vielerlei Wege, sie zu erlangen..."[1] Man wird kaum irren, wenn man sagt: Dieser Zusatz sollte eine Antwort bilden für Wigand, Melanchthon, Flacius und deren Gefolge. Er sollte, wenn möglich, noch mehr aufklären, noch wirksamer allen Argwohn und alles Mißverständniß zerstreuen. Es war die einzige Rache, welche der Jünger des hl. Ignatius an seinen Feinden nahm.

Ganz neu war die Gabe, welche unser Katechismus am Schlusse, vor dem alphabetischen Sachverzeichnisse, bot. Sie führt in lateinischer Sprache die Aufschrift: „**Anhang über den Fall und die Rechtfertigung des Menschen, nach dem Glaubensurtheile und der Lehre des Kirchenrathes von Trient.**" Das Wort „Rechtfertigung" war ja von Anfang an die Losung des Protestantismus gewesen. Der Gegenstand, erklärt Canisius in seiner Vorrede, „ist heutzutage von höchster Bedeutung". „Ich weiß nicht, was man über denselben Gewichtvolleres, Nutzbringenderes, Vollendeteres, Nothwendigeres vorbringen könnte, als die Lehre jener Kirchenversammlung."[2] In der That sind die tridentinischen Glaubensbeschlüsse über die Rechtfertigung, wie ein großer Kirchengeschichtschreiber der Neuzeit sagt, „ein theologisches Meisterwerk"[3]. Zu der Feststellung ihres Wortlautes war gerade auch der Mann herangezogen worden, der das Christenlehrbuch des Canisius „mit Zusätzen bereichert" hat, der gelehrte Alfons Salmeron[4]. In unserem Werke ist die tridentinische Rechtfertigungslehre in 20 kurze Abschnitte getheilt, ohne Frage und Antwort. Der Katechismus, sagt Canisius am Eingange, ist die Milch für die Kleinen; dies aber ist festere Speise, für jene bestimmt, welche bereits in Christo groß werden und Höheres zu fassen vermögen[5].

---

[1] L. c. fol. 151.   [2] L. c. fol. 3ᵇ.
[3] J. Hergenröther, Handbuch der Kirchengeschichte III (3. Aufl., Freiburg i. Br. 1886), 230.
[4] M. Tanner l. c. 197.   [5] L. c. fol. 3ᵇ.

7. Der große Katechismus nach seiner Verbesserung durch Canisius.

Wie hoch der Diener Gottes die Bedeutung der katholischen Rechtfertigungslehre anschlug, das zeigt ein Schritt, den er sechs Jahre später unternahm. Der Franziskaner Andreas von Vega, Doctor von Salamanca und Theologe des Trienter Concils, hatte eine große, wahrhaft klassische Schrift über die Rechtfertigung verfaßt. Dieselbe war in Italien gedruckt worden, aber mit nicht wenigen Fehlern. Da bewog Canisius den Kölner Drucker Gerwin Calenius dazu, das Werk in einem tabellosen Neudrucke auf deutschen Boden zu verpflanzen [1].

Die Schriftbelege am Rande haben sich in dieser neuen Bearbeitung derart gemehrt, daß sie beinahe die Zahl 2000 erreichen. Aus den 400—500 Väterzeugnissen sind nun ungefähr 1200 geworden. Die Namen der Väterschriften sind genauer angegeben, manche Werke der Väter auch ganz neu benutzt. Bei den Schriftstellen findet man neben dem Hauptstücke des heiligen Buches jetzt meist auch dessen Unterabtheilung [2]. Die Sprache ist feiner geglättet als früher, der Druck groß, ruhig, gefällig.

Man kann es nicht verkennen: die Kirchenversammlung von Trient, die auf so viele Gebiete kirchlichen Lebens so segensreich einwirkte, brachte auch dem Katechismus des Canisius neues Licht und höhern Werth.

Einige Seiten des Buches müssen wir noch näher besichtigen. Zunächst jene, auf welchen der Verfasser von der Kirche spricht. Glaubte Canisius, in seinem „verbesserten" Katechismus auch seine Lehre von der Kirche verbessern zu müssen? Der berühmte Doctor der Sorbonne Johann von Launoy hat sich mit dieser Frage beschäftigt. Dieser Gelehrte schrieb über die Gewalt des Papstes eine Reihe von Abhandlungen in Briefform. Dieselben wurden zuerst einzeln gedruckt, dann gesammelt und schließlich auch der Genfer Gesamtausgabe seiner Werke einverleibt. Canisius, so klagt Launoy in einem dieser Briefe [3], ist in seinem Katechismus bei Bestimmung des Wesens der Kirche anfänglich bei der Einfachheit der kirchlichen Ueberlieferung geblieben und hat mit den Alten schlicht und recht die Kirche als die Versammlung der „Gemeinde aller Christgläubigen" aufgefaßt. Später, bei der Neubearbeitung seines Religionshandbuches, hat er die alte Begriffsbestimmung „interpolirt", hat, über die Regeln der Denklehre, den Gehorsam gegen den Papst in dieselbe hinein-

---

[1] De iustificatione doctrina universa, libris XV absoluta tradita . . . authore R. P. et praestanti Theologo Andrea Vega Hispano, Magistro Salmanticensi .. (Coloniae 1572). 2°. 867 Seiten und am Anfange 23 nicht gezeichnete Blätter inkl. Titelblatt. Sehr lange, gelehrte Vorrede von Canisius.

[2] Canisius hielt sich hier an die Siebentheilung jedes Hauptstückes durch die sieben ersten Buchstaben des Alphabetes, wie sie Cardinal Hugo vom hl. Carus im 3. Jahrhundert eingeführt hatte, und wie sie jetzt noch in Brevier und Meßbuch zu sehen ist. Die heutige, zuweilen unerquickliche Versteilung rührt bekanntlich von dem Pariser Buchdrucker Robert Etienne her und wurde zuerst im Jahre 1555 für die ganze Heilige Schrift von ihm in Anwendung gebracht.

[3] Schreiben an Nikolaus Gastineau, Paris, 22. Juli 1673. *Joannis Launoii Opera omnia.* V, P. 2 (Coloniae Allobrogum 1731), 684—696.

Erster Abschnitt. Der große Katechismus.

gestickt¹. Gehen wir nun auf die Quellen zurück! Befragen wir den Katechismus selbst! In der ersten Fassung desselben erfolgt auf die Frage, was der neunte Glaubensartikel uns lehre, die Antwort: „Dieser weist uns hin auf die Kirche, das ist die Versammlung aller Christgläubigen, für welche Christus in seinem Fleische alles gethan und gelitten, und zwar zeigt dieser Artikel, daß sie fürs erste eins sei im Glauben" ꝛc. Vom hl. Petrus und seinen römischen Nachfolgern ist hier wirklich keine Rede!² Doch man braucht nur etwas weiter zu blättern, und man liest: „Was ist denn die Kirche?" Also eine Frage, welche ausdrücklich und ausschließlich die Begriffsbestimmung der Kirche verlangt! Schon in seiner allerersten Ausgabe giebt hier der Katechismus die Antwort: „Die Kirche ist die Gesamtheit aller, die Christi Glauben und Lehre bekennen, welche (Gesamtheit) jener oberste aller Hirten dem Apostel Petrus sowie dessen Nachfolgern übergeben hat, damit sie dieselbe weiden und leiten." Unter den Belegen am Rande³ findet man die Stellen der Evangelien von Matthäus und Johannes, an welchen Christus dem Petrus die Schlüssel des Himmelreiches verheißt und ihn zum Hirten seiner Herde bestellt. Auch auf die allgemeine Kirchenversammlung von Florenz ist verwiesen; diese bezeichnete bekanntlich den römischen Papst als das Haupt der ganzen Kirche, den Statthalter Christi, den Vater und Lehrer aller Gläubigen⁴.

Im Jahre 1566 treffen wir gleich vielen andern Fragen unseres Katechismus auch diese beiden erweitert und näher erläutert. Hatte Canisius zuerst sich begnügt, bei Erklärung des Wesens der Kirche auf deren obersten Hirten, den Papst, ausdrücklich hinzuweisen, so mußte nun auch die Frage über den neunten Glaubensartikel ihm dazu dienen, diese Wahrheit einzuschärfen⁵. Die Begriffsbestimmung der

---

¹ Von Launoy hat auch Michael Ignaz Schmidt sich belehren lassen. Daß in dem Katechismus des Canisius, schreibt er, „auch die Definition der Kirche entweder vom Canisius selber oder von einem andern geändert worden sei, hat Launoy angemerkt". „Katechist" (Bamberg und Würzburg 1785), 586. Aehnlich M. Feder, Geschichte des Katechismuswesens im Wirzburger Bißthume (Heilbronn und Rothenburg a. d. T. 1794), 17 A*. Mit Wohlbehagen genießt Johann Christoph Harenberg die Entdeckung des papstfeindlichen Sorbonnisten. „Canisius und seine Spießgenossen", meint er, „haben sich einer Reformation in der Lehre unterzogen, da sie doch die Reformation dieser Art haßten." Pragmatische Geschichte des Ordens der Jesuiten, 2. Thl. (Halle und Helmstädt 1760), 2147.

² Summa, editio princeps, fol. 10.

³ „1 Kor. 12. 1 Petr. 5. Joh. 21. Matth. 16." Die erste Belegstelle ist 1566 in „1 Kor. 13. b" verbessert.

⁴ Summa, editio princeps, fol. 43ᵃ. Ebenso z. B. Summa (Coloniae 1560), 61. Auch die 1558 bei Johannes Withagius zu Antwerpen gedruckte Ausgabe erwähnt bei der Frage über die Kirche ausdrücklich die Nachfolger des hl. Petrus; ebenso die ein Jahr früher ebenda bei Cock erschienene niederdeutsche Uebersetzung („Die heilige kerck is een ghemeynschap ... welcke der prince der pastooren" ꝛc.). Die beiden letztern Ausgaben besitzt die Universitätsbibliothek zu Löwen. Die lateinische Antwerpener Ausgabe von 1557, welche Launoy anführt, habe ich nirgends ausfindig machen können. Doch läugne ich ihr Dasein nicht.

⁵ „Quid addit articulus nonus, Credo Ecclesiam sanctam Catholicam? Ostendit Ecclesiam, id est, cunctorum Christi fidelium visibilem congregationem, pro qua *Dei filius hominis natura suscepta*, cuncta et fecit et

7. Der große Katechismus nach seiner Verbesserung durch Canisius.

Kirche hat Canisius bei Umarbeitung seines Katechismus nicht geändert; er hat sie so beibehalten, wie er ursprünglich sie geboten [1]. Die ganze Neuheit des Jahres 1566 liegt darin: Der Katechet begnügt sich nicht mehr damit, mit dürren Zahlen am Rande auf die Schrift- und Väterstellen hinzubeuten, welche die oberste Gewalt der Nachfolger Petri bezeugen; er läßt nun die Väter selber reden. Bemerkenswert ist eines: Der hl. Thomas hatte neben den zweifellos echten Schrift- und Väterstellen auch die unechten Cyrillstellen des „Thesaurus" für den Papst ins Treffen geführt [2]. Auch Bellarmin rief sie noch an, wenn auch mit einigem Vorbehalte [3]. Man hat oft genug auf diese „Fälschung" hingewiesen. Canisius wußte den Papst auch ohne „Thesaurus" zu retten.

Schwerer dürfte es sein, den Gallikaner Launoy zu retten. Daß Canisius von Anfang an dem Wesen der Kirche eine eigene Frage gewidmet und diese stets in gleicher Weise beantwortet hat, das hat der „Kritiker" verschwiegen. Auf den Beweis „aus dem Schweigen", den sogen. „negativen Beweis", hielt Launoy große Stücke. Er hat eine eigene Schrift zu dessen Lob verfaßt. Zu der Zeit der vaticanischen Kirchenversammlung bildete Launoy eine willkommene Fundgrube für die Gegner der päpstlichen Unfehlbarkeit. Auch später noch schöpften sie aus diesem Brunnen.

Während der Unfehlbarkeitsstürme erschien auch eine eigene Arbeit mit dem Titel: „Ist der Papst persönlich unfehlbar? Aus Deutschlands und des P. Deharbe Katechismen beantwortet." [4] Der Verfasser behauptet, in den Katechismen des Canisius könne auch nicht „eine Spur entdeckt werden", „daß das kirchliche Bewußtsein damaliger Zeit eine persönliche und alleinige höchste Lehrautorität der Päpste gekannt habe". Wirklich hat denn auch unser Christenlehrer in seinem Katechismus vom Jahre 1555, der doch des Papstes oberste Regierungsgewalt schon so unumwunden darlegt, die Lehre von der päpstlichen Unfehlbarkeit nicht ausdrücklich vortragen wollen. Jene Wahrheit war noch nicht in eine eigene, feierliche Glaubens-

---

pertulit: Eamque docet *primum* unam esse et consentieutem in fide fideique doctrina, et administratione Sacramentorum, quaeque sub uno capite suo Christo, unoque vices eius in terris gerente Pontifice Maximo regitur, ac in unitate conservatur." Summa (Coloniae 1566), fol. 19ª. Was ich gesperrt habe, fehlt in der Erstlingsausgabe gänzlich; an Stelle der cursiv gedruckten Worte hat sie: Christus in carne — primo.

[1] Summa, editio princeps, fol. 42ᵇ — 43ª:

Age vero, quid est Ecclesia? Ecclesia est omnium Christi fidem atque doctrinam profitentium universitas, quam Princeps ille Pastorum tum Petro Apostolo, tum huius successoribus pascendam tradidit, atque gubernandam.

Summa (Coloniae 1566), fol. 52ª:

Age vero, quid est Ecclesia? Ecclesia est omnium Christi fidem atque doctrinam profitentium universitas, quam Princeps Pastorum Christus, tum Petro Apostolo, tum huius successoribus pascendam tradidit, atque gubernandam.

[2] Opusculum contra errores Graecorum. Opera, XVII (Venetiis 1593), fol. 8ᵇ — 9ª.

[3] De Summo Pontifice l. 2, c. 15. (*Rob. Bellarminus*, De controversiis Christianae fidei I [Coloniae 1615], 249.)

[4] Sie findet sich in den „Stimmen aus der katholischen Kirche über die Kirchenfragen der Gegenwart" I (München 1870). Canisius daselbst behandelt S. 153—159.

entscheidung gefaßt. Ihr Glanz war eben damals stark verdunkelt, theilweise durch die Träger der Tiara selbst; man denke nur an Alexander VI.! Canisius schwieg, doch nicht lange. Das dritte Hauptstück des Katechismus enthält die Frage: „Wer sind denn die, durch welche uns der Geist Gottes in der Kirche die Wahrheit lehrt?" Der erweiterte und verbesserte Katechismus des Jahres 1566 weiß hier den Satz auf: „Ein schweres Verbrechen begehen jene, welche der geistlichen Obrigkeit so wenig Achtung und Gehorsam entgegenbringen, daß sie sogar wagen, deren Ansehen offen zu erschüttern und anzustreiten: jetzt wenden sie sich gegen die kirchlichen Verord= nungen der Päpste, die doch allezeit die oberste Gewalt besaßen, über heilige Dinge Entscheidungen zu treffen [1], dann wider die ehrwürdigen Bestimmungen der allgemeinen Kirchenversammlungen, welche nach dem Ausdrucke Augustins in der Kirche ein höchst heilsames Ansehen besitzen, dann wiederum gegen der Väter unzweifelhafte Aussprüche in Glaubenssachen, da doch deren einhelliges Zusammenstimmen ein festes Zeugniß für die christliche Wahrheit bildet." In Sachen der geoffenbarten Wahrheit sind also hier doch wohl die lehramtlichen Entscheidungen der Päpste so deutlich und kräftig, als es jene Zeiten erlaubten und forderten, in eine Reihe gestellt mit den Beschlüssen der allgemeinen Kirchenversammlungen und mit dem einmüthigen Zeug= nisse der Väter; ja die Päpste sind sogar an erster Stelle genannt. So der Ka= techismus in seiner zweiten, vollen, endgiltigen Ausgestaltung. „Katholisch jedoch", so hörten wir bereits Canisius selbst versichern, „ist auch die erste Fassung des Buches; die Lehre ist dieselbe; wer will, mag die erste Ausgabe auch fürder benutzen. Ich folge nicht meinem Sinne, sondern der übereinstimmenden Lehre der katholischen Kirche." Er ist also nur sich selbst treu geblieben, wenn er 27 Jahre später in seinen „Bemerkungen zu den festtäglichen Evangelien" mit so warmen Worten für die Unfehlbarkeit des Papstes Zeugniß ablegte [2]. Canisius, so lesen wir in jener Schrift über „Deutschlands und Deharbes Katechismen", „war der populärste und verdienteste Katechet der deutschen Katholiken im Zeitalter der Reformation". „Er war es, der mit seiner einfachen Redeweise das katholische Bewußtsein in Deutsch= land weckte und bildete."

Zu den Lieblingsgebeten des Katholiken gehört der Englische Gruß. Der= selbe endet in unserem Katechismus mit den lateinischen Worten: „Heilige Maria, Mutter Gottes, bitte für uns Sünder. Amen." [3] Auch in die erste Ausgabe hatte Canisius diese Schlußbitte schon aufgenommen [4]. Man hat den Versuch gemacht, dieselbe nach Canisius zu benennen, als ob er das Verdienst besäße, ihr Urheber zu sein. Diese Annahme ist entschieden unrichtig. Zwar pflegten die Gläubigen noch

---

[1] „Sacras summorum Pontificum sanctiones, penes quos de sacris defi- niendi suprema semper potestas fuit." Summa (Coloniae 1566), fol. 54ᵇ—56ᵃ.

[2] Notae in Evangelicas lectiones, quae per totum annum festis Sanctorum diebus in Ecclesia Catholica recitantur (Friburgi Helvetiorum 1593), 346—353. Vgl. auch De Maria Virgine incomparabili, l. 1, c. 5, p. 36.

[3] „Sancta Maria, mater Dei, ora pro nobis peccatoribus. Amen." Summa (Coloniae 1566), fol. 30ᵃ.

[4] Summa, editio princeps, fol. 20ᵇ—21ᵃ. Sie steht auch z. B. in der Kölner Ausgabe von 1560, 29. Hier wie dort endet der erste Theil des Gebetes mit „Jesus Christus"; im Kölner Drucke von 1566 dagegen heißt es wie heute: „Jesus". Ebenso in der lateinischen Ausgabe des mittlern Katechismus von Canisius, welche 1561 zu Wien erschien, fol. 12ᵇ.

7. Der große Katechismus nach seiner Verbesserung durch Canisius.

In den ersten Jahrzehnten des 16. Jahrhunderts den Englischen Gruß mit den Worten der Elisabeth und dem Namen des Heilandes zu beschließen, ohne eine andere Bitte beizufügen, als: „Amen", „Es geschehe!" Aber es hat doch schon der hl. Bernhardin von Siena, der im Jahre 1444 starb, den Englischen Gruß ganz ebenso geschlossen wie Canisius. Die Kartäuser nahmen diese Schlußbitte schon im Geburtsjahre unseres Seligen in die Pariser Ausgabe ihres Brevieres auf, und man begegnet ihr in den Beschlüssen der Kirchenversammlung, welche zu Narbonne vier Jahre vor dem ersten Erscheinen unseres Katechismus gefeiert wurde. Auch die jetzt gebräuchlichen Schlußworte „jetzt und in der Stunde unseres Todes. Amen" finden sich, das Wörtlein „unseres" ausgenommen, schon im Jahre 1514 in den Brevieren der Mercebarier und der Camalbulenser, ja auch schon in einer Verordnung des Mainzer Erzbischofes Berthold von Henneberg vom Jahre 1493 und wahrscheinlich sogar noch früher[1]. Im Jahre 1568 schenkte der heilige Papst Pius V., Mitglied des Predigerordens, der Kirche seine Neuausgabe des Breviers. Dasselbe bot den Englischen Gruß ganz in der heutigen Fassung und verlieh damit jenen Schlußworten für das streng gottesdienstliche Gebet die Kraft allgemeiner Verbindlichkeit. Nun begann auch in den Katechismen des Canisius eine Aenderung sich bemerklich zu machen. Die Dilinger Ausgabe der „Summe" vom Jahre 1571 enthält bereits die Schlußformel von Pius V.[2] Ebenso der lateinische Auszug des großen Katechismus, welcher ebendaselbst ein Jahr später erschien[3]. Schon etwas früher, im Jahre 1569, hatte des Canisius Ordensbruder Peter Busäus unter lebhafter Zustimmung des Dieners Gottes dessen großen Katechismus mit wörtlicher Anführung aller Belegstellen aus Schrift und Vätern herausgegeben und dabei dem Englischen Gruße den heutigen Schluß angefügt[4]. Binterim meint, der Katechismus des Canisius habe durch seine große Verbreitung dazu beigetragen, diese Worte in den Volksgebrauch einzubürgern[5]. Jedenfalls vollzog sich die Eingewöhnung nicht allzu rasch. Noch am 30. September 1569 schreibt der Wiener Jesuit Michael Poldt in dem Jahresberichte seines Collegiums[6]: „Bei der Christenlehre in der Ordenskirche läßt man das Vaterunser, Gegrüßet seist du, Maria u. s. w. von den Knaben und Mädchen am Anfang und am

---

[1] Diese Angaben entnehme ich der außerordentlich gehaltvollen und lehrreichen „Geschichte des Englischen Grußes" von P. Thomas Esser O. P., im „Historischen Jahrbuch der Görres-Gesellschaft" V (München 1884), 88—116. Einiges über diesen Gegenstand in The Ecclesiologist No. 1 (London 1888), 15. Vgl. auch die zwei Glossenlieder über den Englischen Gruß in den Analecta hymnica medii aevi, herausgegeben von P. G. M. Dreves S. J., I (Leipzig 1886), 50—51.
[2] Summa (Dilingae 1571), fol. 22ª.
[3] Institutiones Christianae pietatis seu parvus Catechismus Catholicorum. Authore *Petro Canisio* Societatis Jesu Theologo. Dilingae excudebat *Sebaldus Mayer*. 1572 (16º), fol. 9ᵇ—10ª. Staatsbibliothek zu München. Auch zu Graeten.
[4] Authoritatum Sacrae Scripturae et Sanctorum Patrum ... pars prima (Coloniae 1569), 184. Näheres über das Werk später. Merkwürdig bleibt dabei, daß Canisius in der ausführlichen Vertheidigung des Englischen Grußes, welche er seinem großen Werke über die seligste Jungfrau eingegliedert hat, nur die kurze Schlußbitte erwähnt, ohne die Worte „jetzt und in der Stunde unseres Todes" zu berücksichtigen. De Maria Virgine incomparabili, l. 3, c. 9, p. 271.
[5] Denkwürdigkeiten der Christ-Katholischen Kirche VII, 1. Thl. (Mainz 1831), 129.
[6] * Litterae annuae collegii Viennensis. Lateinische Urschrift.

Ende mit lauter Stimme sprechen, und man versäumt nicht, jene katholischen Schluß=
worte beizufügen, an welche die deutschen Ohren sonst nicht gewohnt sind: „Heilige
Maria, Mutter Gottes, bitte für uns Sünder." [1]

8. Neue Angriffe, und Erwiderung im Katechismus.

Zum erstenmal war des Canisius großer Katechismus im Jahre 1555
erschienen. Im nämlichen Jahre war zu Augsburg der sogen. Religionsfriede
zwischen Katholiken und Lutheranern geschlossen und von eben jenem Ferdinand
besiegelt worden, der den Katechismus ins Leben gerufen und mit seinem
Königswappen geschmückt hatte. Ein ähnliches Zusammentreffen bezeichnet das
Erscheinen des verbesserten Katechismus. Auch im Jahre 1566 waren die
Stände des Reiches wiederum zu Augsburg versammelt; zu den brennenden
Fragen gehörte die des Religionsfriedens; so viele Rechte der Kirche derselbe
auch hingab, in jener Nothlage hielten es die meisten Katholiken für nöthig,
daß er unangetastet bleibe, ja in gewissem Sinne bekräftigt werde. Aber
Pius V. war nicht wenig geneigt, Verwahrung einzulegen und den Cardinal
Commendone, seinen Legaten, vom Reichstage abzuberufen. Daß des Papstes
Sinn sich änderte, der Bruch vermieden, der Friede gewahrt wurde, das war
zu einem guten Theile das Werk des Verfassers unseres Katechismus [2].

Der Geist des Friedens durchweht den Katechismus des Jahres 1566.
Der Christenlehrer hatte es sich versagt, die Angriffe seiner Gegner mit
gleichen Waffen zurückzuweisen. Sie hatten der Welt verkündet, das Buch
lehre eine heidnische Gerechtigkeit, es thue den Verdiensten des Erlösers
Abbruch. Canisius antwortete, indem er die Kraft des Blutes Christi
und die Unentbehrlichkeit seiner Gnade noch öfter und kräftiger hervorhob.
Seine Widersacher vermochte er damit keineswegs zu versöhnen.

Die reußischen Prediger wiederholten in ihrer Bekenntnißschrift
vom Jahre 1567 die Vorwürfe, welche Flacius und Heßhusius gegen den
Katechismus geschleudert [3].

Zwei Jahre danach richtete Lucas Osiander, lutherischer Pre=
diger zu Stuttgart, wider den großen Katechismus des Canisius und den
Auszug aus demselben seine „Warnung vor der falschen Lehr und
pharisäischen Gleisnerei der Jesuiter" [4].

---

[1] Ueber den Zusatz zum Englischen Gruße: „Unbefleckte Jungfrau", welchen
108 Väter der vaticanischen Kirchenversammlung beantragten, siehe Acta et decreta
Concilii Vaticani. Collectio Lacensis VII (Friburgi Brisg. 1890), 873.

[2] *Jac. de Laderchio*, Annales Ecclesiastici, XXII (Romae 1728), 129—134.
Rieß, Canisius, 356—357.

[3] Die Schrift wurde auch 1599 und 1609 gedruckt, und zuletzt von Köcher a. a. O.
284—287.

[4] Warnung, | Vor der falschen | Lehr, vnd Pharisei | schen Gleißnerey | der Je=

8. Neue Angriffe, und Erwiderung im Katechismus.

„Der leidig Satan", meldet Osiander, „hat einen neuen Orden gestiftet, „nämlich die neuen Pharisäer und Heuchler", die sich Jesuiter oder aus der Gesellschaft Jesu fälschlich nennen. Diese Gleisner haben einen „sondern geschwinden Griff" gelernt; er besteht darin, daß sie der „Evangelischen Wort und Reden als ihre eigne sehr viel gebrauchen". Aber sie meinen dieselben anders, ähnlich wie es ehedem die Arianer gethan. Die päpstlichen Irrthümer färben sie mit den glimpflichsten Worten [1]. Damit nun „einfältige, gutherzige Leut durch diese listige Füchs oder vielmehr reissende Wölf" nicht auf den Glauben gebracht werden, „der Jesuiter Lehr wäre besser und reiner dann der andern Papisten und derwegen wohl anzunehmen", will Osiander den Beweis erbringen, „daß durch die listigen Jesuiter eben der vorig päpstisch Teufel in die christliche Kirch — gleichwohl in einer andern jesuitischen Kleidung — sich einzubringen unterstehe, der zuvor mit dem geistlichen Schwert des göttlichen Worts aus dem Tempel Gottes ausgetrieben worden" [2]. Seine Beweisstücke entnimmt der Stuttgarter Prediger dem Katechismus des Canisius. Denn dies Buch schließt alle Hauptlehren der Jesuiten in sich. Man sieht aus demselben, daß der Teufel die Jesuiten „ganz und gar eingenommen hat". Sie üben „gräulichen Muthwillen und Tyrannei" an der Kirche Gottes. Sie sollten nicht Jesuiter heißen, sondern „Jesuwider, Jebusiter, Esauiter, Jesabeliter heißen und sich nennen, die von der Gesellschaft der Propheten Jesabel, das ist der Baalspfaffen, oder von der Gesellschaft der Pharisäer, Samariter und anderer solchen Teufelsapostel, deren Gott ihr Bauch ist und ihr Ehr zu Schanden wird" [3].

Um recht bald die Jesuiten „zu Schanden" zu machen, hetzte Flacius Illyricus auch die Lutheraner von Frankfurt am Main gegen den verhaßten Orden. „Was thut ihr", schrieb er am 3. Januar 1569 an den dortigen Prediger Hartmann Beyer, „wider die Jesuiten und die Schwenkfeldisten? Seid wachsam und habt acht auf euch und auf eure ganze Herde. Ihr werdet jenem gewaltigen Richter Rechenschaft ablegen müssen." In einem andern Schreiben läßt er durch Beyer einen Frankfurter Magister ermahnen, er möge tapfer voran arbeiten an seiner Schrift gegen die Jesuiten. „Was bereitet ihr vor gegen die Jesuiten?" heißt es in einem dritten Schreiben an Beyer, und ein viertes endet mit den Worten: „Was schreibt aber ihr gegen die Jesuiten, oder was predigt ihr wider sie? Lebt wohl im Herrn Jesu und betet auch für mich!" [4] Auch die Straßburger Lutheraner schreckte Flacius mit Jesuitengespenstern [5].

---

suiter. | Lucas Osiander, D. Prediger | zu Stuttgarten bey Sanct | Lienhart. | Getruckt zu Tübingen, bey | Ulrich Morharts Wittib. | M.D.LXIX. 4°. 146 Seiten.

[1] Warnung S. 1—3.   [2] Warnung S. 9.
[3] Warnung S. 69—70. 131—141.
[4] *Bei den drei letzten Briefen ist das Jahr nicht angegeben. Alle vier sind eigenhändig und meines Wissens ungedruckt. Die zwei Lebensbeschreiber des Flacius, Ritter und Preger, haben sie nicht herausgegeben. Sie liegen in der Stadtbibliothek zu Frankfurt am Main.
[5] Das zeigt der lateinische Brief Marbachs an Matthias Ritter vom 1. De-

Nicht minder thätig erwies sich des Illyricus alter Kampfgenosse Johannes Wigand. „Auf Bitte und Ermahnung vieler Christen", wie er versicherte, gab er im Jahre 1570 zu Jena seine Sturmschrift gegen den Katechismus des Canisius von neuem heraus, und zwar in größerer Form und mit dem neuen Titel: „Warnung vor dem Catechismo Doktoris Canisii, des großen Jesuwibers. Daraus die Ungründe päpstlicher Lehre zu erkennen."[1]

Wiederum liest man die alten Entstellungen des Cölibates. Wiederum wird das Sacrament der letzten Oelung — „die letzte Schmiere" nennt es Wigand — verspottet und verlästert[2].

Wigands[3] Buch erschien, wie es scheint, zu gleicher Zeit auch in Basel, aber in kleinerer Gestalt und vielleicht auch mit anderem Namen[4].

Angespornt durch solche Beispiele, versuchte sich im Jahre 1570 auch noch Magister Johannes Gripheus mit einer „Widerlegung des Catechismi Doktoris Canisii, welcher zu Dillingen im 1570. Jahr wider Christ, der Aposteln und Altväter Lehr ausgangen ist"[5].

Als wäre dies alles noch zu wenig, zog endlich in diesem selben Jahre 1570 auch noch Flacius Illyricus selbst sein Schwert wider das Papstthum und den päpstlichen Katechismus der Jesuiten. Er bot der Welt die deutsche Schrift: „Etliche hochwichtige Ursachen und Gründe, warum daß sich alle Christen von dem Antichrist und allem seinen Gräuel oder Verwüstung auf's Erst absondern sollen, sammt etlichen andern nützlichen und heilsamen Schriften und Unterrichten."[6] Ein großer Theil des Buches wendet sich unmittelbar gegen den Katechismus von Canisius.

Dieser Katechismus war damals in tausend und abertausend Händen; er verkündete in hellen Klängen den Preis des Kreuzes Christi, die Kraft des Christusglaubens

---

cember 1567, bei Joh. Balth. Ritter, M. Matthiae Flacii Illyrici, Ehemals berühmt- und gelährten Theologi in Teutschland Leben und Tod (2. Aufl., Frankfurt am Main und Leipzig 1725), 170—172.

[1] 4⁰. 80 Blätter und außerdem am Anfange 10 nicht gezeichnete Blätter einschl. Titelblatt.

[2] Bl. 28ᵇ. 55ᵃ—58ᵃ.

[3] Wie streitsüchtig Wigand gegen seine eigenen Glaubensgenossen war, zeigt Nik. Heinr. Gundling, Vollständige Historie der Gelahrtheit, 2. Thl. (Frankfurt und Leipzig 1734), 2442—2444.

[4] Joannis Wigandi Wiederlegung des Katechismi Canisii (Basel 1570). 12⁰. So *Paquot*, Mémoires pour servir à l'histoire littéraire des dix-sept provinces des Pays-Bas etc. III (Louvain 1770), 189. Aus Paquot scheinen De Backer und Sommervogel geschöpft zu haben.

[5] Angeführt bei De Backer I, 1064, und bei Sommervogel II, 066.

[6] 12⁰. 80 nicht gezeichnete Blätter. Druckort nicht genannt.

8. Neue Angriffe, und Erwiderung im Katechismus.

und der Erlösergnade[1]. Doch Illyricus, krank von Jesuitenfurcht[2], trunken von Jesuitenhaß, sah nicht und hörte nicht. „In dem jesuitischen Catechismo," schreibt er, „da man von den fürnehmsten Hauptartikeln handelt, als wie ein Mensch seiner Sünde los wird, item, was doch die christliche Gerechtigkeit sei, dadurch ein Mensch gerecht und selig werde, allda, sage ich, wird keines von den zweien hochnöthigen Stücken und Wohlthaten Gottes dem Blut oder Verdienst Christi zugerechnet, sondern beides nur unsern guten Werken. Denn dieselbigen gottlosen Verführer", die Jesuiten, „in gedachtem ihrem fürnehmsten Alkoran erzählen viel Wege und Weise, wie man der Sünden los wird. Aber daß wir durch das Blut Christi von Sünden abgewaschen werden, wissen sie, die armen philosophischen blinden Leiter, gar nicht."[3] „Seind das nicht seine Jebusiten und Aposteln des römischen Antichrist? . . . Ist's nicht billig, daß man auf ihre Anhetzung die armen Christen und getreuen Unterthanen auf's Grausamst verfolge, plage und marter mit also Jedermann mit Feuer, Schwert und Wasser zu ihrer heidnischen, jüdischen und türkischen Gerechtigkeit, Abwaschung der Sünden und Alkoran zwinge? Und zuvor aus, daß man die edle Jugend mit solchem ihren tatterischen und zigeunerischen Katechismus verführe?"[4] „Sie sind freilich die neue Frösche, so der Antichrist ausgespeiet, wie in Apokalypsi stehet, und die Heuschrecken, so dasselbig Buch weissaget, daß sie zur Zeit des Antichrists aus dem Abgrund der Höllen herauskriechen und Alles in der Welt, ja auch in der Kirchen selbsts, beschmeißen und verunreinigen werden."[5] „So müssen je das die allergrößte und gräulichste Blindheit, überteuflische Unsinnigkeit, pharaonische Verstockung und die endliche Strafe und Zorn Gottes sein, daß man in solchem grossen und hellen Licht, das nunmehr aus sonderlichen Gnaden Gottes leuchtet, darf die christliche Religion, die heilige Schrift und das Wort Gottes, ja Christum selbst so gar zu nichten machen und mit Füssen treten, wie diese gotteslästerischen Jesuiten in öffentlichen Schriften jetzt auf's Kühnest und Unverschämtest vor der ganzen Welt thun dürfen."[6]

Neben diesen Angriffen auf seinen Orden und seine Lehre mußte Canisius auch persönliche Verdächtigungen und Verleumdungen erfahren. Melanchthon hatte ihn schon im Jahre 1556 unter jene Gelehrten gezählt, die „wider eigen Gewissen die erkannte Wahrheit verfolgen"[7]. Ein Jahr später waren Canisius und Melanchthon beim Religionsgespräche von Worms als Wortführer der beiden Theile hart aneinander gerathen.

---

[1] Vgl. S. 37. 38. 65—67. 83. 84.
[2] Im Jahre 1566 gerieth der arme Mann einmal zu Mainz durch ein paar Jesuiten in Todesangst. Preger a. a. O. II, 280.
[3] Etliche hochwichtige Ursachen 2c., Bl. G 7. [4] Bl. K 6 b—K 7 b.
[5] Bl. C 4. Die Jesuiten sind nicht die einzigen, welche von Flacius hier geschmäht werden. Er spricht von „Sankt Franziskus mit seinen fünf erlogenen Wunden und Dominikus sammt andern Teufelsböcken", von „gottlosem Narrenwerk" bei Spendung der heiligen Sacramente, nennt das Altarssacrament der katholischen Kirche ein „Oblivional oder Vergeßzeichen Christi" u. s. w. Bl. F b. G 3 a—G 6 a.
[6] Bl. C 7 b.
[7] In der an Markgraf Johann von Brandenburg gerichteten Widmung des achten Theiles der Wittenberger Ausgabe von Luthers deutschen Werken. Corpus Reformatorum VIII, ed. *Bretschneider* (Halis Saxonum 1841), 688—689.

Balb banach erzählte man sich in Sachsen, nach jenem Zusammenprallen mit Melanchthon habe Canisius die Kanzel bestiegen, sei aber plötzlich verstummt und habe vor den Augen seiner Zuhörer die Seele ausgehaucht[1]. Noch erschütternder klang die Kunde, welche im Jahre 1568 zu Würzburg in Wort und Schrift über Canisius ausgesprengt wurde. Dieselbe lautete dahin: Canisius sei protestantisch geworden. Sie fand Glauben. Man sprach bereits von einigen Predigten, in welchen er seinen Austritt aus der katholischen Kirche öffentlich erklärt habe. Dieselben, hieß es, seien auch dem Kaiser eingesendet worden. Das fränkische Volk begann an den Würzburger Jesuiten irre zu werden. Der Fürstbischof wandte sich durch den Rector des Collegiums an Canisius selbst. Dieser erschien persönlich und predigte, um die Verleumbung Lügen zu strafen, am Weißen Sonntag im Dome und an einem der folgenden Tage an einem Ort auf dem Lande, in Gegenwart einiger Herren, die man für die Hauptschmiede dieser Märe hielt. Der Bischof hatte sie eigens zu diesem Zwecke dorthin beschieden[2].

Nun wollte aber Canisius auch mit der Feder wider seine Angreifer sich vertheidigen. Nicht als ob er an eine eingehende wissenschaftliche Widerlegung gedacht hätte. Das hieße unter diesen Umständen Zeit verlieren, schrieb er an den Rector des Kölner Collegiums[3]. Die gleiche Ueberzeugung sprach er später auch öffentlich aus[4]. Aber daß der große Christenlehrer nicht abgedankt, der Theologe der Trienter Kirchenversammlung nicht zum Evangelisten des Lutherthums geworden, daß der Sohn des Ignatius mit unentwegter Treue zum Stuhle Petri stand, das sollte nicht Würzburg bloß, das sollte alle Welt erfahren, und gerade der Katechismus sollte der Herold sein, der mit tausend Zungen dieses Glaubensbekenntniß seines Meisters nach allen Winden hinausrief. Gerade in jenen Tagen, gegen Anfang des Jahres 1571, ward in der trefflichen Universitätsbuchdruckerei zu Dillingen eine neue Ausgabe des Buches vorbereitet[5]. Canisius fügte

---

[1] *Sacchinus*, De vita Canisii, 133—134.

[2] * Lateinischer Jahresbericht über das Würzburger Collegium, Würzburg, 10. September 1568, verfaßt von Petrus Peraxylus S. J. Ich gebe diese Nachricht ausführlicher, weil die Lebensbeschreiber das Ereigniß oder doch manche von dessen Einzelheiten nicht berührt haben.

[3] * Canisius an Kessel, München, 2. October 1566. Lateinischer Brief in neuer Abschrift.

[4] Summa (Dilingae 1571) [siehe unten], fol. A 3—A 4.

[5] SVMMA | DOCTRI- | NÆ CHRISTIA- | NAE PER QVAESTIO- | NES CATECHISTICAS LVCVLEN- | TER TRADITA, MVLTIS IN LO- | CIS

8. Neue Angriffe, und Erwiderung im Katechismus.

ihr unter der Aufschrift „Bekenntniß des Verfassers" eine feierliche — man möchte sagen: gepanzerte — lateinische Erklärung bei, welche fortan Jahrhunderte hindurch in den Neudrucken des Katechismus wiederkehrt[1]. Das Stück ist wie ein Marmorstein, in welchen der Apostel Deutschlands den Wahlspruch seines Lebens, das Grundgesetz seines katechetischen Wirkens klar und scharf hineingemeißelt hat. Es lautet:

Ich bekenne dir, Vater, Herr des Himmels und der Erde, mein Schöpfer und Erlöser, meine Kraft und mein Heil! Von meiner Kindheit an hast du nicht aufgehört, mit dem heiligen Brode deines Wortes mich zu ernähren und mein Herz zu stärken. Damit ich nicht umherschweife mit den verirrten, hirtenlosen Schafen, hast du mich in das Haus deiner Kirche aufgenommen, darin erzogen, bewahrt und durch jene Lehrmeister und Hirten unterwiesen, in welchen nach deiner Vorschrift alle die Deinen dich selbst hören und deiner Stimme folgen müssen. Ich bekenne mit dem Munde zum Heile alles, was mit dem Herzen zur Gerechtigkeit von den rechtgläubigen katholischen Christen geglaubt wird. Luther kenne ich nicht. Calvin verwerfe ich. Allen Sectirern sage ich Anathema. Ich will mit denen nichts gemein haben, die nicht ein und dasselbe lehren und annehmen und nicht die gleiche Glaubensregel einhalten mit der einen, heiligen, katholischen, apostolischen und römischen Kirche. Wenn aber Einer Christo Gehör schenkt und nachfolgt, nicht allein wie er im geschriebenen Worte lehrt, sondern auch wie er auf den allgemeinen Kirchenversammlungen entscheidet, auf Petri Lehrstuhl die Wahrheit verkündet und in den Kirchenvätern Zeugniß ablegt, so will ich mit ihm in inniger Gemeinschaft stehen. Seinen Glauben nehme ich an; seiner Religion folge ich; seine Lehre heiße ich gut. Andere lästern, verachten, verfolgen die römische Kirche und verwünschen sie als das Reich des Antichrists. Ich aber bekenne mich als ihren Bürger. Von ihrem Spruche weiche ich auch nicht einen Finger breit ab. Um für sie Zeugniß abzulegen, will ich gerne mein Leben opfern und mein Blut vergießen. Nur in der Vereinigung mit ihr werde ich und

---

LOCVPLETATA, ET PO- | STREMO RECO- | GNITA. | AVCTORE D. PE- | TRO CANISIO SOCIE- | TATIS IESV THEO- | LOGO. | IN VSVM SCHOLA- | RVM INCLYTAE BA- | VARIAE. | DILINGÆ | Excudebat Sebaldus Mayer. M. D. LXXI. Kl. 8°. 202 Blätter und außerdem am Anfange acht (einschl. Titelblatt) und am Ende fünf nicht gezeichnete Blätter. Eine schöne Ausgabe, auf kräftigem Papier, mit großem, scharfem Drucke. Bibliothek zu Graeten. Auch in den Bibliotheken des Benediktinerklosters St. Stephan zu Augsburg und des Franziskanerklosters zu München.

[1] Das „Bekenntniß" erscheint auch schon in der ersten Auflage des lateinischen Werkes über Johannes den Täufer, welches Canisius gleichfalls im Jahre 1571 herausgab (Commentariorum de Verbi Dei corruptelis liber primus etc. [Dilingae 1571]). Aber während die Widmung des Katechismus vom 27. Januar datirt ist, schrieb Canisius die Widmung des Johannesbuches an Erzherzog Ferdinand erst am 1. August, und den Privatbrief, mit welchem er das Werk dem Fürsten übersandte, erst am 25. September. Der Katechismus ist also älter.

werden andere aus Christi Verdienst und den Gaben des Heiligen Geistes das Heil schöpfen: das ist mein Vertrauen und meine feste Ueberzeugung. Mit Hieronymus sage ich es frei heraus: Wer zum Stuhle Petri hält, der ist mein Mann. Mit Ambrosius begehre ich der römischen Kirche in allen Stücken zu folgen. Mit Cyprian bekenne ich ehrfurchtsvoll, daß sie der katholischen Kirche Wurzel und Grundstock ist[1]. Ich will bei dem Glauben und der Lehre bleiben, in der ich als Knabe unterrichtet, als Jüngling bestärkt wurde, die ich als Mann gelehrt und bis auf diesen Augenblick nach meinen schwachen Kräften vertheidigt habe. Wenn ich übrigens bisher als katholischer Lehrer aufgetreten bin und auch künftig als solcher auftreten werde, so geschieht es nicht um eines zeitlichen Vortheiles willen; ich suche nicht irgend eines Menschen Gunst; ich handle nicht wider mein Gewissen. Das versichere ich, so wahr ich wünsche, daß du, o Gott, mir allezeit gnädig seiest! Was dieses Bekenntniß mir abzwingt, ist einzig und allein die Ehre deines Namens, die Kraft der erkannten Wahrheit, die Weisung der Heiligen Schrift, die einhellige Lehre der Väter, die Pflicht, für den Glauben vor meinen Brüdern Zeugniß abzulegen, die Hoffnung auf den Himmel und die Aussicht auf die Seligkeit, die dem aufrichtigen Bekenntnisse verheißen ist. Werde ich solchen Bekenntnisses halber verachtet, angegriffen, lächerlich gemacht, so erkenne und preise ich darin einen besondern Erweis deiner Gnade, o Gott! Da sehe ich ja, daß du mich um der Gerechtigkeit willen leiden lassest, was fürwahr der Antheil der Seligen ist. Andererseits versagst du mir — und das ist als ein großer Gewinn zu erachten — die Zuneigung derer, die deine Freunde nicht sein können, da sie deiner Kirche und der katholischen Wahrheit offen widerstreben. Aber verzeihe ihnen, Vater, verzeihe ihnen! Sie wissen nicht, was sie thun, oder sie wollen es nicht wissen; theils stehen sie unter des schändlichen Satans Bann, theils sind sie durch falsche Lehre verblendet. Diese Gnade aber, bitte ich, erhalte mir fortwährend: laß mich die lautere Beständigkeit und die beständige Lauterkeit, welche ich dir, der Kirche, der Wahrheit schulde, im Leben und im Tode ohne Unterlaß bewähren! Laß mich niemals deiner Liebe verlustig gehen! Laß mich Antheil haben an allen, welche dich fürchten und deine Gebote beobachten in der heiligen römischen Kirche. Ihrem Urtheile unterwerfe ich ebenso willig als ehrerbietig mich selbst und alle meine Schriften. So mögen denn deine unendliche Güte für mich lobpreisen und inständig anflehen alle Heiligen, welche die Kirche, die triumphirende im Himmel wie die streitende auf Erden, mit dem einen, unauflöslichen Bande des katholischen Friedens auf das festeste verbindet und zusammenfaßt. Du bist mir Anfang und Endziel alles Guten: Dir sei aus mir, durch mich und über mich Lob, Ehre und Verherrlichung in Ewigkeit."[2]

---

[1] Die Erstlingsausgaben der Werke über Johannes den Täufer (1571) und über die seligste Jungfrau (1577) lassen hier die Worte folgen: „In ihr lebte, wie Augustinus verkündet, allezeit der Vorrang des Apostolischen Stuhles."

[2] Cardinal Hosius, so berichtet Sacchini, ward nicht müde, dieses „Bekenntniß" zu bewundern und zu preisen. De vita Canisii, 270.

8. Neue Angriffe, und Erwiderung im Katechismus.

Das „Bekenntniß" war nicht der einzige Zuwachs, welchen der Katechismus im Jahre 1571 gewann: der Schatz von Schrift- und Väterstellen am Rande hat sich von neuem gemehrt.

Auch in spätern Jahren waltete über dem Buche das wachsame Auge und die allzeit bessernde Hand seines Meisters. Im großen und ganzen aber hat mit dem Jahre 1571 — oder vielmehr schon mit 1566 — die Geschichte seiner innern Entwicklung ihren Abschluß gefunden. Wir sprechen von der innern Entwicklung; denn aus diesem Katechismus sind auch andere Katechismen hervorgegangen.

Zweiter Abschnitt.
Der kleinste Katechismus.

1. Der kleinste Katechismus in lateinischer Sprache.

Luther gab im Jahre 1529 seinen großen Katechismus heraus; im nämlichen Jahre ließ er ihm den kleinen folgen. Der große mochte den Lehrern und Predigern als Leitfaden und Vorbild für ihre Christenlehren dienen; zum Auswendiglernen taugte er nicht. Den Kindern gab er darum seinen kleinen Katechismus in die Hand. Auch Canisius konnte bei seiner „Summe" nicht stehen bleiben. Sie war ein gefülltes Zeughaus für den Christenlehrer. Auch den höhern Klassen der Mittelschulen mochte es wohl schon leicht sein, das Werk zu verstehen und dem Gedächtnisse einzuprägen. Ein Buch für die Kleinen war es nicht. Canisius aber kannte und liebte auch die „zarte Jugend"; er fühlte sich auch ihr gegenüber als Schuldner. „Es liegt sehr viel", so schreibt er, „an dem ersten Unterrichte, den jemand empfängt. Die ersten Eindrücke lassen sich schwer verwischen, wie ein neues Gefäß lange den Geschmack und Geruch von dem behält, was man zuerst hineingegossen hat." [1]

Daß die „Summe" nicht der einzige Katechismus des seligen Canisius ist, daß er dies Werk später irgendwie verkürzt und zusammengezogen habe, darüber herrscht nur eine Stimme; es ist eben klar wie die Sonne. Ueber allem andern lagert seit langer Zeit ein unerquicklicher Nebel. Wie viele kleinere Katechismen hat Canisius neben dem großen verfaßt? Haben diejenigen recht, welche von dreien sprechen, oder die, welche zwei oder gar nur einen kleinen Katechismus anerkennen wollen? [2] In welcher

---

[1] De Maria Virgine incomparabili, l. 1, c. 13, p. 88.

[2] Daß Canisius zwei Katechismen verfaßt habe, den bekannten großen und einen kleinen, berichten Sacchini, Alzog, Gräffe, Hase, Hergenröther, A. Huber (Ge-

Sprache sind diese kleinern Katechismen ursprünglich geschrieben? Wann sind sie zuerst gedruckt? Wo und bei wem zuerst erschienen? Wie stellt sich der eine zum andern? Es herrscht hier soviel Schwankung und Zwiespalt der Meinungen, daß man sich fragen möchte: Wo sind wir? Stehen wir vor Druckwerken des 16. Jahrhundertes, oder blicken wir zurück auf Schriftgebilde aus der Zeit der Hieroglyphen und der assyrischen Keile?

Dies unerfreuliche Halbdunkel ist zum Theil die Strafe für die wissenschaftlichen Sünden so mancher Bibliothekare der Vergangenheit, die es unter ihrer oder ihrer Büchereien Würde gehalten, die armen, bescheidenen Katechismusbüchlein in ihre heiligen Hallen eintreten zu lassen; oder — und das ist noch unverzeihlicher — sie warfen, was ihre Vorfahren in die Sammlung aufgenommen, verächtlich über Bord; sie schufen Raum und Licht für neue Bücher, indem sie einen Theil der alten als werthlose Ware dem Untergang weihten. Mehr als einer von den noch vorhandenen handschriftlichen Bibliothekskatalogen des 16. und des 17. Jahrhunderts könnte gegen solche gelehrte Vandalen eine Art von Anklageschrift bilden, mit seinen Schulbüchern, Betbüchern, Gesangbüchern, die ehedem so schön nach Saal und Lade und Standort verzeichnet wurden und jetzt — spurlos verschwunden sind, um, vielleicht für ewige Zeiten, eine schmerzliche Lücke zu lassen in der Gelehrtengeschichte, in der Kunstgeschichte, in den Jahrbüchern des Schulunterrichts und der Buchdruckerei.

In unserer Verlegenheit kommt Canisius selbst uns zu Hilfe. Er löst vor allem die Zweifel über die Zahl seiner Christenlehrbücher. Seltsamerweise ist bis in die neueste Zeit fast allen Lebensbeschreibern und Bibliographen eine Stelle aus den Selbstbekenntnissen des Mannes entgangen, an welcher derselbe über seine Katechismusarbeiten sich ausspricht. Des Canisius gelehrter Ordensbruder und Hausgenosse Jakob Keller hat sie in das handschriftliche Leben unseres Christenlehrers auf-

---

schichte Oesterreichs IV [Gotha 1892], 145—146), F. X. Kraus, J. J. Ritter, V. Ph. Wolf, Zezschwitz u. a. Mousang (Katholische Katechismen ꝛc., 559—560) kennt drei Katechismen des Dieners Gottes; ebenso De Backer (I, 1062) und F. Probst (Geschichte der katholischen Katechese [Breslau 1886], 141—142). Auch Paquot (l. c. 188) nimmt deren wenigstens drei an. Doch läßt er, wie De Backer und Probst, es dahingestellt, ob der kleinste von Canisius selbst sei aus dem größern oder größten ausgezogen worden, oder ob ein anderer den Auszug besorgt habe. Die Vierheit der Katechismen ist vertreten von Reiser (Canisius als Katechet. 55), F. X. Schöberl (Lehrbuch der katholischen Katechetik [Kempten 1890], 211—213) und Knecht (a. a. O.); in lateinischer und in deutscher Sprache, sagen sie, habe Canisius je einen größern und einen kleinern Katechismus geschrieben. Auch Raber (l. c 59) spricht von vier Katechismen, aber in anderem Sinne: er nennt neben dem großen einen kleinen für die Studenten, einen ganz kleinen für Kinder und einen Bilderkatechismus.

genommen, welches er 15 Jahre nach dessen Tode verfaßt hat[1]. Canisius sagt hier von seiner „Summe": „Man mag dieses Buch den größern Katechismus nennen, um es besser unterscheiden zu können von dem kleinern und auch von dem kleinsten Katechismus. Diese zwei Büchlein habe ich nämlich zum Besten der ungebildeten Leute nach dem großen veröffentlicht."[2] Angesichts eines solchen Zeugnisses wird die landläufige Meinung von der Zweizahl der Katechismen beseitigt werden müssen.

Am verborgensten sind die Anfänge des „kleinsten" Katechismus. Moufang hat ihn neu gedruckt nach einem Mainzer Kirchenbuche vom Jahre 1599[3]. Reiser kann vor dem Jahre 1575 keine Ausgabe nachweisen[4]. Liest man Janssens Geschichte des deutschen Volkes, so möchte man die Abfassung des Büchleins in das Jahr 1575 oder wenigstens nicht vor 1559 setzen[5]. Ignatius Agricola dagegen, der Geschichtschreiber der oberdeutschen Ordensprovinz der Gesellschaft Jesu, läßt unsern Kinderfreund schon im Jahre 1550 zum Besten der ganz kleinen Schüler die „nothwendigsten Hauptstücke der christlichen Lehre" veröffentlichen[6].

In dieses Dunkel ist nun jüngst von Spanien her ein Lichtstrahl gefallen. Die neue Sammlung der Briefe des hl. Ignatius von Loyola bietet in ihrem letzten Bande ein lateinisches Schreiben, welches am 1. October 1555 von Jonas Adler, einem jungen Mitgliede des Wiener Collegiums, an P. Hieronymus Nadal nach Rom gerichtet wurde[7]. Adler[8] er-

---

[1] *Eine Abschrift aus dem 17. Jahrh. im Ordensbesitze, eine andere in der Universitätsbibliothek zu München. Canisius schrieb die „Bekenntnisse" in seinen letzten Jahren.

[2] „Potest hic liber maior Catechismus appellari, ut rectius discernatur a minore, imo et minimo, quos ambos libellos in gratiam rudiorum postea evulgavi." Ich habe auf diese Stelle aufmerksam gemacht in der Innsbrucker „Zeitschrift für Theologie" a. a. O. 729—730.

[3] Katholische Katechismen ꝛc., 613—622.   [4] A. a. O. 73.   [5] IV, 420.

[6] Historia Provinciae Societatis Jesu Germaniae Superioris I (Augustae Vindelicorum 1727), Dec. 1, n. 180, p. 21.

[7] Cartas de San Ignacio VI (Madrid 1889), 639—641.

[8] *In der „zweiten Matrikel" der Universität Ingolstadt (jetzt im Archive der Universität München, D. V, Nr. 3) findet man, daß „Jonas Adler aus München" am 2. April 1549 in Ingolstadt immatriculirt wurde. Von späterer Hand ist dazu bemerkt, er sei in der Folge Doctor der Gottesgelehrtheit und Pfarrer in Straubing geworden. Wahrscheinlich fühlte sich Adler zu Ingolstadt durch Wort und Beispiel des Professors Canisius zu der Gesellschaft Jesu hingezogen. Er scheint jedoch den Orden bald wieder verlassen zu haben, ohne Zweifel mit Erlaubniß der Obern. Gegen Anfang der sechziger Jahre predigte er am Hofe des Trierer Kurfürsten. Später wünschte er eine Predigerstelle in Salzburg zu erhalten, und Canisius empfahl ihn dem Erzbischofe in dem Schreiben, daß er am 17. Juni 1565 von Rom aus

1. Der kleinste Katechismus in lateinischer Sprache.

zählt hier: „Als Doctor Canisius nach seiner Rückkehr aus Augsburg wieder nach Prag eilte, um für die Ankunft unserer Mitbrüder in Schnelligkeit die nöthigen Vorbereitungen zu treffen, da ertheilte er mir neben andern Aufträgen, hochwürdiger Vater in Christo, auch diesen: Ich solle den Katechismus oder die christliche Lehre, welche in unserer Kirche die Schüler herzusagen pflegen, ins Italienische übersetzen und die Uebersetzung so bald wie möglich an Euer Hochwürden senden... Ich that, was ich konnte, und übersetzte den ersten Theil, eine Art Bruchstück eines angefangenen Werkes. In dieser verstümmelten, unfertigen Verfassung ist uns nämlich dies Buch von P. Canisius zurückgelassen worden. Bei meiner Uebersetzung war ich mehr darauf bedacht, dem Sinne treu zu bleiben, als die Worte genau beizubehalten. Unsere Sprache und die italienische sind ja sehr verschieden von einander... Oft fassen wir mit wenigen Worten zusammen, was der Italiener in langer Rede ausdrückt... Ich sende aber diese Arbeit etwas spät an Sie, weil ich, wie Euer Hochwürden wissen, ein langsamer Deutscher bin und bisweilen durch mein Lehramt vollständig in Anspruch genommen werde."[1]

So war denn spätestens im Sommer des Jahres 1555 ein **deutscher** Katechismus von Canisius angefangen. Aber ist das nicht etwa bloß die Uebersetzung der lateinischen „Summe"? Eine solche lag ja, wie wir sahen, von Anfang an in König Ferdinands Plänen[2]. Unsere Kenntniß wird hier abermals weiter gefördert durch zwei hochwichtige Stücke, welche die spanische Briefsammlung zum erstenmal der Oeffentlichkeit überantwortet hat. Es sind die Anweisungen, welche der hl. Ignatius im Februar und im Juni des Jahres 1556 seinen geistlichen Söhnen mitgab, als er sie nach dem Norden sendete, die Collegien von Prag und von Ingolstadt zu eröffnen[3]. Den

---

an benselben richtete. Im Jahre 1569 erscheint er als Hofprediger des Erzherzoges Ferdinand II. von Tirol (J. Hirn, Erzherzog Ferdinand II. von Tirol I [Innsbruck 1885], 255 Anm. 1). Canisius nennt in jenem Briefe den Doctor Abler seinen Freund und rühmt seine Gelehrsamkeit, Rednergabe, Rechtgläubigkeit und Tugend. Das eigenhändige Schreiben des Seligen liegt im Reichsarchive zu München, Jesuitica in genere, Fasc. 13, No. 214. Der Abbruck des Briefes bei Döllinger-Reusch (Geschichte der Moralstreitigkeiten in der römisch-katholischen Kirche seit dem 16. Jahrhundert II [Nördlingen 1889], 360) ist recht fehlerhaft. Man liest 1566 statt 1565, candidum statt eruditum, eo statt illo, nostrae statt vestrae, fidelissimo statt fidissimo, de Pontifice ill. statt de Pontifice Max., aiunt statt narrant, alieni momenti statt alicuius momenti, sive statt et. Aus dem nihil novi des Canisius ist ein nihil nunc geworden; die parentes sind in sperantes verwandelt. Hier ist ein „illic" eingeschoben, dort „fid is ac" ausgelassen. Die Berichtigung des Druckes I. 657 ist nur eine theilweise.

[1] Irrthümlicherweise ist das Jahr 1554 dem Briefe beigeschrieben. Canisius war erst 1555 in Augsburg beim Reichstage und ging von da über Wien nach Prag.
[2] Vgl. S. 19.
[3] Cartas VI, 455—461. 499—512. Die Anweisung für Ingolstadt findet sich auch in den Monumenta Germaniae Paedagogica. Ratio Studiorum et Institutiones Scholasticae Societatis Jesu. Ed. *G. M. Pachtler*. Vol. III (Berol. 1890), 458—479.

Pragern gibt der Ordensstifter zu erwägen, ob sie den Vorlesungen über die heilige Wissenschaft die Sentenzen des Lombarden zu Grunde legen wollen, oder die Summe des Canisius, oder ein anderes Werk. Danach sagt er: „Man sehe zu, ob es nicht angezeigt sei, die christliche Lehre für die Studenten und für die weniger gebildeten Leute vorzutragen, entweder deutsch oder lateinisch, in einer oder in mehreren Schulen, in der Kirche an den Feiertagen oder an mehreren Wochentagen, und man sorge für einen Katechismus von der Art, daß die Kleinen und die gewöhnlichen Leute ihn kaufen, verstehen, auswendig lernen können.... Ich glaube, der Doctor Canisius hat bereits einen solchen Katechismus verfaßt." Ganz ähnliche Vorschriften gab Ignatius für das Collegium von Ingolstadt: Man solle überlegen, ob nicht statt scholastischer Theologie eine Erklärung des großen Katechismus von Canisius gegeben werden solle. Danach sagt der Heilige: „Es sollte eine kurze christliche Lehre in der Landessprache vorhanden sein, die man von den kleinen Schülern könnte auswendig lernen lassen ... Ich glaube, Doctor Canisius hat eine solche verfaßt."[1]

Man möchte es als eine Bestätigung dieser Worte ansehen, wenn unser Katechet am 17. Juni 1556 aus Prag an Ignatius schreibt: „Der Katechismus wird jetzt in deutscher Sprache gedruckt."[2] Janssen bemerkt richtig[3], Canisius meine wohl in seinem Briefe die „Frag und Antwurt christlicher Leer", welche in eben jenem Jahre zu Wien erschien[4]. Leider ist jedoch der kleine Katechismus damit noch nicht entdeckt. Ein flüchtiger Blick in jene „Frag und Antwurt" genügt, um darin die deutsche Uebersetzung der „Summe" zu erkennen.

Wir müssen eine andere Fährte suchen. Wir finden sie in einem Briefe, welchen der Diener Gottes im Januar des gleichen Jahres aus Ingolstadt an den Geheimschreiber des Herzogs von Bayern gerichtet. „Ich lese hier",

---

[1] Die einzige noch bekannte Handschrift dieser italienisch geschriebenen Ingolstädter Anweisung befindet sich im Reichsarchive zu München, Cod.: Jesuitica No. 1357ᵐ auf Bl. 14 und den folgenden fünf (nicht 15, wie die Cartas haben) nicht gezeichneten Blättern. Die Anweisung wurde allen Anzeichen nach im Auftrage des hl. Ignatius von dessen vertrautem Geheimschreiber, dem Spanier Polanco, verfaßt, und es ist wohl möglich, daß in dem Drange der Geschäfte, die damals auf Ignatius und seinem Gehilfen lasteten, Polanco das Ganze nicht selbst niederschrieb, sondern nur diktirte, und zwar einem Schreiber, der kein Italiener war. Daher die bisweilen drollige Italienisch und die ergötzliche Rechtschreibung. Unsere Stelle ist verdorben. Es heißt: „Credo ne la fatta una tale [dottrina cristiana] il D. Canisio." (3. Bl. nach Bl. 14, n. 16). Pachtler verbesserte die ihm vorliegende Abschrift: Credo che là fatica una tale il D. Canisio. Das sei, bemerkt er, „ein Beweis, daß der ‚kleine Canisius' im Sommer 1556 noch nicht fertig war". Die „Cartas" haben: Credo che la faccia una tale il D. Canisio. Aber es heißt doch schon in der vier Monate früher gegebenen Prager Anweisung: Penso cho il Dottore Canisio abbia già fatto una tale dottrina! Dem entsprechend dürfte zu verbessern sein: Credo che ha fatta una tale il D. Canisio.

[2] *Boero*, Canisio, 121.   [3] A. a. O. 420, Anm. 3.

[4] Näheres über dieses Buch hoffe ich in einer andern Schrift beibringen zu können.

1. Der kleinste Katechismus in lateinischer Sprache. 103

so schreibt er, „Pastoraltheologie, predige und lasse einiges drucken, was der Kirche von Nutzen sein kann."[1]

Eine dieser Schriften ist kürzlich in der Königlichen Lycealbibliothek zu Eichstätt aufgefunden worden. Es ist das lateinische Gebetbuch für Studenten[2]. Canisius wollte damals als Verfasser nicht genannt sein. Später gab er das Buch wiederholt mit seinem Namen heraus, bald zusammen mit dem Katechismus, bald ohne denselben und mit verändertem Titel. In der Erstlingsausgabe des Jahres 1556 zeigt der Katechismus sich nicht. Man sucht auch vergebens in den Büchersammlungen Deutschlands nach einem Ingolstädter Drucke von diesem Jahre, welcher in irgendwelcher Form durch seinen Titel als Katechismus sich ankündigte[3]. Selbst die Münchener Staatsbibliothek, dieses weite Meer von religiösen Schriften, täuscht diesmal die Hoffnungen des Forschers. In einer Sammlung indes, welche schon mehr als einmal eine Lücke der Staatsbibliothek auszufüllen vermochte, in der Universitätsbibliothek zu München, stieß ich auf ein lateinisches Büchlein, das im Jahre 1556 zu Ingolstadt aus der Presse der Gebrüder Weißenhorn, der Drucker des Studentengebetbuches, hervorgegangen ist mit dem wenig einladenden Titel: „Grundzüge der Sprachlehre."[4] Kein Name des Verfassers oder des Herausgebers! Die Vorrede besagt: Die Knaben sollten hier beisammen haben, was man bisher aus Donat und aus andern Leitfäden habe herholen müssen. Am Schlusse sei einiges beigefügt worden, was zu einer kurzen und lautern Unterweisung in der christlichen Frömmigkeit sehr behilflich sei. So solle die Jugend nicht nur in den Wissenschaften, sondern auch im religiösen Leben gefördert werden, zur Ehre des besten, höchsten Gottes. Wir gehen von der Vorrede zum Buche selbst. Eine Vergleichung desselben mit der lateinischen Sprachlehre, welche als Werk des P. Hannibal Codret bei Wilhelm Chaunod zu Lyon erschienen ist[5],

---

[1] *Canisius an Heinrich Schweicker, Ingolstadt, 10. Januar 1556. Eigenhändiger, lateinischer Brief. Reichsarchiv zu München, Jesuitica. Ingolst. 1359. I.

[2] Lectiones et Precationes Ecclesiasticae Opus nouum et frugiferum planè, in usum scholarum Catholicarum, omniumque pietatis uerae studiosorum... (Ingolstadii 1556). Am Ende heißt es: Die Drucker Alexander und Samuel Weißhorn hätten im April 1556 das Buch herausgegeben. Näheres habe ich mitgetheilt in der Zeitschrift für kathol. Theologie a. a. O. 731—733.

[3] Ich wenigstens habe in vielen Büchersammlungen vergebens gesucht oder suchen lassen.

[4] PRINCIPIA *GRAMMATiCES*, Libellus planè nouus, & ad eius artis | rudimenta plenè tum tradenda, tum percipienda, ut nullus ferè alius, maximè | commodus iu- uentuti. | INGOLSTADII APVD | Alexandrum & Samuelem | Weyssenhornios. 1556. Die ersten zwei Zeilen und die Namen der Drucker sind roth. Kl. 8°. 78 (einschl. Titelblatt) nicht gezeichnete Blätter. Vgl. Zeitschrift für kathol. Theologie a. a. O. 734.

[5] De primis Latinae Grammatices Rudimentis Libellus. Editus primùm per Hannibalem a Codreto, e Societate Jesu, ad vtilitatem iuuentutis Italicae. Nunc autem Gallico idiomati accommodatus. A Lyon, M. DC. L. 8°. 128 Seiten. Die frühern Ausgaben waren mir nicht zugänglich.

läßt keinen Zweifel daran übrig, daß wir auch in dem Ingolstädter Drucke die Arbeit Cobrets vor uns haben, jenes Cobret, welcher in den Jahren 1548 und 1549 im Collegium zu Messina auf Sicilien an der Seite unseres Canisius als Gymnasiallehrer gewirkt hatte[1].

Wir blättern weiter in dem Buche und finden hinter der Sprachlehre lateinische Morgen=, Abend=, Tischgebete. Darauf folgt[2] ein Abschnitt, welcher in lateinischer Sprache die Aufschrift trägt: „**Kurzer Inbegriff der christlichen Lehre, in Fragen vorgelegt und der Fassungskraft der weniger Gebildeten angepaßt.**"[3] Die innere Anordnung dieses kleinen Katechismus deckt sich genau mit der Eintheilung des großen Katechismus von Canisius. Ebenso der Wortlaut der Fragen und Antworten, nur daß viele ausgelassen, andere verkürzt sind. Es ist der kleine „Canisius"!

So bliebe denn doch der alte Agricola im Rechte, wenn er berichtet, Canisius habe im Jahre 1550 Cobrets kurze lateinische Sprachlehre ins Deutsche übersetzt und ihr als Anhang das Nothwendigste aus dem Katechismus beigegeben?[4] Der Kern dieser Nachricht ist offenbar Wahrheit. Bei manchen Einzelheiten wird man die Achseln zucken müssen. Eine lateinische Sprachlehre in ganz deutschem Sprachgewande muthet ja uns Kinder der Neuzeit ganz heimisch an; damals hätte man sie wohl mit großen Augen angesehen, als eine Erscheinung, die mit der Lehrüberlieferung brach und dem allgemeinen Gebrauche ins Gesicht schlug. Cobrets Buch, dessen erste Ausgabe verloren scheint, war allen Anzeichen nach lateinisch geschrieben, aber durch italienische Uebungswörter und Beispiele beleuchtet und belebt. In dem Ingolstädter Drucke von 1556 hat Canisius die italienischen Wörter in das Deutsche übertragen, zuweilen auch wohl mit andern vertauscht; so setzte er als Musterwort für die erste Deklination statt der Frau Musa ihren Sohn, den Poeten: „hic Poeta, der Poet; huius Poetae, des Poeten" [so!] u. s. w. Auch Agricolas Zeitangabe erregt Bedenken. Sollte wirklich das Jahr 1550 die erste Auflage dieses Büchleins zu Tage gefördert haben? Canisius lehrte damals an der bayrischen Hochschule. Schon waren, wie wir sahen, Katechismuspläne in seiner Brust erwacht. Wären sie aber im Jahre 1550 auch schon zur That gereift, so würde die „Summe" vom Jahre 1555 nicht als Ueberarbeitung und Erweiterung des kleinen Katechismus erscheinen. Davon jedoch läßt sich in keiner von unsern Quellen eine Spur wahrnehmen. Des Canisius gesamter Briefwechsel und auch die Vorreden, mit welchen

---

[1] *Emm. Aguilera*, Provinciae Siculae Societatis Jesu ortus et res gestae ab Anno 1546 ad Annum 1611 (Panormi 1737), 16—23. Hannibal du Cobré oder du Coudrey, geboren 1525 zu Sallanches in Savoyen, wurde 1553 Rector des Collegs von Messina, später erster Rector des Lyoner Collegs und Provincial der aquitanischen Ordensprovinz; er starb zu Avignon am 19. September 1599. Seine Sprachlehre hat sich in Frankreich lange behauptet. In Deutschland fand sie wenig Freunde.   [2] Fol. G 8ᵃ—H 7ᵇ.

[3] Summa Doctrinae Christianae, per Quaestiones tradita, et ad captum rudiorum accommodata.

[4] L. c. n. 180, p. 21.

er später seine Christenlehrwerke ausgestattet, sprechen gegen diese Annahme. End=
giltig wird sie zurückgewiesen durch des Katecheten ausdrückliche Erklärung: Er habe
den kleinern wie den kleinsten Katechismus nach dem großen erscheinen lassen[1].
Auch der biedere Agricola hatte eben bisweilen einen schwachen Augenblick[2].

Sonderbar genug! Im Jahre 1555 ist der große Katechismus so
feierlich und vornehm, den Namen eines großen Herrschers auf seinem
Schilde, in die weite Welt hinausgezogen, und nun verbirgt sich, so zu sagen,
sein Kind, der kleine Katechismus des Jahres 1556, hinter einem Leit=
faden für angehende Lateinschüler! Doch das geschah nicht ohne Vor=
bedacht. In Deutschland hatte die kirchliche Neuerung auch das Gebiet
der Schulbücher zum guten Theile für sich in Beschlag genommen. Manche
dieser Werke mochten in sich harmlos, ja ganz nützlich sein. Aber die un=
erfahrene Jugend konnte, wie der hl. Ignatius treffend bemerkt[3], so leicht
mit dem Buche den Verfasser, mit dem Verfasser seine glaubensfeindlichen
Grundsätze, seine Schriften wider Papst und Kirche schätzen lernen. Von
der Sprachlehre Melanchthons, des Lehrers von Deutschland, wie man
ihn so oft genannt hat, war kein großer Schritt zu Luthers Katechismus.
Buchhändlerische Gewinnsucht fand in dem einen Buche den schützenden
Mantel, auch das andere über die Grenzen katholischer Länder zu führen
und dort zu verbreiten. Hier konnte der Apostel Deutschlands nicht müßig
zusehen. Daher das Gebetbuch für Studenten. Daher die Verpflanzung
der Codret'schen Sprachlehre von italienischem auf deutschen Boden. Daher
auch der harmlose Kunstgriff, der Sprachlehre die Gebete und den kurzen
Katechismus anzuhängen. So mancher leichtfertige Schüler, so mancher
im Christenthume erkaltete Vater mochte keine Lust verspüren, ein eigenes
Handbuch der christlichen Lehre zu kaufen. Nun war er genöthigt, mit
der Sprachlehre wenigstens das Allernothwendigste vom Glauben mit in
den Kauf zu nehmen. Der Schüler mochte zuerst die Katechismussätze nur
benützen, seine lateinischen Uebersetzungskünste zu üben; aber nach und nach
sog er, ohne es zu bemerken, die Heilswahrheiten selbst in seine Seele hinein.

Wahrscheinlich gebührt auch dem klugen, hellblickenden Nadal ein Mitverdienst
an dem Büchlein. Als Visitator hatte er im Jahre 1555 zu Wien unsern Christen=

---

[1] Siehe S. 100.
[2] Vgl. Zeitschrift für kathol. Theologie a. a. O. 735. Sacchini kommt der
Wahrheit schon viel näher, wenn er zum Jahre 1555 schreibt: [Canisius] „rudi-
menta Grammatices, quae P. Annibal Codrettus composuerat, germanice con-
versa evulganda curavit, aliquot ad calcem sententiis ex Catechismo subiunctis".
De vita Canisii, 104.
[3] Constitutiones Societatis Jesu. P. 4, c. 5, Decl. E; c. 14, Decl. A.

Lehrer aufgefordert, gewisse kleine Schriften zur Förderung christlicher Frömmigkeit zu verfassen [1]. An ihn mußte ja auch, wie wir sahen, Jonas Adler seine Uebersetzung des Katechismusbruchstückes senden, welches Canisius — offenbar nur in Handschrift — in Wien zurückgelassen.

Der Katechismus enthält 59 Fragen mit den entsprechenden Antworten. Das fünfte Hauptstück des großen Katechismus ist hier in zwei Hauptstücke zerlegt: Wie man die Sünden meiden, und wie man dem Guten nachstreben soll [2]. Im großen Katechismus sind die einzelnen Artikel des apostolischen Glaubensbekenntnisses, die Bitten des Vaterunsers, die Gebote Gottes, die Hauptsünden, die fremden und himmelschreienden Sünden in eigenen Fragen behandelt. Unser Leitfaden nimmt davon Abstand. Dagegen enthält sein erstes Hauptstück zwei Fragen über die Kirche; im zweiten ist dem Englischen Gruße eine Frage geweiht, im vierten jedes Sacrament besonders erklärt; in der Frage vom Altarssacramente sind auch Meßopfer und Communion unter einer Gestalt eingeschlossen. Verweise auf Schrift und Väter kann man am Rande der Blätter nirgends gewahren. Dagegen bringt das Büchlein zum Abschiede noch einige „goldene Sprüche" des heiligen Bischofes und Martyrers Nilus nach Pirkheimers Uebersetzung und eine kleine Blumenlese aus den Predigten des Kirchenlehrers Johannes von Damaskus.

So haben wir denn einen Auszug aus dem großen Katechismus des Canisius kennen gelernt. Aber ist es nicht derjenige von den drei Katechismen, welchen Canisius in seinen Selbstbekenntnissen als den „kleinern" in die Mitte stellt? Fällt er nicht in eines zusammen mit dem Religionsleitfaden für mittlere Schulen, den unser Katechet später oft genug hat erscheinen lassen unter dem Titel: „Kleiner Katechismus für Katholiken", oder auch mit der Ueberschrift: „Anweisungen zur christlichen Frömmigkeit"? Wir greifen zu einer der ältesten Ausgaben dieses „Katechismus für Katholiken", zum Wiener Drucke des Jahres 1559 [3]. Das erste Hauptstück hat hier 21 Fragen, dort 11, das zweite hier 17, dort 8, und so geht es weiter. Im ganzen ist das Wiener Buch mindestens doppelt so groß wie das unsere. Der Ingolstädter Katechismus vom Jahre 1556 ist somit wirklich der kleinste.

2. Der kleinste Katechismus in deutscher Sprache.

Unsere Untersuchung muß noch einen Schritt weiter gehen.

Der „kleinste" Katechismus, den wir kennen gelernt, ist lateinisch. Ignatius aber spricht von einem deutschen Katechismus dieser Art,

---

[1] *Sacchinus*, De vita Canisii, 100.
[2] Auf die sechs Hauptstücke vertheilen sich die Fragen in folgender Ordnung: 11, 8, 10, 10, 9, 11.
[3] Parvus Catechismus Catholicorum (Viennae 1559). Genauere Angaben später.

2. Der kleinste Katechismus in deutscher Sprache.

welchen Canisius verfaßt habe[1]. Nun schreibt unser Christenlehrer am 11. Februar 1557 vom Regensburger Reichstage an Laynez: „Ich lasse jetzt gewisse kleine Schriftchen in deutscher Sprache drucken, und einen Katechismus für die Kleinen."[2] Der Druck scheint zu Anfang des folgenden Jahres vollendet gewesen zu sein. Denn als Canisius am 22. März 1558 von Straubing aus seinem Gönner und Freund, den Großmeister der Prager Kreuzherren, Anton Brus von Müglitz, zu seiner Erhebung auf den Wiener Bischofstuhl beglückwünschte, fügte er bei: Er sende ihm ein Büchlein, das zwar recht kindlich in die Welt hineinschaue, aber dem gemeinen Manne in diesen Zeiten doch wohl gute Dienste leisten werde. „Ihrer Weisheit", fährt er fort, „wird es ein Leichtes sein, demselben das beifügen zu lassen, was gegenwärtig zu einer gesunden Unterweisung im katholischen Glauben erfordert wird. Derartige Büchlein haben wir nicht weniger vonnöthen als jene mächtigen Bände, welche in die Länge und Breite über die katholische Religion sich ergehen."[3]

Wo und bei wem ist dieser Katechismus für Kinder und gemeine Leute gedruckt? Wie nennt er sich? Wo findet man ihn? Keiner von den Lebensbeschreibern gibt Antwort. Die Ordensbibliographen sind rathlos; auch der neueste schweigt[4]. Da wird Moufang unser Führer. In seiner Sammlung alter katholischer Katechismen[5] bemerkt dieser Gelehrte: Die Berliner Bibliothek besitze einen kleinen deutschen Katechismus, der ohne Nennung des Verfassers im Jahre 1558 bei Sebald Mayer zu Dilingen gedruckt sei. Derselbe weise die gleiche Eintheilung auf wie die Katechismen von Canisius. So weit der hochverdiente Katechismusforscher von Mainz. Das Büchlein selbst hat er leider nicht abgedruckt.

Nun gilt es, diese Spur zu verfolgen, das „Vielleicht" zum „Gewiß" zu erheben. Der kleine lateinische Katechismus von 1556, den die Münchener Universitätsbibliothek besitzt[6], muß hart neben den kleinen deutschen Katechismus der Berliner Bibliothek gelegt, Frage muß mit Frage, Wort mit Wort verglichen werden. Dank der Hochherzigkeit der deutschen Bibliotheksverwaltungen ist dies jüngst in der Stadtbibliothek zu Köln geschehen[7], und nun können wir den Zweifeln und bloßen Vermuthungen Urlaub geben, können mit Bestimmtheit erklären:

---

[1] Siehe S. 102.
[2] Eigenhändiger, italienischer Brief. Zum größten Theile ungedruckt. Unsere Stelle hat schon Janssen a. a. O. 420 Anm. 3.
[3] *Lateinischer Brief in neuer Abschrift.
[4] Vgl. *Sommervogel*, Bibliothèque II, 644—656.   [5] A. a. O. 466.
[6] In Moufangs Sammlung fehlt auch diese lateinische Ausgabe.
[7] Daß ich diese Vergleiche anstellen konnte, verdanke ich der gütigen Vermittlung des hochw. Herrn Dr. Karl Kreutzwald, Erzbischöflichen Officials zu Köln, und der dortigen Herren Bibliotheksbeamten, denen ich hierfür verbindlichst danke.

108 Zweiter Abschnitt. Der kleinste Katechismus.

Canisius hat seinen ganz kleinen Katechismus zum erstenmal lateinisch bei Weissenhorn in Ingolstadt im Jahre 1556 ohne Nennung seines Namens herausgegeben. In getreuer deutscher Uebersetzung, mit Zugaben bereichert[1], hat er ihn im Jahre 1558, gleichfalls ohne Namen des Verfassers, bei Sebald Mayer zu Dilingen erscheinen lassen.

Von beiden Drucken ist nur mehr je ein Exemplar bekannt. Den lateinischen Katechismus besitzt, wie wir sahen, München, den deutschen Berlin[2].

Unser Büchlein benennt sich: „Der kleine Katechismus sammt kurzen Gebetlen für die Einfältigen."[3] Es ist in Sedez auf 59 Blättern kräftig und hübsch gedruckt. An der Spitze steht in schwarz und roth der Kirchenkalender. Ihm folgt auf 25 Blättern der eigentliche „Catechismus oder die Summa christlicher Lehr, für die Einfältigen in Fragstück gestellet". Geringe Ausnahmen abgerechnet, stimmen die Fragen in Zahl, Anordnung und Wortlaut getreulich mit der lateinischen Ausgabe überein[4]. Nur ist jetzt die Begriffsbestimmung der Sünde von Ambrosius entlehnt; zuvor war sie aus Augustin entnommen. Hochwichtig ist, was nun als Anhang folgt. Canisius war von der Wahrheit des Spruches durchdrungen: Wer gut zu beten weiß, der weiß auch gut zu leben. Die Kunst des Gebetes war es, die er vor allem andern lehren wollte[5]. Neben den Morgen=, Abend= und Tischgebeten, diesen Grundpfeilern christlichen Gebetslebens, findet man in dem Büchlein noch mancherlei andere: Gebete, „so die Uhr schlägt", „so man das Licht aufzündet", das

---

[1] Siehe unten.
[2] Königliche Hofbibliothek. Beigebunden zu Johann Fabris Katechismus vom selben Jahre.
[3] Der Klain | Catechismus sampt | kurtzen gebetlen für die | ainfältigen. | Begreifft auch ainen | Kalender, vnd Christenli= | che vnderricht von den haili= | gen Sacramenten der Buß, | vnd des Fronleichnams | JESV Christi. | Trenorum III. | Es ist güt dem Menschen, daß er das | joch des Herren in seiner ju= | gent auff sich neme. | M. D. LVIII. Zeile 1, 2, 5, 6, 11 und die Jahrzahl sind roth gedruckt. Am Schlusse des Buches: Getruckt zu Dilingen durch Sebaldum Mayer. 16°. LI Blätter und außerdem am Anfange 8 nicht gezeichnete Blätter, einschl. Titelblatt. Vorrede und Inhaltsverzeichniß finden sich in dem Buche nicht.
[4] In der Uebersetzung sind die zweite und die dritte Frage des zweiten Hauptstückes vereinigt, die zwei Fragen über die Werke der Barmherzigkeit in drei zerlegt, mit Beibehaltung des Inhaltes. Demgemäß vertheilen sich die Fragen nach den Hauptstücken also: 11, 7, 10, 10, 9, 12.
[5] Wieviel für einen Katechismus ein Anhang von guten Gebeten bedeutet, ist schön dargelegt von Schöberl, Katechetik, 334—335.

2. Der kleinste Katechismus in deutscher Sprache.

allgemeine Sündenbekenntniß, oder wie es hier heißt, „eine gemeine christliche Beicht", ein „kräftiges Gebet, durch Bruder Claus in der Schweiz täglich gebetet"[1], endlich auch unter der Aufschrift „ein gemein Gebet für allerlei Anliegen der Christenheit täglich zu sprechen", jenes im edelsten Sinne gemüthliche und dabei so kernige und urkräftige Gebet, welches noch heute als „allgemeines Gebet" Sonntag für Sonntag von vielen hundert Kanzeln Deutschlands herab dem gläubigen Volke vorgesprochen wird[2]. Am Schlusse des Büchleins führt Canisius seine Deutschen zu den zwei großen Gnaden-

---

[1] Während seines Aufenthaltes zu Freiburg in der Schweiz hat Canisius die Betrachtungen, Gebete und Sprüche des seligen Nikolaus von der Flüe in einem winzig kleinen, schönen Büchlein herausgegeben (siehe Sommervogel II, 676. 677). Er hatte eine besondere Andacht zu diesem großen Liebhaber Gottes und Volksfreunde, mit welchem er sich später in die besondere Verehrung der katholischen Schweiz theilen sollte.

[2] Beginnt: „Allmächtiger, ewiger Gott, Herr, himmlischer Vater, siehe an mit den Augen deiner grundlosen Barmherzigkeit den Jammer deiner Gläubigen u. s. w." Sacchini berichtet: In Ingolstadt war es zu der Zeit, als Canisius dort lehrte, so weit gekommen, daß die Leute beinahe sich schämten, offen in der Kirche zu beten. Canisius ließ in seinen Predigten den Mahnruf zum Gebet erschallen, und kaum hatte er die Predigt beendet, so warf er sich auf die Kniee und sprach Gebete vor, welche das Volk knieend nachsprechen mußte. Man betete für den Papst, für den Kaiser und um Abwendung der augenblicklichen Drangsale. Canisius, so schließt Sacchinis Bericht, „brachte es so weit, daß auch alle andern Prediger dies thaten, und zwar nach jener nämlichen festen Gebetsformel". (De vita Canisii, 53—54.) Agricola nennt Canisius als den Verfasser des Allgemeinen Gebetes (Historia etc. P. 2, p. 221). Am 6. August 1560 sandte der Gottesmann das Gebet aus Augsburg an seine Kölner Ordensgenossen und schrieb ihnen: er bete es an Sonn- und Feiertagen vor der Predigt dem Volke vor, und es gefalle sehr. (* Lateinischer Brief in neuer Abschrift.) Ist das Gebet im Katechismus von 1558 (Bl. xxxiᵃ—xxxiiᵇ) noch etwas anders gefaßt als jetzt, so zeigt es 1560 bereits fast ganz den Wortlaut von heute. So wenig man benn auch behaupten kann, der Brauch, bei der Predigt das Volk für die verschiedenen Stände und Anliegen der Christenheit beten zu lassen, sei erst durch Canisius in Deutschland eingeführt worden — gibt ja z. B. schon am Eingange des Jahrhunderts der Kleinbaseler Pfarrer Johann Ulrich Surgant in seinem Manuale Curatorum (Bastleae 1506, fol. lxxviiiᵃ—lxxixᵇ) für dieses Gebet eine lange deutsche Formel, mit der Bemerkung: so, oder auch, je nach dem Gutdünken des Predigers, länger oder kürzer, pflege man in den Pfarrkirchen beim vormittägigen Sonntagsgottesdienste zu beten, — in seiner jetzigen Gestalt scheint das „Allgemeine Gebet" ein Vermächtniß unseres Christenlehrers zu sein. „Laßt uns", schrieb Fürstbischof Vincenz Gasser von Brixen in seinem Hirtenbriefe vom 15. Januar 1865, „jenes schöne Gebet, das der selige Petrus Canisius unsere Väter gelehrt hat, und das jedes Kind unter dem Namen des ‚Allgemeinen Gebetes' kennt, immer mit recht aufrichtigem Herzen verrichten, und zu Gott flehen: ‚Verleihe uns, o Gott des Friedens, rechte Vereinigung im Glauben ohne alle Spaltung und Trennung.'" Vgl. Joh. Zobl, Vincenz Gasser, Fürstbischof von Brixen, in seinem Leben und Wirken (Brixen 1883), 417—418.

quellen, die fortwährend in der Kirche sprudeln: er gibt in 13 Fragen einen eigenen Beichtunterricht, samt einem „Beichtspiegel", der an die zehn Gebote Gottes und die sieben Hauptsünden sich anlehnt. Daran schließt sich in vier Fragen und verschiedenen Gebeten die Anleitung zum würdigen Empfange von Christi Fleisch und Blut.

Der kleine Katechismus des Canisius sollte sofort auch einem andern Katechismus zu Hilfe kommen. Der treffliche Dominikaner Johannes Fabri, Domprediger zu Augsburg, hatte dortselbst bei Philipp Ulhart einen kleinen deutschen Katechismus erscheinen lassen, und zwar zuerst ohne Nennung von Verfasser und Druckjahr [1]. Derselbe ward im Todesjahre Fabris, 1558, bei Sebald Mayer zu Dillingen neu aufgelegt. Weil eine eigene Erklärung der Kirchengebote, der Sünden und guten Werke dem Büchlein mangelte, ward sie nunmehr wörtlich aus dem Katechismus des Canisius herübergenommen, der in der gleichen Presse frisch gedruckt balag [2]. Das Gleiche geschah mit den Gebeten.

Zehn Jahre später gab der unermüdliche Sohn des Ignatius bei dem nämlichen Verleger die vierte Auflage seines großen deutschen Gebetbuches heraus. Die zweite und die dritte Auflage waren im Gefolge des mittlern deutschen Katechismus erschienen, den wir bald näher werden kennen lernen. Jetzt trat an dessen Stelle unser kleiner Katechismus und ward das Ganze „Betbuch und Katechismus" genannt [3]. Dabei blieb es auch, als im Jahre 1575 das Betbuch zum sechstenmal gedruckt ward [4]. Doch wurde nun, ja

---

[1] Nach dieser ersten Fassung neu herausgegeben von Moufang a. a. O. 414—464.

[2] Ein Christenlicher, rainer, vngesellschafter Catechismus für die Jugent. Durch D. Johañ. Fabri von Hailbrunn, Thumbprediger zu Augspurg (Dillingen 1558). Die Fragen von Canisius stehen Bl. O 4 ᵇ — O ˣ. Vor denselben ist bemerkt: Was nun folge, sei aus einem andern Katechismus neu hinzugedruckt. Fabri starb schon am 27. Februar desselben Jahres. Canisius kannte den edlen Mann persönlich; er hat die Gütergemeinschaft zwischen dem Katechismus des Dominikaners und dem seinigen sicher gerne zugegeben, vielleicht sogar selbst herbeigeführt.

[3] Betbuch vnd | Catechismus. | Nach rechter Catholi= | scher form vnd weyß, jetz | zum vierten mal in truck | außgangen. | Durch | PETRVM CANISIVM | der H. Schrifft Doctor ꝛc. | gemehret vnd vast | gebessert. | Mit Röm. Kay. May. freyheit. | M. D. LXVIII. Zeile 1, 2, 7, 8, 12 roth gedruckt. Am Schlusse: Getruckt zu Dillingen, durch Sebaldum Mayer. 12⁰. 405 Blätter, und außerdem am Anfang 42 und am Ende 9 nicht gezeichnete Blätter. Der eigentliche Katechismus steht Bl. C 2 ᵇ — D 8 ᵃ mit der Aufschrift: „Catechismus, in kurtze Frag vnd Antwort gestelt, für die gemainen Layen vn junge Kinder sehr dienstlich." — De Backer und Sommervogel nennen unter den Katechismen des Canisius: „Catechismus in Frag und Antwort gestellet für die gemeine Leyen und Kinder. Dillingen 1568." Das Büchlein scheint also im selben Jahre zu Dillingen auch für sich allein gedruckt worden zu sein.

[4] Betbuch vnd | Catechismus. | Nach rechter Catholi= | scher form vnnd weiß, jetz | zum sechßten mal in Truck | außgangen. | Durch | Petrum Canisium der H. | Schrifft Doctor, ꝛc. letstlich | gemehrt vnd vast | gebessert. | Mit Röm. Kay. Mayest. Freyheit. | Getruckt zu Dillingen, durch | Sebaldum Mayer. 1575. Zeile 1, 3, 8, 9

2. Der kleinste Katechismus in deutscher Sprache.

wahrscheinlich schon im Jahre 1568, in diesem kleinsten deutschen Katechismus die Reihenfolge der Hauptstücke geändert. Das Vaterunser mußte mit den Sacramenten den Ort wechseln, trat somit an die vierte Stelle und überließ den Sacramenten die zweite [1]. Ohne Zweifel sollte damit das Büchlein noch mehr dem römischen Katechismus sich anpassen, der diese Eintheilung aufweist. Canisius wollte den Christenlehrern dienen, welche dem Wunsche der Kirche gemäß den römischen Katechismus als Leitstern für ihre Vorträge wählten.

Noch einmal setzte Canisius an sein Büchlein die Feile an; es geschah ein Jahr vor seinem Tode, im Jahre 1596. Was hatte er in den letzten Jahrzehnten nicht alles geleistet! Er hatte an den Fürstenhöfen Wilhelms von Bayern und Ferdinands von Tirol das Wort Gottes verkündigt, war von Gregor XIII. persönlich zu Rathe gezogen und mit Sendungen an deutsche Fürsten betraut worden, hatte beim Regensburger Reichstage des Jahres 1576 dem Cardinal Morone als Rathgeber zur Seite gestanden. In mächtigen, gelehrten Werken hatte er die Magdeburger Centuriatoren bekämpft, der Priesterschaft das Verständniß der Sonn- und Festtagsevangelien erleichtert; noch im Jahre 1592 hatte er den jungen Ferdinand, den spätern Kaiser Ferdinand II., mit einem eigenen Fürstengebetbuch ausgerüstet. Jetzt, am späten Abende seines Lebens, kam er wieder auf seinen kleinsten Katechismus zurück, ward aus dem Fürstenlehrer wiederum ein Kinderlehrer. Er hatte wahrnehmen müssen, „daß etliche" — so drückt er selbst sich aus — „diesen Katechismum immerdar vermehren und allerlei Fragen dareinflicken". „Um mehrern Unrath zu vermeiden", gab er als Greis von 75 Jahren eine neue Auflage des Büchleins heraus mit der Erklärung, diese allein erkenne er als seinen wahren, kleinen Katechismus an. Er habe, sagt er, den Katechismus „von Silben zu Silben" abgetheilt, „damit die liebe Jugend mit leichter Mühe desto leichter lesen lerne, welches ihr dann zum Schreiben bestens dienen wird" [2].

(außer dem letzten Worte), 13, 14 roth gedruckt. 8°. 391 Blätter, und außerdem am Anfang 46 (einschl. Titelblatt) und am Ende 10 nicht gezeichnete Blätter. Der Katechismus Bl. C 2ᵇ—D 7ᵃ. Nach dieser Ausgabe hat Haib, dem die frühern wohl nicht zugänglich waren, den Katechismus neu herausgegeben. Das Buch findet sich noch im Britischen Museum zu London, in der Kantonalbibliothek zu Freiburg in der Schweiz und in der Hofbibliothek zu Berlin (Eo. 6281).

[1] Als ich vor mehreren Jahren in der Privatbibliothek eines gefeierten deutschen Professors die Ausgabe von 1568 zu Gesichte bekam, unterließ ich es leider, dieselbe nach dieser Richtung zu untersuchen. Unterdessen ist jener Gelehrte gestorben und jenes Buch mit nicht mehr zugänglich. Ein zweites Exemplar aber habe ich nirgends in die Hand bekommen. Die Gründe, welche 1575 für jene neue Eintheilung sprachen, bestanden auch schon 1568.

[2] Reiser (a. a. O. 73—74) gibt diese Stellen. Die Vorrede von 1596 ist,

Zweiter Abschnitt. Der kleinste Katechismus.

Leider scheint diese Musterausgabe von der eifrigen Christenlehrjugend so gründlich aufgebraucht worden zu sein, daß auch nicht ein einziges Stück sich hinübergerettet hat auf unsere Tage. Als Druckort des Büchleins möchte man von vornherein Freiburg in der Schweiz bezeichnen. Dort hat ja der Selige die letzten 17 Jahre seines Lebens verbracht; der dortigen Presse hat er die letzten Schöpfungen seines Schriftstellerfleißes übergeben. Aber gerade um jene Zeit herrschte zu Freiburg Buchdruckernoth. Abraham Gemperlin hatte seine Arbeit eingestellt; ein neuer Meister schickte sich an, das einzige Druckgeschäft der Stadt zu beziehen[1]. Jedenfalls scheint das Buch auch bei Johann Mayer in Dilingen erschienen zu sein. Am 2. Januar 1596 schrieb Canisius an seinen jugendlichen Ordensbruder Michael Eber nach Dilingen: „Grüßen Sie mir alle die Unsrigen, und besonders den P. Salvius. Ich weiß nicht, ob er den Katechismus erhalten hat, welchen ich ihm geschickt habe, damit derselbe neu aufgelegt werde."[2] Am 18. August des nämlichen Jahres schrieb Canisius selbst an Salvius: „Ich habe jüngst dem Buchdrucker Johannes Mayer geschrieben, um mich ihm dankbar zu erzeigen und ihn mit freundschaftlicher Ehrlichkeit zu mahnen."[3]

Seither ist dieser kleinste deutsche Katechismus in Deutschland und der Schweiz so oft gedruckt und so weit verbreitet worden[4], daß in vielen Gegenden die Worte „Katechismus" und „Canisius" gleichbedeutend wurden. „Seinen Canisi gut können" hieß im Glauben wohlunterrichtet sein. Selbst der aufgeklärte Mainzer Fürstprimas Karl von Dalberg fühlte sich gedrungen, die Nützlichkeit dieses Büchleins anzuerkennen und darauf zu bringen, daß es von allen Kindern wörtlich auswendig gelernt werde[5].

---

theilweise wenigstens, auch in spätere Ausgaben übergegangen; so in den „Kleinen Catechismus Petri Canisii ... Getruckt zu München, durch Nicolaum Henricum. M. DC. XXX." (Universitätsbibliothek zu München, Asc. 2170). Auch Philipp Heilbrunner führt ein Stück aus ihr wörtlich an (Jesuiter-Spiegel, Laugingen 1601).

[1] *Berchtold*, Histoire du Canton de Fribourg, P. 3 (Fribourg en Suisse 1852), p. 20, n. 2. 3.

[2] *Lateinischer Brief in alter Abschrift. Reichsarchiv zu München, Jesuitica in genere, Fasc. 13, n. 214.

[3] *Lateinischer Brief in Abschrift vom Jahre 1625. Ebendaselbst.

[4] Heilbrunner (a. a. O. 65) nennt die Ausgabe „Kleiner Catechismus Petri Canisii, jetzt von dem Authore inn seinem hohen Alter für die EJNJGE WAHRE Edition erkennt und bestättiget. Getruckt zu Dilingen Anno 1598". Die Vorrede, sagt er, sei 1596 in Freiburg geschrieben. So oder ähnlich lautete wohl auch der Titel der Ausgabe von 1596.

[5] Das Schreiben Dalbergs findet sich bei G. L. C. Kopp, Die katholische Kirche im 19. Jahrhunderte (Mainz 1830), 179—180.

Dritter Abschnitt.
Der kleine Katechismus.

1. Der lateinische „kleine Katechismus für Katholiken".

Entweder vom hl. Ignatius selbst oder doch in seinem Auftrage und unter seiner Leitung wurde um das Jahr 1554 zu Rom ein italienisches Gutachten verfaßt über die Frage: Wie kann die Gesellschaft Jesu die Sache der Religion befördern, besonders in Deutschland? Es heißt darin: „Die Protestanten haben ihre Theologie volksthümlich und gemeinverständlich gemacht, durch Predigten sowohl als durch Verbreitung kleiner Schriften. Diese Büchlein können von vielen Leuten verstanden und gekauft werden; durch sie bringt der Protestantismus in Kreise, welche seinen Predigern unzugänglich sind. Wir müssen seinem Beispiele folgen. Außer der ausführlichen Theologie also, die man an den Hochschulen lehrt, die viele Zeit erfordert, eine tüchtige philosophische Grundlage und gute, geweckte Köpfe verlangt, müssen wir eine kleine, kurze Theologie einrichten, in welcher die nicht angestrittenen Lehrstücke sehr kurz, die angestrittenen länger behandelt werden, mit Beweisen aus der Schrift, aus Kirchenversammlungen und Vätern . . . Die Hauptsätze dieser Theologie könnte man in der Gestalt eines kurzen Katechismus den Kindern vortragen, wie man bereits die Christenlehre vorträgt, und ebenso den ungebildeten Leuten, auch den kleinen Studenten in den untern Klassen unserer Schulen. Diese müßten jenen Katechismus auswendig lernen." [1]

Canisius hat für Deutschland diesen Plan verwirklicht: in seinem großen Katechismus ist die kirchliche Gottesgelehrtheit kurz zusammengefaßt. Den Kindern und dem gemeinen Manne dient jener ganz knappe Auszug aus der „Summe", welchen wir als den „kleinsten Katechismus" kennen. Ein anderer, mehr umfangreicher Auszug war für die Studirenden der untern und mittlern Klassen bestimmt. Man hätte denselben recht wohl „mittlern Katechismus" nennen können. Aber er ist nun einmal der „kleine" genannt; wir wollen uns fügen.

Ueber die Entstehung des kleinen Katechismus läßt sich die Gelehrten=Ueberlieferung beiläufig also verlauten: Zuerst habe ein

---
[1] Cartas de San Ignacio IV, 480—483.

Ungenannter den großen Katechismus zu diesem kleinen Handbuch zusammengezogen. Später habe Canisius sich entschlossen, selbst einen solchen Auszug zu fertigen und ihn mit Nennung seines Namens der Oeffentlichkeit zu übergeben[1]. Die erstere Arbeit weist man dem Jahre 1559 und der Stadt Köln zu[2]. Des Canisius eigene Leistung lassen die einen im Jahre 1561 erscheinen[3], die andern erst 1566[4].

Wir müssen die Quellen befragen.

Am 1. Mai 1557 veröffentlichten die Kölner Jesuiten eine Lehr- und Lernordnung für ihr Gymnasium zu den drei Kronen, jetzt Marzellen-Gymnasium genannt. Hier wird erklärt, den Schülern der obern Klassen werde man jeden Sonntag nachmittags vier Uhr die „Summe der christlichen Lehre" erklären, welche auf Befehl des Kaisers Ferdinand erschienen; in den zwei untern Klassen sei jeden Samstag nachmittags vier Uhr „jener kurze Katechismus" auswendig zu lernen, „welcher ein Auszug aus der christlichen Lehre" ist[5]. Acht Monate später, am 2. Januar 1558, berichtete Johannes von Reidt, der erste Vorstand des Dreikronen-Gymnasiums, an Laynez nach Rom: „Der kleine Katechismus des Canisius, den wir unsern Grammatikern vortragen, wird um das Dreikönigsfest einen zweiten Druck erleben. Um Ostern ist er das erste Mal gedruckt worden."[6]

---

[1] So z. B. Schöberl (a. a. O. 212) und J. G. Th. Grässe (Trésor de livres rares II [Dresde 1861], 36).

[2] So Rieß (a. a. O. 121), Moufang (Mainzer Katechismen 72 und Katholische Katechismen 2c. 559 Anm.), De Backer (I, 1059), Reiser (a. a. O. 65), Probst (a. a. O. 141—142), Grässe (a. a. O.), Bürgel (a. a. O. 101).

[3] So Paquot (l. c. 188), Grässe, Probst, Rieß, Moufang, De Backer, Reiser, Schöberl, Sommervogel (II, 634), Bürgel, Knecht (a. a. O. col. 303). Ebenso die Vorrede zu Petri Canisii parvus Catechismus Catholicorum ad usum Studiosae iuventutis Gymnasii SS. Trinitatis, Lovanii typis academicis 1791 (Sommervogel II, 643). In eben dieser Vorrede heißt es: Man glaube, daß Petavius und Chiffletius aus des Canisius „kleinem Katechismus für Katholiken" abermals einen Auszug gemacht hätten, und dieser letztere Auszug werde hier geboten. Sommervogel bemerkt: „Je ne sais sur quel fondement repose cette hypothèse" (II, 640).

[4] So Zezschwitz (Der Katechismus nach seinem Stoffe, 295), F. X. Kraus (Lehrbuch der Kirchengeschichte [1. Aufl., Trier 1872], 492), J. Chr. G. Schumann (Die Kirchengeschichte in Lebensbildern, 1. Abth. [2. Aufl., Hannover 1878], 256), Hase (a. a. O. 479), Hergenröther (Kirchengeschichte III, 296). Nach Peter Philipp Wolf wäre der große Katechismus 1554 „in Folio" und der kleine im gleichen Jahre erschienen! (Allgemeine Geschichte der Jesuiten I [Zürich 1789], 88.)

[5] *„Exponetur Summa doctrinae Christianae. . ." „Catechismum illum brevem qui doctrinae Christianae compendium est . . ." Cod.: „Historia Gymnasii trium coronarum", fol. 99—100.

[6] *Eigenhändiger, lateinischer Brief. Ostern war 1557 am 18. April.

1. Der lateinische „kleine Katechismus für Katholiken".

Im nämlichen Jahre verzeichnete Reidt im Tagebuche seiner Anstalt zum 13. April: „An diesem Tage gaben wir den Katechismus des hochwürdigen P. Nikolaus Goudanus in den Druck, der ein Auszug aus dem Katechismus des Canisius ist." [1]

So die Kölner Zeugen. Lassen wir nun unsern Katecheten selbst zu Wort kommen. Canisius zog im August des Jahres 1557 mit Goudan nach Worms zum Religionsgespräche. Auch die Löwener Hochschule sandte dorthin drei ihrer hellsten Leuchten: es waren Jodocus Tiletanus, Martin Balduin Rithovius, der spätere Bischof von Ypern, und Franz van den Velde, gewöhnlich Sonnius genannt, der als Bischof von Antwerpen starb. Canisius, der in seiner Jugend akademischer Bürger von Löwen gewesen, knüpfte zu Worms mit jenen niederländischen Gelehrten die Bande inniger Freundschaft. Aus Köln erhielt er den Besuch des Maternus Cholinus. „Vielleicht", schrieb Canisius am 23. September 1557 an Kessel, „werden wir ihm den kleinen Katechismus in verbesserter Gestalt mitgeben, damit er bei Euch neu gedruckt werde." [2] Näheres über die Wormser Katechismusarbeiten erfahren wir aus einem Berichte, welchen der Diener Gottes etwa vier Wochen nach seiner Ankunft in Ingolstadt, am 23. Februar 1558, nach Rom an Laynez abstattete. Nachdem er von seinem großen Katechismus gesprochen, fährt er fort: „Ich habe auch noch einen andern Katechismus, welchen ich auf Andringen der Löwener Theologen gemacht habe. Dieselben sagten mir zu Worms — und ebenso urtheilen die andern —, es wäre für die Jugend sehr ersprießlich, einen kürzern und einfachern Katechismus zu haben, dem auch eine Anleitung zum Beichten und zum Betrachten beigegeben wäre. Und so gab ich mich denn zusammen mit P. Goudan daran und fuhr dann hier fort, einen Auszug aus dem ersten Katechismus anzufertigen. Ich setzte dabei auch für einige Stücke eine neue, bessere Erklärung ein. Meines Erachtens würde es mehr Nutzen bringen, diesen kleinen Katechismus beim Unterrichte zu gebrauchen, als den großen zu nehmen. Ich hoffe in Bälde ein Exemplar dieses Werkleins schicken zu können, und wünsche, daß Euer Hochwürden und die

---

[1] *Historia Gymnasii trium coronarum fol. 47*. P. Jakob Boyman S. J., welcher um das Jahr 1638 diese Geschichte bis zum Jahre 1578 geführt hat, gibt diese Stelle in ihrem lateinischen Wortlaute „ex fastis gymnasii, manu P. Rhetii, fol. 19". Reidt (Rheydt) hatte seinen kölnischen Patriziernamen zu dem lateinischen „Rhetius" umgeschmolzen.

[2] *„Fortassis illi addemus parvum Catechismum recognitum, ut isthic recudatur." Eigenhändiger, lateinischer Brief.

andern Patres, falls sie es für angezeigt halten, mir mittheilen, was sie über das Buch urtheilen, und was sie an demselben zu tadeln haben."[1]

Auch die Rückreise von Worms nach Ingolstadt war für die Katechismusarbeit nicht fruchtlos geblieben. Canisius wählte den Umweg über das Elsaß, um in Zabern mit dem Bischofe von Straßburg auf dessen Wunsch über die Gründung eines Collegiums zu unterhandeln. Die freien Stunden von Zabern benützte er dazu, dem Katechismusauszuge von Worms einen vorläufigen Abschluß zu geben und ihn sogleich im frischen Leben zu erproben. Ich habe, schrieb er an Laynez, in Zabern „den kleinen Katechismus für Katholiken" geschrieben und ihn den Knaben in der Schule vorgetragen[2].

Die Buchdruckerpresse mußte noch geraume Zeit auf den neuen Katechismus harren. Erst nach dem 24. November 1558 konnte Reidt in seinem Tagebuche vermerken: „In dieser Zeit ließen wir bei Maternus Cholinus die Rede für den König Deiotarus drucken, nach der Ausgabe des Carolus Stephanus verbessert, mit abweichenden Lesarten am Rande. Ferner gaben wir dem Cholinus den kleinen Katechismus für Katholiken zu drucken, welchen Canisius fertig gestellt und uns zugesendet hatte."[3] Cholin begann sein Werk wohl mit dem Cicero. Der Druck des Katechismus scheint sich so lange hingezogen zu haben, daß das Buch mit der Jahrzahl 1559 bezeichnet wurde, obwohl es noch 1558 erschien[4]. Schon zu Ostern dieses Jahres konnte der Kölner Schulmann verzeichnen, daß das Buch jetzt zum zweitenmal in Köln sei auf-

---

[1] *Canisius an Laynez, Ingolstadt, 23. Februar 1558. Italienischer Brief. Urschrift.

[2] *Canisius an Laynez, Ingolstadt, 1. Februar 1558. Lateinischer Brief in gleichzeitiger Abschrift. Ein kleines Bruchstück italienisch bei *Boero*, Canisio, 176.

[3] *„Circa hanc studiorum renovationem curavimus imprimi ... parvum Catholicorum catechismum, quem a se confectum nobis miserat Canisius." Ephemerides Rhetii, fol. 25ᵃ. Nach einem neuen Auszuge aus denselben. In einem *Berichte über den Stand des Kölner Collegs, der am Aschermittwoch 1559 nach Rom geschickt wurde, heißt es: M. Gregorius parvum interpretatur Catechismum, quem a R. P. Canisio nuper ad nos missum, et imprimi curavimus, et discipulis ediscendum dedimus. Bruchstück in neuer Abschrift.

[4] *Dafür spricht die Nachricht, welche unten S. 117 Anm. 4 folgt. Man vergleiche damit den Collegsbericht über den Monat December 1558, welcher am 6. Januar 1559 im Auftrage Kessels nach Rom erstattet wurde: „Reliqua immutata manserunt, nisi quod in inferioribus scholis catechismus brevior a R. P. Canisio nobis missus (quem typis excudi curavimus) pueris explicetur." Bruchstück in neuer Abschrift.

gelegt worden, diesmal in der berühmten Druckerei der Gymenich[1], im Hause zum Einhorn, die bis auf unsere Tage fortgebauert hat[2]. Einen dritten Druck sah der Monat Juni[3]. Ende November dachte man an einen vierten[4].

So begann denn Canisius in den letzten Monaten des Jahres 1557 zu Worms auf Anrathen der Löwener Professoren und mit Beihilfe seines Gefährten Gouban aus einem großen Katechismus zum Besten der Gymnasialschüler einen neuen lateinischen Auszug zu machen. Er setzte diese Arbeit zu Zabern im Elsaß fort, vollendete sie in den ersten Monaten des Jahres 1558 zu Ingolstadt und sandte sie im selben Jahre nach Köln an seine Ordensbrüder. Sie ging dort gegen Ende des Jahres in die Druckerei und erschien unter dem Namen: Kleiner Katechismus für Katholiken; wahrscheinlich war sie mit der Jahrzahl 1559 gezeichnet.

Dunkler, aber auch mehr von rein örtlicher Bedeutung und somit weniger wichtig sind jene Aeußerungen unserer Gewährsmänner, welche hinter die Entstehung des „kleinen Katechismus" zurückgreifen. Schon im Frühlinge des Jahres 1557 benutzte man bei den „Drei Kronen" zu Köln einen Auszug aus der Summe des Canisius. Es war wohl der kleinste lateinische Katechismus von 1556, den man zu Ostern 1557 in Köln neu aufgelegt hatte[5]. Im Spätsommer dieses Jahres gelangte,

---

[1] *„Circa hoc festum paschae parvus Societatis Catechismus secundo impressus est Coloniae in domo Gymnici." Tagebuch zum Jahre 1559, fol. 27[b]. (Bruchstück in neuer Abschrift.) Ostern war damals am 26. März.

[2] Haus „Unter Fettenhennen 13". Später besaßen das Geschäft nacheinander die Hierat, Kinck, Rommerskirchen, Mellinghaus ꝛc.

[3] *„4. die Iun. [1559] ... Item parvus Canisii Catechismus latinus tertio hic impressus est per auctorem auctus et correctus." Ebenda fol. 28[b]. (Neue Abschrift.) Hier faßt also wohl Reidt den „kleinen" Katechismus als eine Erweiterung und Verbesserung des kleinsten. Das Buch hat auch wirklich dieses Aussehen. Hört man jedoch Canisius selber reden, so muß man viel eher sagen, es sei unmittelbar aus dem großen Katechismus geschöpft. Vgl. oben S. 115.

[4] *In dem Monatsberichte, welcher am 28. November 1559 aus Köln über den Stand des Collegs nach Rom erstattet wurde, heißt es: „[P. Canisii Catechismus] minor intra unum hic annum ter in hac Civitate impressus est et nunc quarto imprimetur." Bruchstück in neuer Abschrift.

[5] *Darauf weist auch folgende Aufzeichnung Reidts hin: „8. Idus Ianuar. [a. 1558] venit ad nos Iohannes Spengius Rector scholae et concionator in Wreeden. ... ille in sua schola leget Despauterium, utrumque Canisii Catechismum, Evangelia et epistolas cum annotationibus Canisii, et nostras selectas epistolas Ciceronis." Tagebuch fol. 15[a]. (Bruchstück in neuer Abschrift.) Unter den „Evangelien ꝛc." ist das Ingolstädter Studentengebetbuch des Canisius vom Jahre 1556 gemeint. Vgl. Zeitschrift für kathol. Theologie a. a. O. 732.

so scheint es, aus Köln an Canisius nach Worms das Verlangen nach einer verbesserten Ausgabe des Büchleins, und dieser legte samt seinem Gefährten Goudanus Hand an das Werk. Da reifte in Canisius der Entschluß, einen ganz neuen Auszug aus der Summe, den „kleinen Katechismus für Katholiken" zu schaffen. Bevor dieser in Köln eintraf, ward dort, wie es scheint, um Ostern 1558 [1] der kleinste Katechismus in verbesserter Gestalt gedruckt. Man nannte ihn, ab und zu wenigstens, den Katechismus des P. Gouban. Gouban hatte sicher an demselben mitgearbeitet. Vielleicht war er auch durch Gouban aus Worms nach Köln gebracht oder geschickt worden, und hatte Gouban allein die Reinschrift besorgt [2]. Daß Gouban neben dem kleinen und dem kleinsten Katechismus des Canisius einen ganz eigenen Auszug aus der Summe geliefert habe, wird in unseres Christenlehrers Briefen, „Bekenntnissen", Schriften nirgends erwähnt, ist auch den Geschichtschreibern des Ordens unbekannt [3].

Kehren wir zu Canisius zurück! Ende April des Jahres 1558 mußte er abermals seine Schritte nach der Tiberstadt lenken, zu der Generalversammlung seines Ordens. Nun konnte er den neuen Katechismus persönlich seinen römischen Obern unterbreiten. Derselbe war, wie es scheint, zu Rom sehr willkommen. Am 1. Februar 1560 erklärte der Rector des Wiener Collegs: seines Wissens sei das Büchlein zu Rom in den Druck gegeben worden, während Canisius dort weilte [4]. Jedenfalls zog die Herausgabe der Arbeit sich in die Länge. Noch am 21. December 1559 mußte Polanco seinem Ordensbruder Ludwig Cobret nach Annecy schreiben: er könne den kleinen Katechismus noch nicht senden; der päpstliche Stuhl sei verwaist, und der „Meister des heiligen Palastes", von dem die Schrift müsse durchgesehen werden, gestorben [5]. Bald war auch dies Hinderniß beseitigt. Allem Anscheine nach dachte man zu Rom

---

[1] Ostern fiel auf den 10. April.

[2] *Der vielbeschäftigte Canisius benutzte öfters einen Ordensbruder als Schreiber. Sein handschriftlicher Nachlaß bietet zahllose Beispiele dafür. So findet sich im Ordensbesitze ein langes lateinisches Schreiben, welches Canisius am 2. September 1557 aus Worms an Laynez richtete. Die Nachschrift ist von seiner eigenen Hand. Für das übrige aber hat ihm Gouban als Schreiber gedient.

[3] So, glaube ich, läßt sich am besten der Knäuel von unklaren Nachrichten entwirren. Weiß jemand bessern Rath, so will ich ihm Dank wissen. Nahe liegt der Gedanke, bei einigen dieser Nachrichten sei die Zeitangabe falsch, oder sie setze einen andern Jahresanfang voraus, als den 1. Januar. Aber eine Annahme, welche alle Knoten löste, finde ich auch auf diesem Wege nicht.

[4] *P. Victoria an Laynez, Wien, 1. Februar 1560. Eigenhändiger, italienischer Brief. Die Stelle ist undeutlich geschrieben. Aber wenn man sie in ihrem Zusammenhange nimmt und mit den unten zu erwähnenden Stellen vergleicht, so wird es mindestens sehr wahrscheinlich, daß dies ihr Sinn.

[5] *„Si mandara un libreto dela Doctrina christiana delle ultime che adesso se aconchanno, che per trovarci in sede vacante non si spedisce, massime essendo morto il mastro del sacro palacio, che doveria rivederla." Gleichzeitige Abschrift.

1. Der lateinische „kleine Katechismus für Katholiken". 119

im März des folgenden Jahres sogar schon an eine zweite, verbesserte Auflage[1]. So hätte denn jenes Rom, welches etwa 100 Jahre früher von Deutschen die edle Kunst des Buchdrucks gelernt und welches bis zum Jahre 1500 bereits 23 deutsche Drucker zählte[2], einen der frühesten Drucke jenes Katechismus geliefert, der, ein Geisteskind des ersten deutschen Jesuiten, in Tausenden von deutschen Jünglingen den Gehorsam und die Liebe gegen Petri Stuhl neu beleben und befruchten sollte. Leider sind diese ersten römischen Drucke sehr selten geworden oder ganz untergegangen.

Nicht besser steht es um die vier ersten Kölner Ausgaben. In den Bücherläden rasch vergriffen, von den Knabenhänden abgenutzt, zerknittert und zerpflückt, von den Vorstehern der Büchersammlungen vornehm gering-geschätzt, scheinen sie so gut wie verschwunden zu sein[3]. Man weiß nur noch[4], daß eine derselben, jedenfalls nicht die erste, in klein Octav ge-halten war[5] und auf dem Titel in lateinischer Sprache als „Kleiner Ka-techismus für Katholiken" sich einführte, der im Jahre 1559 zu Köln gedruckt sei. Der Verfasser ist nicht genannt. Den Drucker ließ nur sein abenteuerliches Druckerzeichen errathen: ein Seepferd umfaßt eine Säule, auf der ein Kranich steht, eine Schlange im Schnabel[6]. Nach de Backer, der den Druck wohl noch mit eigenen Augen sehen konnte, weicht derselbe in seinem Wortlaute zuweilen von den spätern Auflagen mäßig ab. Seine Vorrede, welche offenbar auch schon im Erstlingsdrucke

---

[1] *Polanco an Canisius, Rom, 9. März 1560. Italienischer Brief in gleich-zeitiger Abschrift.

[2] Kapp a. a. O. 188. L. Pastor, Geschichte der Päpste II (Freiburg i. Br. 1889). 310—312.

[3] Im Stadtarchive zu Köln kann man noch den Bibliothekskatalog des ehe-maligen Kölner Jesuitencollegiums finden, sowie die mehrbändigen handschriftlichen „Annales typographici Civitatis Coloniensis", welche Ludwig von Büllingen, Stiftsherr von Cornelimünster († 1848), hinterlassen hat. Aber jene vier Drucke sind dort nicht verzeichnet.

[4] De Backer I, 1059. Nach ihm Sommervogel II, 634. De Backer irrt offenbar, wenn er beifügt: „Ces premières éditions furent faites sans l'au-torisation de l'auteur."

[5] Nach De Backer ist sie weder paginirt noch foliirt.

[6] Kapp (a. a. O. 827) behauptet, um 1562 habe Walter Fabricius zu Köln dies Druckerzeichen gehabt. Zu Craeten finden sich zwei spätere Kölner Drucke, in welchen Johann Egmenichs Druckerei zum Einhorn dasselbe führt: das Decachordum Psalterium des Kartäusers Johann Michael (apud Ioannem Gymnicum, sub Mo-nocerote 1600; in der Umrahmung oben zwei Einhörner, unten zwei sinnbildliche Gestalten) und die Instructio sacerdotum ac poenitentium von Franz Toletus (1621; die Einhörner fehlen hier).

stand, ist in zwei handschriftlichen Geschichten des Dreikronen=Gymnasiums noch vollständig erhalten¹. Dieselbe ist am 26. November 1558 von Köln aus an die Jugend dieser Anstalt gerichtet und sagt den Kölner Musensöhnen in musterhafter Kürze: Dieser Auszug aus dem „kaiserlichen Katechismus" sei für sie von einem gelehrten Manne gemacht. Sie möchten alles ihrem Gedächtnisse fleißig einprägen und in ihren Sitten getreulich zum Ausdrucke bringen. Sechs fließende lateinische Verse wiederholen die Mahnung². Aus Dichtung und Prosa, meint der Geschichtschreiber des Gymnasiums, spreche der Leiter der Anstalt, Johannes Reidt, selbst³.

Im Jahre 1559 besaß auch die Kaiserstadt am Donauufer bereits eine eigene Ausgabe dieses kleinen Katechismus.

Eben damals errichtete im dortigen Collegium der Rector Johannes von Victoria eine eigene Druckerei. Kaiser Ferdinand hatte die Gründung veranlaßt⁴; er gewährte ihr für jeden Druck ein Privileg auf zehn Jahre. Auch einige Bischöfe versprachen, sie zu fördern⁵. Um das Ordensleben vor Störung zu bewahren, stellte Victoria um November 1559 mit Beistimmung des Kaisers einen Auswärtigen, den Doctor der Philosophie Wilhelm Sulenius, auch Columna genannt, einen gebornen Blamländer, als „Corector und Präfect" an die Spitze des Werkes⁶. In den Jahren 1559—1565 ging eine Reihe von Schulschriften, Erbauungsbüchern, Anleitungen für Seelsorger aus dieser Druckerei hervor. Selbst der Primas von Ungarn, Nikolaus Oláh, übergab ihr die Satzungen seiner Tyrnaner Bisthumsversammlung zum Drucke⁷.

Unser „kleiner Katechismus" ist eines der ersten Geschenke, welches die W i e n e r J e s u i t e n d r u c k e r e i der Jugend Oesterreichs bescherte, und zugleich unter allen Ausgaben des Werkes die älteste, welche man noch näher kennt. Die Hofbibliothek von Wien bewahrt ein Exemplar⁸. Unterhalb des Namens „Kleiner Katechismus für Katholiken" zeigt sich

---

¹ * „Historia Gymnasii trium coronarum" fol. 57, im Ordensbesitze. * „Historia gymnasii novi trium coronarum" fol. 70, auf Schloß Kendenich bei Köln.
² Abschrift in der erstern Historia l. c.
³ So P. Boyman; vgl. S. 115 Anm. 1.
⁴ *Polanco an Canisius, Rom, 27. Januar 1560. Italienischer Brief in gleichzeitiger Abschrift.
⁵ *Karl Grimm S. J. an Laynez, Wien, 11. December 1559. Eigenhändiger, lateinischer Brief.
⁶ *Thomas Illyricus S. J. in den „Litterae quadrimestres" des Wiener Collegs, Wien, 1. Januar 1560. Lateinische Urschrift. — * Polanco an Victoria, Rom, 27. Januar 1560. Italienischer Brief in gleichzeitiger Abschrift.
⁷ Drucke dieser Presse sind verzeichnet bei Denis a. a. O. XVI. XVII. 579. 580. 591. 592. 600. 807. 623. Mayer a. a. O. 94—96. M. Denis, Nachtrag zur Buchdruckergeschichte Wiens (Wien 1793), 4. 5. 78. 79. J. Probst, Beiträge zur Geschichte der Gymnasien in Tirol (Innsbruck 1858), 31.
⁸ Sig. 18. Z. 63. Ein zweites Exemplar ist mir nicht bekannt.

1. Der lateinische „kleine Katechismus für Katholiken". 121

als Druckerzeichen der Name Jesu im Strahlenkranze[1]. Das gefällige, mit sieben kleinen Holzschnitten gezierte Büchlein, achtunddreißig gezeichnete und drei nicht gezeichnete Blätter in Sedez umfassend, stellt sich in seinen fünf Hauptstücken und 122 Fragen sofort als einen Auszug aus dem großen Katechismus dar[2]. Vom „kleinsten Katechismus" hebt sich dieser „kleine" am schärfsten dadurch ab, daß er nicht nur gleich diesem für die einzelnen Sacramente eigene Fragen bietet, sondern auch für alle einzelnen Artikel des Glaubensbekenntnisses, Bitten des Vaterunsers, Gebote Gottes. Wie beim großen Katechismus, so springt auch hier das Streben in die Augen, vor allem wider die herrschenden Irrthümer der Zeit das Gegengift zu reichen. Dem Englischen Gruße gehören vier Fragen an. In besondern Fragen erörtert das Buch die Eigenschaften der Kirche, die Anrufung der Heiligen, die Verehrung der Bilder, den Gehorsam gegen die geistliche Obrigkeit, die Opferwürde der heiligen Messe, die Wesensverwandlung beim Sacramente des Altars, die Pflicht, dasselbe anzubeten. Auf den reichen Rahmen von Randbelegen, wie er im großen Katechismus das Lehrwort umschließt, hat Canisius hier verzichtet. Den Schluß bildet ein Gebet, welches nach der Ueberlieferung der hl. Thomas von Aquin jeden Tag zu sprechen pflegte[3]. Der Verfasser des Katechismus ist nirgends genannt. Eingeleitet und empfohlen ist das Ganze durch eine Vorrede des Doctor Sulenius. Ehemaliger Zögling des deutschen Collegiums zu Rom[4], mochte Sulenius eine besondere Genugthuung darin finden, in diesem Drucke die Gefühle der Dankbarkeit gegen einen Mann verkörpern zu können, welcher dem deutschen Collegium schon so viele Schüler und Gönner gewonnen hatte und stets dessen Gedeihen mit warmem Eifer förderte.

Noch im Jahre 1559 gab auch Johannes Beller zu Antwerpen das Werk heraus. Dasselbe hieß hier „Katholischer Katechismus", und Canisius war auf dem Titelblatte als Verfasser verrathen[5]. „Ich bedaure,"

---

[1] PARVVS CATECHISMVS | CATHOLICORVM. Viennæ Austriæ. In Aedibus Cæsarei Collegij Sotietatis [sic] JESV. M. D. L. IX.

[2] Die Fragen vertheilen sich auf die fünf Hauptstücke der Reihe nach so: 21, 17, 25, 18, 41.

[3] Concede mihi, quesumus, omnipotens et misericors Deus, quae tibi placita sunt ... Endet: ... gaudiis tuis in patria frui per gloriam. Amen. Es ist das einzige Gebet des Büchleins.

[4] * Dies bezeugt Thom. Illyricus im oben angeführten Schreiben S. 120. Anm. 6.

[5] CATECHISMVS | CATHOLICVS IVVENTVTI FORMANDAE | hoc saeculo quam maxi- mè necessarius. | Autore D. Petro Canisio Doctore | Theologo Societatis Jesu. | ANTVERPIAE, Apud Joannem Bellerum. M. D. LIX. Kl. 8⁰. 28 nicht gezeichnete Blätter einschl. Titelblatt. Am Ende Gutheißung durch einen

erklärte dieſer, „daß das geſchehen iſt. Ich werde nun nothgedrungen dieſes Büchlein in verbeſſerter Auflage und mit irgend einer Vorrede herausgeben." [1] Um Verbeſſerungsvorſchläge wandte er ſich an ſeine Kölner Mitbrüder, beſonders an Gouban, der in ihrer Mitte weilte [2]. Das gleiche Anſuchen ſtellte er an Mercurian, den Provincial für Niederdeutſchland [3]. Auch Kaiſer Ferdinand wünſchte einen Neudruck. Die Wiener Ausgabe von 1559 war wohl ſchnell vergriffen. Ferdinand aber wollte dieſen kleinen Katechismus gleich dem großen für alle ſeine Lande vorſchreiben.

Mit Vaterſorge wachte der Ordensgeneral Laynez über dem Buche. Den Rector des Wiener Collegiums ließ er im Jahre 1559 auffordern, die Ausgaben, welche die dortige Preſſe vorbereitete, ihm einzuſenden und der Ordensverfaſſung eingedenk zu ſein, laut welcher kein Buch ans Licht treten dürfe, bevor man es zu Rom geſehen [4]. Ein Jahr ſpäter erhielt Caniſius aus der ewigen Stadt die Nachricht: Der General ſelbſt wolle den kleinen Katechismus durchſehen; überdies wolle er das Büchlein auch einem andern Ordensgenoſſen zur Durchſicht übergeben; daraufhin werde er ſein Urtheil dem Verfaſſer kundthun [5]. Als zweiten Cenſor wählte Laynez den Pater Rabal. Doch dieſer mußte vor vollendeter Arbeit nach Spanien abreiſen, und nun erhielt Emmanuel Sa, der bereits den großen Katechismus unter ſeinem Rothſtifte gehabt, den Auftrag, über Rabals Bemerkungen an Laynez Bericht zu erſtatten [6]. Es gab an dem Werke wenig zu verbeſſern [7]. Daſſelbe gefiel ſehr [8]. Am 11. Januar 1561 ward es von dem Secretär des Ordens an

---

Antwerpener Pfarrer. Staatsbibliothek zu München (Catech. 51); Kaiſerliche Bibliothek zu Linz (H. I. 19).

[1] *Caniſius an Keſſel, Augsburg, 16. Juli 1560. Lateiniſcher Brief in neuer Abſchrift.

[2] *Caniſius an Keſſel, 30. Juli 1560: „P. Goudani et vestram expecto sententiam non solum de hoc, sed de aliis etiam, quae vel addenda, vel mutanda in utroque Catechismo iudicaveritis." Neue Abſchrift.

[3] *Brief vom 13. Auguſt 1560. Siehe oben S. 73.

[4] *Polanco an Victoria, Rom, 30. December 1559. Italieniſcher Brief in gleichzeitiger Abſchrift.

[5] *Polanco an Caniſius, Rom, 13. Juli 1560. Italieniſcher Brief in gleichzeitiger Abſchrift.

[6] *Polanco an Caniſius, Rom, 14. December 1560. Italieniſcher Brief in gleichzeitiger Abſchrift.

[7] *Polanco an Caniſius, Rom, 19. October 1560: „Il cathechismo picholo . . . tiene poco da corregere." Italieniſcher Brief in gleichzeitiger Abſchrift.

[8] *Polanco an Caniſius, Rom, 9. März 1560: „Ricevemmo . . . quel cathechismo picolo della R. V. quale è parso molto buono." Italieniſcher Brief in gleichzeitiger Abſchrift.

1. Der lateinische „kleine Katechismus für Katholiken".

seinem Verfasser zurückgesendet. Zugleich erhielt dieser die Weisung, nach der Drucklegung ein Exemplar nach Rom und eines nach Genua zu senden[1]. Im Mai dieses Jahres schrieb Canisius zu Augsburg die kurze lateinische Vorrede. „Was ich hier vorbringe," sagt er in derselben, „das ist schon vor mir von vielen Christenlehrern häufig und trefflich abgehandelt worden. Man mag die Schriften anderer lesen und ihnen den Vorzug vor der meinigen geben. Ich will das nicht hindern, nicht davon abrathen, wenn nur die Kleinen Christi ihre heilsame, wohl genießbare Milch erhalten. Der Kinder Wohl liegt uns am Herzen. Das fördern wir mit Freuden, so viele unser in dieser Gesellschaft des Namens Jesu leben. Die Jugend zur Wissenschaft wie zur Frömmigkeit heranzubilden, darauf verlegen wir uns von unseres Berufes wegen, soweit wir es nur mit Christi Gnade vermögen." Er hätte, fügt er dann bei, seinen Namen auch diesmal gerne verschwiegen. Aber die Obrigkeit wollte es anders[2].

Die Presse des Wiener Collegiums war, wie es scheint, die erste, welche den Druck des verbesserten Katechismus in Angriff nahm. „Er ist uns sehr nothwendig," schrieb der Rector Victoria am 1. Februar 1561 an Laynez; „in unserem Hause findet man fast kein Exemplar mehr." „Der Pater Provincial schrieb mir, er hoffe das Buch in verbesserter Gestalt von Rom zurückzuerhalten."[3] In der That sah man noch im nämlichen Jahre den kleinen Katechismus zu Wien in verjüngter Fassung erscheinen. Das Collegium widmete ihn am 12. Juli dem jungen Herrn Johannes von Trautson, dessen Vater die Aemter eines Erbmarschalles von Tirol und eines Oberstofmarschalles des Kaisers bekleidete. Vater und Sohn, besagt die Widmung, seien mit dem Verfasser des Katechismus, dem Pater Canisius, innig befreundet. Am Schlusse macht sich hier zum erstenmal jene Blumenlese von Schriftworten bemerkbar, welche fortan diesen Leitfaden beharrlich durch die Lande und die Zeiten begleiten sollte; diese Stellen, heißt es in der Ueberschrift, müsse man allzeit zur Hand haben, um den katholischen Glauben zu vertheidigen[4].

---

[1] * Polanco an Canisius, Rom, 11. Januar 1561. Italienischer Brief in gleichzeitiger Abschrift.

[2] Parvus Catechismus Catholicorum (Coloniae 1564, Ausgabe mit den Gebeten) fol. A 2ᵃ — A 2ᵇ.

[3] * Eigenhändiger Brief.

[4] Das einzige noch bekannte Exemplar dieser Ausgabe gehört dem Prämonstratenserstifte Strahow bei Prag (Sig. BB. × 53); leider fehlt das Titelblatt. 16⁰. 48 Blätter und außerdem am Anfange 11 nicht gezeichnete Blätter. Nach der Widmung zehn Seiten mit der Inhaltsangabe; dann drei Seiten mit dem Verzeichnisse

Auch die Hauptstadt Polens lieferte noch im Jahre 1561 eine Ausgabe des Buches. Dieser Krakauer Druck ist der erste, in welchem dasselbe den Namen trägt: „Unterweisungen in der christlichen Frömmigkeit."[1] Ein Keim dieser Bezeichnung zeigt sich schon bei dem kleinsten Katechismus vom Jahre 1556[2]. Ob Canisius bei derselben auch an Calvin dachte? Dieser gab zuerst im Jahre 1536 seine oft aufgelegte „Unterweisung in der christlichen Religion" heraus[3]. Später wurde auf dem Titelblatte unseres kleinen Katechismus oftmals der ursprüngliche und der spätere Name gepaart[4].

Ein neuer Fortschritt in der Entwicklung und Ausstattung unseres Buches knüpft sich an den Namen Maternus Cholinus. In dem Kaiserlichen Katechismuserlasse vom 10. December 1560 hatte der Kölner Rathsherr auch für den kleinen Katechismus besondere Vollmacht und Begünstigung erhalten. Daß er dieselbe verwerthet habe, ist erst für das Jahr 1564 nachweisbar[5]. Was seine Ausgabe auszeichnet, ist der reiche

---

der Druckfehler. Der eigentliche Katechismus Blatt 1—41; dann die „Testimonia Scripturae sacrae, contra haereticos in promptu semper habenda"; zuletzt das Gebet des hl. Thomas, wie 1559; großer, hübscher Druck; sechs halbblattgroße Holzschnitte.

[1] Institutiones Christianae pietatis (Cracoviae 1561). Fehlt bei De Backer, Estreicher, Sommervogel. Ein Exemplar in der Universitätsbibliothek zu Upsala.

[2] „Adiecimus demum in fine nonnulla, quae ad Christianae pietatis institutionem syncere breviterque tradendam plurimum conferant." Principia Grammatices, fol. A 2.

[3] Institutio christianae religionis.

[4] „Institutiones Christianae pietatis seu parvus Catechismus Catholicorum." Ungenau oder wenigstens unsicher ist die öfter auftretende Behauptung, das Buch sei mit diesem Doppelnamen ins Dasein getreten. Für den ersten Theil desselben läßt sich vor 1561 kein Druck anführen. Die Verbindung der zwei Titel ist erst für das Jahr 1567 nachweisbar, in welchem zu Antwerpen sowohl Plantin (Sommervogel II, 636) als Johannes Beller (Hofbibliothek zu Wien 16. K. 69) diese Benennung gebrauchten.

[5] PARVVS | CATECHIS- | MVS CATHOLICO- | RVM NVNC PRIMVM IN- | tegritati suę restitutus, & singu | lari auctoritate Sac. Cæs. | Maiest. editus. *Auctore D. Petro Canisio, Doctore | Theologo, societatis Jesu.* | ACCESSERE PRECES | Horariæ de æterna Dei sapien- | tia Jesu Christo Domino nostro, cum pijs quibusdam | & Christianis exerci- | tationibus. | COLONIAE, Apud Maternum Cholinum. | Anno 1564. *Cum Gratia & Priuilegio Cæs Maiest.* 12°. 66 nicht gezeichnete Blätter einschl. Titelblatt. Von Blatt C 7ᵃ an Andachtsübungen. Lycealbibliothek zu Dilingen XVIII. 2096. Im nämlichen Jahre erschien bei Cholin eine Ausgabe, in welcher Canisius auf dem Titelblatte nicht genannt ist und keine Gebete sich finden. 8°. 27 nicht gezeichnete Blätter einschl. Titelbl. Vorrede von Canisius. Kaiserliche Bibliothek in Linz, C I. 373.

Schatz von kernigen Andachtsübungen, den sie in ihrem Anhange erschließt. Da sind vor allem die kurzen „Tagzeiten von der ewigen Weisheit", in welchen die Christusminne des seligen Heinrich Suso, dieser Zier des Predigerordens, den Duft ihrer Andacht und Freude aushaucht. Jeder Student, meint Canisius, sollte sie täglich beten, damit er das Licht der wahren Weisheit von Christus erlange; Christus sei ja der Quell der Weisheit und die Weisheit selbst. Ohne Christi Gnade sei alles Wissen eitel, ja verderblich[1]. Danach wird für jeden Tag der Woche eine der Tugenden zur Betrachtung vorgelegt, welche der Heiland während seines Erdenwandels geübt, für den Sonntag seine Demuth, für den Montag seine Sanftmuth, für den Dienstag seine Geduld, und so fort. „Unter allen Uebungen wahrer Frömmigkeit", schreibt Canisius in der Einleitung zu diesen Erwägungen, „gibt es nichts, was vortrefflicher wäre, nichts, was Gott wohlgefälliger, dem Menschen nützlicher und nöthiger, für ein gutes und seliges Leben ersprießlicher, als daß man sich fleißig in der beständigen Betrachtung des Lebens und Leidens unseres Herrn Jesu Christi übe."[2] Heute noch trifft man diese einfachen, kindlich frommen Betrachtungen „über die Tugenden Christi", theilweise von des Seligen eigener Hand aufgezeichnet, in einem handschriftlichen Büchlein, in welchem er Ergüsse seiner Andacht und Grundsätze für sein Thun sich gesammelt hat[3]. Unter den eigentlichen Gebeten des Katechismus ragt jenes hervor, welches Canisius für den Beginn des Studiums empfiehlt; es beginnt mit den Worten: „O unaussprechlicher Schöpfer!"[4] Nach der Ueberlieferung hat es der hl. Thomas oftmals gebetet, bevor er zur Feder griff oder den Predigtstuhl bestieg. Papst Leo XIII. hat dieses Gebet mit einem besondern Ablasse ausgezeichnet[5]. Dasselbe hat jahrhundertelang im kleinen Katechismus seinen Ehrenplatz behauptet und sicher dazu beigetragen, in der deutschen Jugend das Andenken und den Segen des „Engels der Schule" zu wahren und zu mehren.

---

[1] So spricht sich Canisius z. B. aus in der Dilinger Ausgabe des kleinen Katechismus vom Jahre 1572, fol. 33ᵇ.

[2] In der genannten Dilinger Ausgabe, fol. 53ᵇ.

[3] * Papierhandschrift in 12°, in weißes Leder gebunden, gezeichnet „Scripta B. P. Canisii X. K."; p. 148—156.

[4] Creator ineffabilis . . Endet: egressum compleas. Per Christum Dominum nostrum. Amen. Der jetzt verbreitete Wortlaut weicht von dem unseres kleinen Kölner Katechismus von 1564 in einigen Kleinigkeiten ab.

[5] Siehe Fr. Beringer S. J., Die Ablässe, ihr Wesen und Gebrauch (9. Aufl. Paderborn und Münster 1887), 244.

Der Ordensgeneral hatte unserem Christenlehrer bedeutet: Die Gebete, welche er seinem Buche beifügen wolle, brauche er nicht erst nach Rom zu senden; es genüge, mit den gelehrten Ordensbrüdern, den „Doctoren" von Ingolstadt, Rücksprache zu nehmen[1]. Jene Andachtsübungen fanden denn auch schon, ohne Zweifel mit Zustimmung des Canisius, Aufnahme in die Antwerpener und Venediger Drucke der Jahre 1561 und 1563[2].

Die „Tagzeiten von der ewigen Weisheit" wurden später gegen die Seligsprechung des Dieners Gottes verwerthet. Er hatte sie in seinem kleinen Katechismus beibehalten, auch nachdem Pius V. alle Tagzeiten verboten hatte, welche nicht im römischen Breviere ständen. Im Jahre 1587 hatte er sie überdies in sein neues lateinisches „Handbuch für Katholiken" aufgenommen[3]. Aber der Schatten ward schnell verscheucht: man wies nach, daß jenes Verbot nur den öffentlichen kirchlichen Gottesdienst im Auge hatte, nicht die stille Andacht der einzelnen Gläubigen[4].

2. Der kleine Katechismus in das Deutsche übertragen.

Noch war Canisius nicht zufrieden. In lateinischer Sprache geschrieben, mußte sein mittlerer Katechismus für einen großen Theil des deutschen Volkes ein versiegeltes Buch bleiben. Canisius aber wollte sein Buch allen Deutschen öffnen. Den Deutschen gehörte ja sein ganzes Herz. „Es gibt kein Volk auf Erden," schrieb er im Jahre 1558 an Herzog Albrecht von Bayern, „welches uns Jesuiten mehr am Herzen liegen muß, als das deutsche." „Italiens und Spaniens", mahnte er seine Mitarbeiter, „müssen wir vergessen und uns Deutschland allein hingeben, nicht auf einige Zeit, sondern für das ganze Leben. Hier müssen wir aus allen Kräften und mit dem größten Eifer arbeiten, und solange wir nicht abberufen werden, müssen wir nichts so sehr begehren als die Besserung und das fröhliche Gedeihen des deutschen Ernteseldes."[5] Stets war Canisius in Rom der Anwalt der Deutschen. In seinem handschriftlichen Nachlasse findet man eine Zusammenstellung der deutschen Päpste

---

[1] *Polanco an Canisius, Rom, 14. December 1560. Siehe S. 122 Anm. 6.

[2] Beide erschienen unter dem Titel „Catechismus catholicus" und mit Nennung des Verfassers. Siehe Sommervogel II, 634—635. Sie finden sich in der Staatsbibliothek zu München (Antwerpen 1561 unter Catech. 92. 1., Venedig 1563 unter Catech. 50).

[3] „Manuale Catholicorum in usum pie precandi ... editum." Exercitium III. Zuerst zu Freiburg in der Schweiz und zu Ingolstadt erschienen; im ganzen mehr als 30mal gedruckt.

[4] P. Leo Bertolotti aus dem Orden des hl. Franz von Caracciolo, Consultor der Congregation der Riten und des Inder, hat hierüber ein eigenes Gutachten verfaßt; es findet sich in den gedruckten Seligsprechungsacten (Positio super dubio an et quomodo sit signanda commissio. [Romae 1734.] Summ. sup. sign. comm., p. 4—6). Vertheidigt und belobt wurde damals das Verfahren des Canisius auch in einem andern Gutachten, das im Auftrage der Ritencongregation verfaßt war. Siehe oben S. 39 Anm. 1.

[5] Beide Stellen bei Janssen a. a. O. 392.

2. Der kleine Katechismus in das Deutsche übertragen.

mit Nachrichten über ihr Leben[1]. So oft ich bei P. Canisius meine Beichte ablegte, berichtet P. Jakob Keller im Seligsprechungsprocesse[2], ermahnte er mich, ich solle für Deutschland beten[3].

Besonders nahe lag dem Herzen des Gottesmannes auch **die deutsche Sprache**. Er war schon Rector der Hochschule von Ingolstadt, da stellte er noch zusammen mit P. Gouban deutsche Sprachübungen an[4]. Seine Studenten ließ er neben den lateinischen Vorträgen auch deutsche halten. „Ich wünsche," schrieb er an seine Mitbrüder nach Köln, „daß ihr im Deutschen euch selbst und eure Schüler übet."[5] Während Canisius Provincial war und sein Stiefbruder Theodorich Rector zu München, stand im dortigen Collegium das Studium der deutschen Sprache in Blüthe[6].

Von dem großen Katechismus des Canisius erschien schon im Jahre 1556 bei Zimmermann in Wien eine oberdeutsche Uebersetzung[7], wahrscheinlich ein Werk des Convertiten Bonaventura Thoma, Hofpredigers der Königin Katharina von Polen[8]. Köln lieferte solche Uebersetzungen in den Jahren 1563 und 1569, während Antwerpen und Löwen in den Jahren 1557, 1558, 1563 das Werk der niederdeutschen Mundart anbequemten[9].

Die allerersten Anfangsgründe der christlichen Lehre hatte, wie wir sahen, Canisius selbst schon im Jahre 1558 in deutschen Lauten der „zarten Jugend" geboten.

Er ließ denselben um den Anfang des Jahres 1561 ein deutsches Gebetbuch folgen. „Dasselbe findet reißenden Abgang", meldete am 8. Mai sein Gefährte Wilhelm Elderen aus Augsburg nach Rom. „Besonders

---

[1] *Cod. „Scripta P. Canisii. X. I.", fol. 2ᵃ.

[2] *Cod. „Processus Beatificationis Ven. Servi Dei P. Canisii, conscriptus a P. Franc. Schmalzgrueber." No. 240. In der Lycealbibliothek zu Dilingen. Dieser Zug blieb bisher unbeachtet.

[3] Wie warm das Herz des hl. Ignatius für Deutschland schlug, zeigt Paul v. Hoensbroech S. J., Warum sollen die Jesuiten nicht nach Deutschland zurück? (2. Aufl., Freiburg i. Br. 1891), 5—6.

[4] *Canisius an den hl. Ignatius, Ingolstadt, 2. November 1550. Italienische Urschrift. Ein Theil gedruckt bei *Boero*, Canisio, 74—75.

[5] *Canisius an Kessel, Ingolstadt, 14. December 1551. Eigenhändiges, lateinisches Schreiben.

[6] *Polanco an Theodorich Canisius, Rom, 1. März 1563. „Ci ralegramo in Domino del studio che si mette nella lingua Tedesca." Gleichzeitige Abschrift.

[7] Vgl. S. 102.

[8] Siehe *Stanislai Hosii* Epistolae II. Edd. Dr. *Fr. Hipler* et Dr. *Vinc. Zakrzewski* (Cracoviae 1886. 1888), p. 733. 748. 749.

[9] Mehr zu sagen, gebricht es mir an Raum. Ich hoffe, wie gesagt, dies bald in einer andern Schrift thun zu können.

gut hat es dem Kaiser gefallen. Derselbe hat verlangt, daß man es Wort für Wort ins Latein übertrage."¹ Heutzutage scheint dieser Druck gänzlich verschwunden zu sein. Er war auch damals sehr schnell vergriffen. Der Drucker rüstete sich, wie Elderen berichtet, noch im Jahre 1561 zu einer neuen Ausgabe.

Diese Gelegenheit benutzte Canisius. Der „kleine Katechismus für Katholiken" wurde ins Deutsche übersetzt, mit Zusätzen bereichert und mit dem deutschen Gebetbuche in eines verschmolzen². Am 1. December 1562 konnte der Verfasser aus Augsburg an einen Kölner Freund schreiben: „Ich werde vielleicht meiner Schwester ein Büchlein schicken, das jetzt im Drucke ist und Euch vielleicht nicht mißfallen wird. Ich habe nämlich das deutsche Gebetbüchlein und auch den in deutscher Sprache geschriebenen Katechismus verbessert und vergrößert, um mich um die Deutschen verdient machen zu können; hat man mich ja doch, obwohl ich dessen unwürdig bin, in dieser Provinz dem deutschen Volke zum Prediger gegeben."³ Das Werk erschien in den ersten Tagen des Jahres 1563 in Dilingen, dem Fürstensitze der Bischöfe von Augsburg⁴. Canisius hatte, wie es scheint, vom Augsburger Domkapitel eine eigene Druckerlaubniß erhalten⁵.

---

¹ *Litterae quadrimestres Augustanae, 8. Mail 1561. Lateinische Urschrift.

² Wie war es wohl möglich, daß man so vielfach den kleinen und den kleinsten Katechismus in eines zusammengeworfen hat? Diese Stelle bietet einen Schlüssel zu dem Räthsel. Gegen Ende seines Lebens nimmt zwar Canisius in seinen Selbstbekenntnissen ausdrücklich drei Katechismen für sich in Anspruch, einen größern, einen kleinern und einen kleinsten. In früherer Zeit aber, als Mißverständnisse noch weniger zu befürchten waren, hat er wohl auch den kleinen Katechismus als eine verbesserte und erweiterte Gestaltung des kleinsten bezeichnet. Er hätte ihn auch eine kurze Zusammenfassung des großen nennen können. Im Jahre 1562 lag ihm der kleinste Katechismus schon in deutscher Sprache vor, der kleine nur lateinisch. Beide waren Auszüge aus dem großen Katechismus und zwar möglichst wortgetreue. Diejenigen Stücke, welche bereits für den kleinsten Katechismus ausgezogen und übersetzt waren, konnte Canisius jetzt einfach herübernehmen. Zur Ergänzung und Ausfüllung genügte es, aus dem „kleinen" lateinischen Katechismus jene Stücke neu zu übersetzen, die dem kleinsten fehlten.

³ *Lateinischer Brief in neuer Abschrift.

⁴ *Am 15. Januar 1563 sandte P. Kessel aus Köln „sechs kleine deutsche Katechismen" von Canisius an seinen Provincial. Lateinisches Brief-Bruchstück in neuer Abschrift.

⁵ *In der Chorsacristei des Domes zu Augsburg hängt ein altes, hübsches, in neuerer Zeit aufgefrischtes Oelbild unseres Seligen. Auf der Rückseite des Gemäldes führt eine lateinische Inschrift das Leben des Gottesmannes in kurzen Zügen vor. Hier heißt es, wahrscheinlich auf Grund von Acten des Domkapitels: Anno

2. Der kleine Katechismus in das Deutsche übertragen.

Im nämlichen Jahre ließ bekanntlich Kurfürst Friedrich III. von der Pfalz zum erstenmal das berühmte Lehr- und Bekenntnißbuch des Calvinismus, den **Heidelberger Katechismus**, erscheinen, dem er in spätern Drucken die vielberufene achtzigste Frage von der Messe beifügen ließ. „Ist also die Messe", so mußten die Kinder hier lernen, „im Grunde nichts anderes denn eine Verläugnung des einigen Opfers und Leidens Jesu Christi und eine vermaledeite Abgötterei."[1]

Sebald Mayer, der des Canisius neue Arbeit druckte, war zuerst Eigenthümer der Dilinger Druckerei gewesen. Aber Cardinal Otto von Truchseß kaufte sie im Jahre 1560 und übergab sie acht Jahre später dem Jesuiten-Collegium, welches er im Jahre 1563 zu Dilingen errichtet und mit der Leitung seiner Hochschule betraut hatte. Die Führung der Druckgeschäfte blieb nach wie vor in Meister Sebalds Händen[2].

Auf dem Titelblatte liest man: CATECHISMVS.|Kurtze Erclä=|rung der fürnemsten stuck|des wahren Catholischen|Glaubens.|Auch rechte vnd Catholi=sche form zu betten.|Alles von newem mit fleiß gebessert|vnd gemehret, durch D. P. Ca=|nisium Thümprebigern zů|Augspurg.|Mit Röm. Kay. May. Freyheit.|Anno Dñi M.D.LXIII[3].

1563 die 27. Sept. a capitulo concessum, ut Catechismus huius P. Canisii prima vice Dilingae imprimeretur. Das 1563 ist offenbar in 1562 zu ändern.
[*] Schon am 14. December 1560 hatte Laynez an Canisius schreiben lassen: Sein deutsches Gebetbuch sollte vor dem Drucke nicht nur von den Ingolstädter Professoren durchgesehen werden, sondern auch mit Bewilligung des Bischofes oder des Generalvicars erscheinen. Es scheine auch nicht ungeeignet, daß der Verfasser wenigstens in der Gutheißung des Generalvicars genannt werde, damit man nicht gegen das Verbot verstoße, Bücher „incerto authore" zu drucken. Vgl. S. 73.
[1] Mehr darüber bei Janssen a. a. O. 196.
[2] Siehe Zeitschrift für kathol. Theologie a. a. O. 727.
[3] Zeile 2, 3, 5, 6 und die vorletzte, sowie „durch D. Petrum Canisium" roth gedruckt; auf der letzten Seite: Getruckt zů Dilingen, durch Sebaldum Mayer; kl. 8°; der Katechismus umfaßt 96 nicht gezeichnete Blätter einschl. Titelblatt und Schlußblatt; die eigentlichen Fragen und Antworten stehen Blatt C 7ᵃ—L 5ᵇ; dann das Betbuch, 326 Blätter einschl. Titelblatt und außerdem am Ende neun nicht gezeichnete Blätter. Aus dem Titel und wohl auch aus den Worten der Vorrede: „Dies Betbuch sammt dem Catechismo wird jetzt abermal gedruckt", hat man gefolgert, dieser deutsche Katechismus sei auch schon früher gedruckt worden. Aber Canisius faßte damals, wie wir sahen (S. 128), diesen Katechismus als eine Verbesserung und Erweiterung des kleinsten, der 1558 gedruckt ward. Wo der amtliche Bericht über die Augsburger Ordensniederlassung von der ersten Herausgabe des deutschen Betbuches spricht, erwähnt er mit keiner Silbe, daß ein Katechismus demselben beigegeben war.
[*] „Das Gebetbuch", schreibt Canisius am 6. August 1560 an die Kölner Ordensgenossen, „werdet ihr mit Gottes Hilfe nach zwei oder drei Monaten erhalten" (vgl. S. 127). Der Tiroler Kammermeister Hans Schauber verzeichnet in seiner [*] „Rechnung für das Jahr 1561, Canisius habe den Töchtern des Kaisers „zwelf Pettpuechlen" „zuegeschriben, geschickht vnd vereert" („Hannsen Schaubers . . . Ambtsraitung" für 1561, Cod. des Statthalterei-Archives zu Innsbruck, Bl. 112ᵇ—113ᵃ). Jedenfalls führte also die erste Ausgabe des Betbuches nicht wie die zweite, dem

Im Vorworte versäumt Canisius nicht, sich zu entschuldigen: „Ich hätte meinen Namen auf dies mal, wie vor, gern unterlassen, zum Theil darum, daß ich bei der Einfältigkeit bliebe und des Ruhms müßig ginge, zum Theil auch, damit den Zänkischen zu dieser Zeit weniger Ursach zum Hader, Neid und Widerwillen gegeben würde. Jetzunder aber, aus verständiger Leut Anhalten, und daß ich die Wahrheit vor Freund und Feinden frei bekenne, hab ich's also geschehen lassen, daß dieß gebessert Werk Gott allein zu Lob und dem gemeinen Mann zu Nutz in meinem Namen öffentlich ausgehe. Wöllen sie mich darum lästern und schänden, so hab ich desto mehr Ursach, das Böse mit Gutem zu überwinden, die Feind und Spötter zu lieben und, wie Paulus sagt, feurige Kohlen auf ihre Häupter zu sammeln." [1]

Eine besondere Einleitung ist dem Katechismus im engern Sinne gewidmet. „Wer kann's genugsam anzeigen," so schreibt hier Canisius, „wie daß es vast gut und nutz, ja auch hoch von nöthen wäre, daß alle Christen eine Summari und Inhalt wüßten von den jetzt gesagten Stucken und Hauptartikeln der christlichen Lehr und Wahrheit? Und welcher gutherzige Mensch wollt nit wünschen und rathen, daß die junge Welt auch solche heilsame Ding bei Zeiten lernete? Wer könnt' bann zweifeln, es würb' alsbann nit allein die eble christliche Jugend daraus gottsförchtiger aufwachsen, sonder auch die ganze Christenheit in allen Ständen aus solcher reinen gesunden Lehre gebessert und glückselig werden?" Diese Lehre kann man in diesem Büchlein finden. „Darum man sollichs vom Anfang bis zum End besto fleißiger lesen, ja auch oft repetieren soll. Wirdet gewißlich mit Gottes Gnaden ohn großen Nutz nit abgehen, wo man solchen Katechismum der Jugend in den Schulen einbildet und von Wort zu Wort auswendig zu lernen und zu aller Zeit in Herzen und Mund zu haben besiehlet." [2]

Der Katechismus enthält 116 Fragen, also sechs weniger als die lateinische Ausgabe [3]; das fünfte Hauptstück hat hier 41, dort nur

---

Jahre 1563 angehörige die Aufschrift „Catechismus". Dazu kommt ein anderer Umstand: die besondere Vorrede, welche Canisius in der zweiten Ausgabe des Betbuches bem Katechismus voranschickt, bezeichnet auch nicht mit einem einzigen Laute diesen Katechismus als einen Neubruck, als schon früher bagewesen. Der bemüthige Katechismusverfasser hat sicher nicht geahnt, daß nach Jahrhunderten die Literaturgeschichte sich seiner harmlosen Büchlein bemächtigen und sie zum Gegenstand ihrer gelehrten Neugierde machen werde; sonst hätte er zuweilen seine Ausdrücke genauer zugespitzt.

[1] Catechismus (Dilingen 1563), Bl. A II.
[2] Catechismus (Dilingen 1563), Bl. C 3ᵃ — C 6ᵃ.
[3] Sie vertheilen sich auf die fünf Hauptstücke der Reihe nach also: 22, 17, 26, 17, 34.

2. Der kleine Katechismus in das Deutsche übertragen.

34 Fragen; doch die Kürzung ist fast nur Schein: mehrmals verbinden sich zwei lateinische Fragen und Antworten zu je einer deutschen, ohne von ihrem Lehrgehalte etwas einzubüßen. Im ganzen ist der deutsche Katechismus sogar etwas reicher; der kurze lateinische Ausdruck löst sich nicht selten in mehrere deutsche Worte und Wendungen auf; kurze Schriftstellen sind da und dort eingestreut[1]. Die Schrift und Väterworte, welche im lateinischen Katechismus als Anhang auftreten, sind hier vermehrt und als sechstes Hauptstück dem Werke angegliedert, jedoch ohne Fragen.

[1] Was den kleinen lateinischen Katechismus kennzeichnet, besondere Erklärungen der einzelnen Stücke des Glaubensbekenntnisses, Vaterunsers, Dekalogs, sowie eigene Fragen über die angegriffenen Lehrpunkte, wie die Anrufung der Heiligen, die Messe als Opfer u. s. w.: das alles zeigt sich in gleicher Weise in unserem deutschen Katechismus. Welche Erweiterung und Aenderung manche Fragen erfahren haben, mögen zwei Beispiele zeigen. Ich gebe die lateinischen Fragen nach der Wiener Ausgabe des Parvus Catechismus Catholicorum von 1559, die deutschen nach dem Neudrucke des Dilinger „Catechismus" von 1563, welchen Moufang geliefert hat (Katholische Katechismen ꝛc. 559—594):

Quid est Ecclesia?
Est omnium Christi fidem atque doctrinam profidentium congregatio, quae sub uno et summo post Christum capite et pastore in terris gubernatur.

Was heißt und ist die Kirch?
Die einig, wahre und Catholische Kirch ist sovil als ein gemaine versamlung aller Christglaubigen, welche in einigkeit des glaubens und in gleichförmiger haltung der Sacrament vereiniget seind, und sich auß Christi befelch hie auff erden regieren lassen von dem Apostel Petro und seinen nachkommen, als von einem geistlichen Haupthirten und Christi stathalter.

Quid est matrimonium?
Sacramentum, quo vir et mulier legitime contrahentes, individuam vitae societatem ineunt, gratiaque divina donantur, tum ut soboles honeste et Christiane suscipiatur ac educetur, tum ut humanae libidinis et incontinentiae peccatum declinetur.

(In der Dilinger Ausgabe von 1572 steht foedae statt humanae, und evitetur statt declinetur.)

Was ist vom Ehstand zu halten?
Die Christliche Ehe ist auch ein Sacrament, durch welches zwo Christliche personen, mann und weib, sich ordentlicher, gebürlicher weiß zusammen verheuraten, und als lang sie leben, bey einander bestenbig zu bleiben versprechen. Darzu empfahen sie in diesem Sacrament Gottes gnaden, daß sie besto baß erbarlich leben, Christliche kinder zeugen und aufferziehen, auch die sünden der unkeuschheit und aller unzucht füglicher vermeiden mögen. Und ist das die bedeutung, daß durch solche ehleut angezeigt wirdt, die geistliche, himlische ehe, so unzertrent und ewig bleibt zwischen Christo dem breutigam und seiner geliebten gesponß, der Christlichen kirchen.

In dem Gebetstheile unseres Buches wird der Katechismus noch weiter ausgesponnen und zur Anwendung gebracht. Man findet hier 18 ausführliche Fragstücke von der Beicht und ebensoviele vom Sacramente des Altars. Mit Gebeten eines hl. Augustin, Chrysostomus, Johannes von Damaskus, Beda, Franz von Assisi, Thomas von Aquin wechseln Psalmen in deutscher Uebersetzung, Anleitungen zur abendlichen Gewissenserforschung und zur rechten Begehung der Heiligenfeste, Unterweisungen über die Hilfe, welche man den Seelen der Abgestorbenen bringen soll, Umschreibungen und Auslegungen des Glaubensbekenntnisses, Vaterunsers, Englischen Grußes. Manches ist überaus zart und fromm; man möchte an Tauler und Suso und die hl. Gertrudis denken, möchte das Büchlein eine Nachblüthe mittelalterlicher Mystik nennen. Andere Gebete zeichnen sich durch Kraft und Bündigkeit aus; so das „letzte Gebet eines betrübten Sünders". Besonders nachdrucksvoll bringt Canisius in diesen Gebeten jene Wahrheit zur Darstellung, welche auch die Seele aller seiner Katechismen bildet: die Wahrheit, daß Jesus Christus das Alpha und das Omega, der Grundstein und die Krone des menschlichen Heiles ist. Der Christenlehrschüler findet hier die Art und Weise, „wie einer zu morgens sein Thun und Lassen Gott befehlen und sich mit Christi Verdienst vereinigen soll", wie er vor dem Schlafe den „alten Lobgesang auf Christus" sprechen soll, der mit den Worten beginnt:

„Christus du ein Licht und Tag,
Die Finsterniß der Nacht verjag'."

Er sieht, wie er „den Herrn Jesum und seinen heiligen Namen ehren und anrufen soll", trifft eine Bitte, „daß der Mensch dem Leben und dem Bildniß des gekreuzigten Herrn Jesu Christi möge gleichförmig werden", „sieben Danksagungen für die heiligsten sieben Blutvergießungen Christi, wider die sieben Todsünden nutzbar zu sprechen", Erinnerungen an das ganze Leben Christi, in 50 kurze Gebete zusammengezogen, endlich einen ganzen Kranz von Gebeten zum leidenden Erlöser.

Unser Katechismus sollte zunächst den gemeinen Mann anziehen, den untern Schichten des Volkes zu Nutz und Frommen gereichen. Darum bringt er denn auch gleich am Eingange einen ausführlichen Kirchenkalender mit allerlei Fingerzeigen und guten Räthen für das Kirchenjahr. Selbst die beliebten „Bauernregeln" fehlen nicht ganz. So heißt es „von den vier Theilen des Jahres":

„Sankt Clemens uns den Winter bringt,
Sankt Peters Stuhl den Lenz herbringt,
Den Sommer bringt uns Sankt Urban,
Den Herbst aber Simphorian."

„Wann die Sonne von ober zu uns neigt", das lehrt der Dichter mit den Worten:

„Auf Barnabä die Sonne weicht,
Auf Lucia sie zu uns schleicht."

Bemerkenswerth ist auch die Ausstattung des Werkes: der große, hübsche Schwabacher Druck in schwarz und roth, die mehr als 100 Holzschnitte, von denen manche, wie der Heiland am Oelberge und St. Hieronymus, an Albrecht Dürer erinnern, das Schmuckwerk von Blumen, Früchten, Engels-

2. Der kleine Katechismus in das Deutsche übertragen.

köpfchen, Menschengestalten, welches im heitern, fast üppigen Renaissance-Geschmacke jede Seite des Buches umrahmt. Dieses Erzeugniß der Dilinger Presse müßte allein schon genügen, das Verlangen nach einer Dilinger Buchdruckergeschichte rege und wirksam zu machen.

Man darf sich freuen, daß sich von der Erstlingsausgabe des kleinen deutschen Katechismus wenigstens ein Exemplar vollständig erhalten hat. Dasselbe gehörte ehedem dem Jesuiten-Collegium von Ingolstadt; jetzt wird es in der bischöflichen Bibliothek zu Eichstätt bewahrt [1]. Johann Baptist Reiser, der eifrige Canisiusforscher, hat nach dieser Vorlage das Werk in neuerer Rechtschreibung wieder herausgegeben [2], und Papst Pius IX. hat in einem eigenen Schreiben seiner Freude darüber Ausdruck verliehen [3].

Nach dem Jahre 1563 hat der „kleine Katechismus", soweit er des Canisius eigenes Werk ist, keine erhebliche Wandlungen mehr durchgemacht [4].

Stellt man einen Vergleich an zwischen den drei Katechismen des Canisius, dem großen, kleinen und kleinsten, so wird man dem kleinen die Palme zuerkennen müssen. Mit ihm war die goldene Mittelstraße gefunden. Wenn zu Rom im Generalshause der Gesellschaft Jesu dieses

---

[1] Sign.: S 1. Ein Exemplar, in welchem das Gebetbuch fehlt, sah ich in der Hofbibliothek zu Wien (21. Z. 46).

[2] Gebetbuch des seligen Petrus Canisius S. J. Theol. nebst dessen kurzer Erklärung der Hauptwahrheiten des katholischen Glaubens. 16⁰. (VIII u. 528 Seiten, Regensburg und New York 1867, Friedrich Pustet.)

[3] Reiser, B. Petrus Canisius als Katechet, 71.

[4] Hier zwei Beispiele solcher Wandlungen. Ich gebe die Zusätze von 1572 in gesperrter Schrift, die Aenderungen cursiv.

Parvus Catechismus Catholicorum.

Viennae 1559.	Dilingae 1572.
Quis dicendus est Christianus atque Catholicus?	Quis dicendus est Christianus atque Catholicus?
Qui Jesu Christi veri Dei atque hominis salutarem doctrinam in eius Ecclesia profitetur: neque sectis vel opinionibus ullis ab Ecclesia Catholica alienis adhaeret.	Qui Baptismatis Sacramento initiatus, Jesu Christi veri Dei atque hominis salutarem doctrinam in eius Ecclesia profitetur: neque sectis vel opinionibus ullis ab Ecclesia Catholica alienis adhaeret.
Quid est Fides?	Quid est Fides?
Donum Dei ac lumen, quo illustratus homo firmiter assentitur omnibus, quae, ut credantur, Deus revelavit, sive scripta illa sint, sive non sint.	Donum Dei ac lumen, quo illustratus homo firmiter assentitur omnibus quae *Deus revelavit, et nobis per Ecclesiam credenda proposuit:* sive scripta illa sint, sive non sint.

Während 1559 am Rande keine Schrift- und Väterstellen stehen, findet man sie dort 1572, jedoch dünn gesäet.

Buch mehr denn einmal als eine „gute" Leistung belobt wurde¹, so findet dies Lob seine Bestätigung auch aus gegnerischem Munde. Ranke gibt dem Werke das Zeugniß, daß es „durch wohlzusammenhängende Fragen und bündige Antworten das Bedürfniß der Lernenden befriebigte"². Der Verfasser, sagt der protestantische Theologe Johann Georg Walch, „hat sich bei Abfassung dieses Katechismus in gleicher Weise der Kürze wie der Klarheit beflissen, und mit einzigartiger Genauigkeit die Lehrsätze vorgetragen, welche der römischen Kirche eigenthümlich sind"³. Im gleichen Sinne rühmt Zezschwitz⁴ das Büchlein als ein Muster an Klarheit und Bestimmtheit des Lehrausdruckes, auch in seiner Anlage, als ein „Meisterstück in Kürze, Präcision und Lernbarkeit"⁵.

Aehnlich dachte man auch schon zu Lebzeiten des Verfassers. Die Pariser Sorbonne hatte im Jahre 1555, dem Geburtsjahr unseres großen Katechismus, grimmige Blitze auf den jungen Jesuitenorden geschleubert. Zehn Jahre später stand der kleine Katechismus des Canisius vor ihrem Richterstuhle; das Urtheil der theologischen Facultät ging dahin: das Buch sei gut katholisch, voll von Gelehrsamkeit, von hohem Nutzen für alle Christgläubigen⁶. In Deutschland erklärte im Jahre 1581 einer der ersten Bekämpfer der Hexenprocesse, der Mainzer katholische Priester Cornelius

---

¹ Siehe S. 122. Auch in einem *Schreiben, welches am 27. Mai 1561 aus Rom nach Frankreich an P. Pelletarius gerichtet wurde, ließ Laynez diesen Katechismus für einen „guten" erklären. Gleichzeitige Abschrift.

² Die römischen Päpste II (6. Aufl., Leipzig 1874), 23.

³ Bibliotheca theologica selecta I (Jenae 1757), 494.

⁴ Der Katechismus nach seinem Stoffe, 205; Die Katechese als erotematischer Religionsunterricht (Leipzig 1872), 87—88.

⁵ Als „klar und tactvoll geschrieben" bezeichnet die Katechismen des Canisius das protestantische „Lexikon für Theologie und Kirchenwesen" von H. Holtzmann und R. Zöpffel (Leipzig 1882), zum Worte „Canisius". — Martin Philippson sagt bei Besprechung der religiösen Zustände Deutschlands um die Mitte des 16. Jahrhunderts: „Un bon catéchisme, court, concis et pourtant complet, bien fait et pourtant compréhensible aux intelligences médiocres, étoit d'une grande nécessité pour les populations qui étaient encore restées catholiques. Canisius le termina en peu de temps et avec tant d'habilité, que son petit livre est devenu un des ouvrages typiques de ses correligionnaires." La Contre-révolution religieuse au XVIᵉ siècle (Bruxelles 1884), 87.

⁶ Diese Thatsache ist sehr unbeachtet und doch sehr beachtenswerth; man denke nur an die Begriffsbestimmung der Kirche in diesem Katechismus! (Vgl. S. 131.) Ich kann mir deshalb nicht versagen, das Urtheil wörtlich wiederzugeben: Nous soubsignez Doctours, Regens en la faculté de Theologie de Paris, certifions auoir veu et leu diligemment ce present llure intitulé, Petit Catechisme des Catholiques, faict premierement en Latin, par M. Pierre Canisius, etc.

Loos: seines Erachtens verdiene der „kleine Katechismus für Katholiken" die Krone unter allen Schriften, welche unser Seliger verfaßt. Canisius, so fährt Loos weiter, „hat ihn durch gelehrte und dabei wohlthuende Kürze dem Verstande der Jugend und der Fassungskraft aller angepaßt... Man kann sagen, er habe durch dieses Büchlein allein schon sich einen unsterblichen Namen verdient"[1]. Noch schwerer wiegen die einfachen Worte, welche Cardinal Bellarmin an einen Priester der Gesellschaft Jesu schrieb: „Wäre mir der kurze Katechismus unseres hochwürdigen und — das ist mein frommer Glaube — heiligen P. Petrus Canisius damals bekannt gewesen, als ich auf Befehl meiner Obern meinen italienischen Katechismus verfaßte, so hätte ich sicherlich mich nicht abgeplagt, um einen neuen Katechismus zu gestalten; ich hätte einfach den Katechismus des P. Canisius aus dem Latein ins Italienische übersetzt."[2]

Der landläufige Stammbaum der Katechismen von Canisius läßt aus der „Summe" oder dem großen Katechismus unmittelbar nur den kleinen Katechismus hervorgehen und leitet dann von diesem kleinen den kleinsten ab. Man sieht: das Bild muß bedeutend umgezeichnet werden. Der kleinste Katechismus ist nicht ein Enkel der Summe, sondern ihr erstgebornes Kind, welchem der kleine Katechismus als nachgeborner Bruder sich anschließt.

anquel nous n'auons trouué chose qui ne soit bonne et Catholique, pleine de toute erudition, tres-vtile et necessaire à tous fideles Chrestiens,
Faict ce 7. May 1565.   J. BENOIS D'ALENÇON.
Man findet diese Gutheißung in dem bei Sommervogel fehlenden PETIT CATE-CHISME | DES CATHOLI- | QVES LATIN ET FRANÇOIS. | Composé par Maistre Pierre Canisius | Docteur en Theologie, de la com: | pagnie du nom de JESVS. | *Approuué par la faculté de Theologie | de Paris.* | AV PONT-A-MOVS-SON, | Par Melchior Bernard, Imprimeur de Monseigneur | le Duc de Lorraine. 1601. 16°; 79 nicht gezeichnete Blätter einschl. Titelblatt. Universitätsbibliothek zu Freiburg i. Br. (35, 366).
[1] Illustrium Germaniae Scriptorum Catalogus ... *Cornelio Loos* Callidio auctore (Moguntiae 1581), fol. N ª — N 4 ᵇ.
[2] Diese Worte, aus welchen ebenso sehr die Größe des deutschen Kinderfreundes als die Demuth des italienischen Cardinals hervorleuchten, schrieb Bellarmin allen Anzeichen nach an P. Georg Mayr, der den kleinen Katechismus des Canisius und auch den des Bellarmin mit Bildern geschmückt hat. Siehe Zeitschrift für kathol. Theologie a. a. O., 731.

Vierter Abschnitt.
Allerlei Gestaltungen und Erscheinungsweisen der Katechismen des Canisius.

1. Das große Christenlehrwerk.

In seinem großen Katechismus sprach Canisius meist mit den Worten der Schrift und der christlichen Urkirche. Zum Besten derer, welche ihr Wissensdurst noch weiter drängte, oder welche den Katechismus der Jugend zu erklären hatten, übersäte unser Meister überdies, wie wir sahen, die Ränder des Buches mit kurzen Verweisen auf andere Schrift- und Väterstellen, welche das Katechismuswort noch mehr aufhellen und befestigen sollten. Aber vielen war es nicht möglich, diesen Winken zu folgen. Es fehlten ihnen die Väterausgaben; die Mauriner waren noch nicht erstanden; die Welt hatte noch keine Ahnung von der Migne'schen Sammlung griechischer und lateinischer Kirchenschriftsteller. Es mußte ein Mann kommen, welcher den Muth und den Fleiß besaß, hinabzusteigen in die weiten Schachte des christlichen Alterthums und das Gold an das Tageslicht zu fördern, auf dessen Adern Canisius nur erst mit dem Finger hingedeutet hatte. Dem Verfasser selbst gebrach es an Zeit und Kraft zu dieser langen, harten Arbeit. Zu seinen Predigten, Visitationsreisen, Missionsausflügen, Sendungen an Fürsten und Fürstinnen kam das Geheiß des Papstes Pius V., die bänderreiche protestantische Kirchengeschichte zu widerlegen, welche man unter dem Namen der „Magdeburger Centurien" kennt. Canisius gab sich mit wahrem Feuereifer dieser Aufgabe hin. Seine Gefährten fürchteten, sie möchte ihm das Leben kosten, und wirklich stand seit jener Zeit seine Gesundheit, durch vielerlei Anstrengungen erschüttert, nur mehr auf schwachen Füßen.

Da kam ihm Hilfe aus seiner Vaterstadt Nymwegen.

Vierter Abschnitt. 1. Das große Christenlehrwerk.

Dort war mit den Canis das Geschlecht der Buys, wo nicht durch Bande des Blutes, so doch durch Freundschaft enge verbunden. Dasselbe schenkte der aufblühenden Gesellschaft Jesu drei seiner Sprossen: Johannes Buys, oder wie man gewöhnlich sagt, Busäus lehrte gegen 20 Jahre Welt- und Gottesgelehrtheit an der Hochschule von Mainz und gab Schriften von Trittenheim, Hinkmar von Rheims, Peter von Blois, auch viele Früchte seines eigenen Geistes heraus. Sein Bruder Theodor disputirte im Jahre 1589 beim Religionsgespräche von Baden zusammen mit dem berühmten Convertiten Johannes Pistorius wider die Lutheraner Schmidlin und Heerbrand, bekleidete das Amt eines Provincials nacheinander in Oberdeutschland, am Rhein und in Oesterreich und wurde im Jahre 1615 dem neuen Ordensgenerale als Assistent für Deutschland an die Seite gestellt. Peter Busäus, Johanns und Theodors älterer Bruder, war im Jahre 1567 Novizenmeister im Kölner Jesuiten-Collegium und hatte daselbst den Schülern der höhern Klassen den Katechismus des Canisius zu erklären[1]. Das Jahr 1571 brachte ihm einen Ruf an die Hochschule von Wien; lange erklärte er hier die Heilige Schrift und wirkte zugleich als Lehrer der hebräischen Sprache am Jesuitencollegium. Als im Jahre 1584 der Ordensgeneral Claudius Aquaviva sechs Ordensgenossen aus verschiedenen Völkern um sich versammelte und mit Ausarbeitung der Schulordnung für den ganzen Orden betraute, gehörte auch Peter Busäus zu diesem Gelehrtenausschusse. Er wurde danach Vorsteher der adeligen Erziehungsanstalt zu Wien und starb im Jahre 1587.

Zu Köln reifte in Peter Busäus der Entschluß, dem großen Katechismus des Canisius sämtliche Belegstellen in ihrem vollen Wortlaute beizufügen. Den Anstoß dazu hatte ihm ein angesehener Geistlicher gegeben, der lange des großen Katechismus sich bedient hatte. Die wissenschaftlichen Schätze der Kölner Hochschule und des Kölner Domkapitels, die Büchereien der vielen Klöster, besonders der Kartause, welche durch Werner Rolewinck, Peter Blomevenna, Justus Landsberger, Laurenz Surius zu einem wahren Musensitze sich gestaltet hatte, die vielen Buchdruckereien und Buchhandlungen Kölns und deren ausgedehnte Geschäftsverbindungen mit ganz Europa: das alles schien wie geschaffen für eine solche Arbeit. Busäus suchte denn auch aus den reinsten Quellen zu schöpfen, welche jene Zeit kannte. So benutzte er für die Vulgatastellen die Ausgabe, welche die theologische Facultät von Löwen, dem Trienter Kirchenrathe gehorchend, nach streng kritischen Grundsätzen durch Professor Johann Henten hatte herstellen lassen. Neben der Cyprian-Ausgabe, welche soeben, im Jahre 1568, Pamelius zu Antwerpen veröffentlicht hatte, ward auch des Latino Latinio verdienstliche römische Aus-

---

[1] * Mitgliederverzeichniß des Kölner Collegiums vom 10. Mai 1567; Urschrift in der Historia Gymnasii trium coronarum, fol. 123.

[2] *M. Pachtler*, Ratio Studiorum Societatis Jesu II (Berol. 1887), 7—8; *Fr. Reiffenberg*, Historia Societatis Jesu ad Rhenum inferiorem I (Coloniae 1764), 142: *A. Socher* l. c. p. 358; *Sommervogel* II. 339; *Fr. Sacchinus*, Historiae Societatis Jesu Pars quinta (Romae 1661), II, 323.

138 Vierter Abschnitt. Gestaltungen und Erscheinungsweisen der Katechismen.

gabe vom Jahre 1563 zu Rathe gezogen; für die Briefe des Hieronymus verwendete der Kölner Gelehrte die Arbeit des Vittorio Mariano, Bischofs von Rieti, das Beste, was man damals besaß. Von Ambrosius kannte er neben der Baseler Ausgabe des Costerius vom Jahre 1555 auch schon die weit bessere, welche soeben Johannes Gillotius zu Paris ans Licht gegeben hatte.

Canisius stand dem Unternehmen keineswegs ferne. Am 15. Mai 1569 machte er von Dilingen aus den hl. Franz Borgia mit demselben bekannt. Dem Wunsche der Kölner Mitbrüder entsprechend, bat er zugleich, das Oberhaupt des Ordens möge gestatten, daß des Busäus Name auf dem Titelblatte des neuen Werkes sich zeige. Endlich bemerkte er: der Ordensgeneral werde nichts dagegen einzuwenden haben, daß er selbst zu dem Buche eine kleine Vorrede schreibe; in derselben sollte darauf hingewiesen werden, wie man diesen Väterstellen so reichliches Gegengift entnehmen könne wider die Verleumdungen der falschen Lehrer[1]. Einen Monat danach schrieb Canisius dem Rector des Kölner Collegiums: „Auf Euern Rath hin habe ich früher versprochen, zu diesem Werke eine Vorrede zu verfassen. Ich sende sie jetzt; aber vielleicht ist es zu spät. Indessen ist es Euch freigestellt, sie wegzulassen oder umzuändern. Zugleich gebe ich den Titel an, den das Buch führen soll, wofern Ihr nicht einen bessern ausfindig machet. Denn in diesen Dingen will ich gerne so verständigen Mitbrüdern nachgeben, und besonders meinem liebsten Magister Gerhard[2], dessen Wohlwollen und Eifer ich bereits kennen gelernt. Ich schulde ihm vielen Dank." „Den Lesern wird diese Fülle von Aussprüchen ohne Zweifel Nutzen bringen, mit Gottes Hilfe." „Meine Antwort auf Magister Gerhards Anfragen ist hoffentlich in Köln schon eingetroffen."[3] So unser Christenlehrer. Der Name, den er dem Buche zugedacht, war wohl der eines „Christenlehrwerkes" oder „katechetischen Werkes"; wenigstens spricht er ein halbes Jahr später von der Schrift unter dieser Bezeichnung[4]. Sein Vorschlag mag zu spät gekommen sein; jedenfalls drang er beim ersten Druck nicht durch. Auch die Vorrede blieb ungedruckt liegen, oder ward wenigstens, mit Weglassung seines Namens, umgestaltet.

---

[1] *Lateinischer Brief in neuer Abschrift.
[2] Dem Zusammenhange nach ist dies höchst wahrscheinlich der Kölner Buchdrucker Gerwin Calenius. Canisius hätte sich dann in seinem Vornamen geirrt.
[3] *Canisius an Kessel, Dilingen, 18. Juni 1569. Lateinischer Brief in neuer Abschrift.
[4] Opus Catechisticum. *Canisius an Peter Busäus, Augsburg, 8. Januar 1570. Lateinischer Brief in neuer Abschrift.

Druck und Verlag des neuen Buches übernahm Magister Gerwin Calenius zu Köln, der mit den Erben des berühmten Quentel'schen Geschäftes sich vereint hatte und Kirche und Wissenschaft mit einer ansehnlichen Reihe gründlicher Verlagswerke beschenkte [1]. Auf Ersuchen seines Jugendfreundes Laurenz Surius und der Kölner Jesuiten trug Canisius dafür Sorge, daß Calenius zu Rom dem hl. Pius V. warm empfohlen wurde [2]. Dieser gewährte ihm denn auch am 24. September 1569 für die Heiligenleben des Surius, des Vorläufers der Bollandisten, sowie für unser Christenlehrwerk ein Druck- und Verkaufsprivileg auf zehn Jahre [3]. Wer es verletzt, soll dem Banne verfallen und im Kirchenstaate überdies die Drucke verlieren und tausend Ducaten bezahlen. Dem Erzbischofe von Köln und allen andern Bischöfen und Gerichtsbehörden wird unter Androhung des Interdictes befohlen, den Calenius auf Verlangen in diesem seinem Rechte zu schützen. Auch Kaiser Maximilian II. bewilligte ein Privileg auf zehn Jahre [4].

Bei diesem Anlaß ward auch der Wortlaut des großen Katechismus einer abermaligen Prüfung unterzogen. Daß der Englische Gruß nunmehr den Schluß erhielt, den er noch gegenwärtig hat, das haben wir schon früher gesehen. Am 8. Januar 1570 dankte Canisius von Augsburg aus dem Busäus, daß er so fleißig ihm Bemerkungen zugehen lasse. Am Ende des großen Katechismus, in der Abhandlung von Sündenfall und Rechtfertigung, war die unbefleckte Empfängniß Mariens, damals noch fromme Meinung, nicht erklärter Glaubenssatz, von Canisius mit kurzen Worten erwähnt. Jetzt wollte unser Christenlehrer an dieser Stelle eine feine Aenderung angebracht wissen [5];

---

[1] Calenius war ein Schwager des Kölner Druckers Arnold Birckmann und stand in vielfacher geschäftlicher Beziehung zu dem Mainzer Buchdrucker Franz Behem. Sim. Widmann, Eine Mainzer Presse der Reformationszeit im Dienste der katholischen Literatur (Paderborn 1889), 8—9. 39. 62.

[2] *Canisius an Kessel, 18. Juni 1569. Vgl. S. 138 Anm. 8.

[3] Wörtlich abgedruckt am Eingange des I. Bdes. der 1. Aufl. des Christenlehrwerkes.

[4] Das kaiserliche Privileg ist auf den Titelblättern der ersten Auflage erwähnt.

[5] Durch die Erbsünde, sagt hier Canisius, werden alle Menschen unrein und Kinder des Zornes. Dann heißt es

im großen Katechismus, Köln 1566, fol. 199ᵇ:

excepta interim beata et immaculata virgine Maria Dei genitrice, quam, ubi de peccato originali a Patribus agitur, non est existimandum ab eis comprehendi.

in der *schriftlichen Weisung des Canisius an Busäus vom 8. Januar 1570, und buchstäblich ebenso im „Christenlehrwerke" 4. Theil (Köln 1570), 814:

excepta interim beata et immaculata virgine Maria Dei genitrice, quam hoc loco ubi de peccato originali agitur, non comprehendimus.

Die neue Fassung nähert sich offenbar noch mehr der Erklärung des Kirchenrathes er gab auch genau an, was babei am Rande als Beleg anzuführen sei, und Buſäus gehorchte gewiſſenhaft. Gewiſſe Ausſtellungen ſeines Kölner Freundes glaubte Caniſius zurückweiſen zu müſſen[1].

Eine koſtbare Stütze fanden Caniſius und Buſäus in ihrem greiſen Nymweger Landsmann **Bartholomäus Laurens**, genannt Poin, einem langjährigen, durch ſeine Gelehrſamkeit berühmten Corrector der Quentelſchen Druckerei[2]. Laurens habe, ſo verſichert Buſäus in ſeiner Einleitung, die ausgehobenen Schrift= und Väterſtellen mit ſcharfem Blicke gemuſtert; was irgendwie verdächtig ſchien, habe er nicht in den Druck gehen laſſen, bevor es nicht mit andern Ausgaben oder Handſchriften verglichen war. So wollte es ohne Zweifel auch der Verfaſſer des Kate= chismus. Diejenigen, ſchreibt er in ſeiner Vorrede zu Vegas Werk von der Rechtfertigung, „ſind ganz beſondern Abſcheues werth, welche durch ihre Trägheit, ja zuweilen durch ihre Bosheit es dahin bringen, daß die Werke tüchtiger Schriftſteller jämmerlich entſtellt oder nur ganz liederlich gedruckt werden. Andererſeits verdienen die hohes, öffentliches Lob, welche die trefflichen Arbeiten anderer in getreuem, fehlerfreiem Drucke an die Oeffentlichkeit befördern, und dies gilt beſonders da, wo es um den heiligen Glauben und die Förderung unſerer Religion ſich handelt"[3]. Laurens arbeitete auch zu jedem Bande des Chriſtenlehrwerkes ein eingehendes alphabetiſches Sachverzeichniß aus.

So erſchien denn mit Gutheißung des päpſtlichen Inquiſitors Theodorich von Herzogenbuſch, Dominikaners und Lehrers der Gottesgelehrtheit zu Köln[4],

---

(Sessio V. de pecc. orig.). Die von den Trienter Vätern angezogenen Verord= nungen des Papſtes Sirtus IV., bemerkt Caniſius in ſeinem Briefe, ſeien mehr den Rechtskundigen als den Gottesgelehrten, geſchweige denn andern, bekannt; es werde genügen, ſie am Rande anzumerken mit den Worten: „Ju. extrav. comm. lib. 3. de reliq. et vener. Sanct."

[1] So wünſchte Buſäus im fünften Hauptſtücke eine Stelle über das Gebet umzugeſtalten. Caniſius vertheidigte ſie und wollte höchſtens eine leiſe Abweichung von dem bisherigen Wortlaute zugeben. Buſäus ließ ſchließlich alles beim alten.

[2] Des Laurens Lob verkünden der Kölner Minorit Petrus Merſſäus Crate= polius (Electorum Ecclesiasticorum Catalogus [Coloniae 1580], p. 156) und der kölniſche Jeſuit Joſeph Hartzheim (Bibliotheca Coloniensis, [Coloniae 1747], p. 28). Laurens liegt im Kölner Dome begraben. Die im Roſenthalſchen Katalog LXXX, p. 42 aufgeworfene Frage, ob Laurens Kartäuſer war, iſt zu verneinen.

[3] De iustificatione doctrina universa. Authore *Andrea Vega* (Coloniae 1572), fol. B 4 b. Dies Lob, ſagt Caniſius, habe bei dieſer Vega=Ausgabe Bartholo= mäus Laurens ſich erworben.

[4] Die Gutheißung findet ſich auf der Rückſeite des Titelblattes des erſten Bandes am untern Rande in folgender Faſſung: Approbatio huius libri. Hoc

1. Das große Christenlehrwerk.

unser lateinisches Christenlehrwerk in den Jahren 1569 und 1570 unter dem Namen: „Beweisstellen aus der Heiligen Schrift und den heiligen Vätern, welche in des Doctor Petrus Canisius, Gottesgelehrten der Gesellschaft Jesu, kurzem Begriff der christlichen Lehre angerufen werden und jetzt zum erstenmal aus den Quellen selbst getreulich zusammengestellt und den Worten des Katechismus angefügt worden sind."[1]

Die Arbeit füllt vier Quartbände, welche zusammen mehr als 2500 Seiten enthalten.

Man hatte nur drei Bände geplant: der erste sollte die drei ersten Hauptstücke aufnehmen, der zweite die Sacramente, der dritte die Lehre von der Gerechtigkeit[2]. Aber in diesem fünften Hauptstücke erwies sich die erste Abtheilung, die Lehre von den Sünden, so umfangreich, daß man den zweiten Theil, die guten Werke, in einen vierten Band verweisen mußte. Die Schlußabhandlung über die Rechtfertigung ward ohne Erläuterungen abgedruckt, wohl des Raummangels wegen.

In seiner Vorrede spricht Busäus die Hoffnung aus, er werde seinen Lesern Nutzen und Freude bereiten. Denn dies Werk zeige sonnenklar, wie die Lehre der alten Kirche mit der des Katechismus zusammenklinge. Die Kirchenväter und Kirchenlehrer, führt Busäus aus, sind der Kirche vom Heiligen Geiste gesendet. Aus ihren Schriften sehen wir, was damals die Kirche gelehrt hat. Stimmen sie in einer Glaubenslehre überein, so muß diese nothwendigerweise wahr sein. Denn wie die Lehrer, so glauben

---

volumen iam recens typis excusum iudico magno fructu in manus multorum evulgandum. Es scheint also schon damals der Fall vorgekommen zu sein, daß man anstatt der Handschrift eines neuen Werkes dessen Abzugbogen dem Censor übergab. — In den drei folgenden Bänden ist diese Gutheißung nicht mehr erwähnt. — Daß Theodorich dem Orden des hl. Dominikus angehörte, erfährt man von Merssäus Cratepolius (l. c. 160).

[1] Beispielshalber lasse ich — und zwar genauer, als dies bisher geschehen konnte — den Titel des ersten Bandes folgen: AVTHO= | RITATVM SA= CRAE SCRIPTV= RAE ET SANCTORVM PATRVM, QVAE IN SVM= ma doctrinę Christianę DOCTORIS PETRI CANISII THEOLOGI | Societatis JESV citantur, & nunc primùm ex | ipsis fontibus fideliter collectę, ipsis Catechismi verbis subscriptę sunt, | PARS PRIMA | DE FIDE, SPE, | ET CHARITATE. | HIEREMIAE VI. | Hęc dicit Dominus: State super vias, & videte & interrogate de semitis antiquis, quę sit via bona, & ambulate in ea: & inuenietis refrigerium animabus vestris. COLONIAE, | Apud Geruuinum Calenium & hæredes Johannis Quentel, | Anno M. D. LXIX. | Cum gratia & priuilegio in decennium. Die zwei letzten Bände erschienen 1570. Näheres bei Sommervogel II, 439. 440. Bibliothek zu Eraeten. Universitätsbibliothek zu Prag (XXI. H 64).

[2] So erklärt Busäus selbst auf der Rückseite des Titelblattes des dritten Bandes.

die Hörer. Hätten alle Väter falsch gelehrt, so hätte die ganze Kirche im Glauben geirrt. Dann aber hätte Christus sie auf Sand gebaut; er hätte ihr sein Wort gebrochen, das Wort, daß er und der Heilige Geist mit ihr sein wollten bis an das Ende der Welt. Anders, schreibt Busäus, denken allerdings die neuen Lehrer über die Väter. Luther behauptet: In den Schriften aller Väter finde man viele Irrthümer; oft widersprächen sie sich selbst und thäten der Heiligen Schrift Gewalt an; Augustin disputire nur und entscheide nichts; Origenes und Hieronymus hätten die heiligen Bücher so ungeschickt ausgelegt wie, seines Bedünkens wenigstens, kaum jemand anders; er, Luther, habe seine Lehren vom Himmel; sollten auch tausend Augustine und tausend Cypriane ihm noch so sehr widersprechen, ihm liege nichts daran. Keine größere Achtung, so fährt Busäus weiter, erweist Melanchthon den Vätern; er sagt in seinem berühmten Buche von den Grundlagen der Gottesgelehrtheit, die Alten wie die Neuern hätten die Lehre der Schrift von der menschlichen Freiheit im ganzen mehr verdunkelt als aufgehellt; sie hätten bei der Schrifterklärung den rechten Weg nicht gekannt; in heiligen Dingen müsse man menschliche Auslegungen wie die Pest fliehen. Auch des berühmten Wortes gedenkt Busäus, welches Calvin in seinem Hauptwerke sich entschlüpfen ließ: „Es macht wenig Eindruck auf mich, was man in den Schriften der Alten da und dort über die Genugthuung liest. Ich sehe, daß manche von ihnen, ja, um offen zu reden, fast alle, deren Schriften noch vorhanden sind, in diesem Stücke entweder geirrt oder doch zu strenge und hart sich ausgedrückt haben." [1] Anders freilich, meint Busäus, redeten die Gegner von den Vätern, wenn es sich einmal treffe, daß sie beren Worte glaubten für sich anführen zu können; dann seien dieselben plötzlich so heilig und so gelehrt. Zum Schlusse sagt der niederländische Gelehrte den Widersachern des Katechismus, sie möchten doch nur diese Stimmen der christlichen Urzeiten sorgsam mit den Lehren und Bräuchen der römisch-katholischen Kirche vergleichen, und dann sollten sie urtheilen, ob diese Lehren und Bräuche wirklich, wie die neuen Evangelisten verkündeten, erst vor wenigen Jahren aufgekommen, von Päpsten, Mönchen, Spiegelfechtern ausgeklügelt seien[2].

Dieser Vorrede schließt sich eine Einleitung an, in welcher Busäus genaue Rechenschaft ablegt von den Ausgaben, welche er seinen Anführungen zu Grunde gelegt. Die Stellen, gesteht er, seien oft sehr lang; aber man

---

[1] Institutio Christianae religionis. Johanne Calvino authore. Per Adamum et Johannem Riverios fratres (1554, ohne Ort), c. 9, n. 58, p. 530.
[2] Authoritatum ... pars prima (Coloniae 1569), fol. A4ᵃ—B2ᵃ.

1. Das große Christenlehrwerk.

verstehe sie eben besser, wenn man sie in ihrem vollen Zusammenhange er=
fassen könne.

Das Werk selbst reiht jeder einzelnen Frage und Antwort des Katechis=
mus die entsprechenden Belegstellen an, zuerst die Schrift, dann die Väter.
Bei den Worten des Katechismus sind große Lettern verwendet, bei den Schrift=
stellen, soweit sie nicht in die Antworten selbst verflochten sind, mittlere, bei
den Vätern kleine; ein vierter, ganz kleiner Druck am Rande. Zu den Stellen,
welche Canisius angezogen, mußte Busäus noch neue zu finden[1].

Canisius war entzückt. Er benutzte im Jahre 1571 die schmucke
neue Dillinger Ausgabe seines großen Katechismus, um seinem Busäus
zu danken: derselbe habe mit seinem Werke sich Verdienste erworben um
Prediger und Christenlehrer, ja um alle Freunde christlicher Wissenschaft
und Frömmigkeit; diese Schrift sei die schlagendste Beweisführung für
die Lehre des Katechismus, sei dessen siegreichste Vertheidigung wider die
Angreifer[2].

Das Buch gefiel allgemein. Die Kölner Ausgabe war rasch vergriffen[3].
Sie sollte auch schnell eine vornehme Nebenbuhlerin oder Nachfolgerin finden.

Venedig stand damals in der Blüthezeit seiner kaufmännischen und staatlichen
Größe. Aus der ganzen Welt strömten hier Fremde zusammen. Auch als Druck- und
Verlagsort hatte es eine Bedeutung ersten Ranges. Zu Anfang des 16. Jahrhunderts
hatte Aldo Manuzio durch seine billigen, handlichen, vorzüglich genauen Ausgaben von
Virgil und Horaz, von Homer, Euripides, Sophokles, Pindar und vielen andern
Alten nicht wenig dazu beigetragen, die griechischen und römischen Klassiker zum Ge=
meingute der gebildeten Welt zu machen. Hieronymus Aleander, der berühmte spätere
Nuntius und Cardinal, diente ihm als Corrector; Erasmus ließ bei ihm drucken;
die deutschen Humanisten schwärmten für ihn; selbst Konrad Celtis und Johannes
Reuchlin streuten ihm Weihrauch. Als Aldo im Jahre 1515 gestorben war, führten
die ihm nahe verwandten Torresani, sowie sein Sohn Paul und sein Enkel Aldo
der Jüngere das Geschäft weiter und hielten es auf der Höhe seines Ruhmes bis zu
seinem Erlöschen im Jahre 1597[4]. Paolo Manuzio übernahm außerdem im Jahre
1561 auf Einladung des Papstes Pius IV. die Leitung einer großen Druckerei zu
Rom. Dort mag er in den Jahren 1565 und 1568 unsern Canisius von Angesicht
kennen gelernt haben.

Thatsache ist, daß im Jahre 1571 dem großen Katechismus des Canisius
in der Erweiterung des Busäus die Ehre widerfuhr, eine „Aldine" zu
werden[5]. Girolamo Torresani schmückte das Werk mit einer lateinischen

---

[1] Dies bezeugt Canisius in seiner Widmung des Werkes an Fürstbischof
Julius; vgl. S. 165.
[2] Summa doctrinae christianae (Dilingae 1571). Widmung fol. A 4ᵇ — A 5ᵃ.
[3] Berichtet von Canisius in der Widmung an den Fürstbischof.
[4] Kapp a. a. O. I, 370—380; J. Schlick, Aldus Manutius und seine Zeit=
genossen in Italien und Deutschland (Berlin 1862), 139—148.
[5] AVTHORITATVM SACRAE SCRIPTVRAE, ET SANCTORVM
PATRVM, QVAE IN SVMMA DOCTRINAE CHRISTIANAE DOCTORIS

Widmung an den Patriarchen von Venedig, Giovanni Trevisano, welcher den Jesuiten gegenüber auch das Verdienst besaß, ihre Geduld durch die Feuerprobe hindurchgeführt zu haben[1]. Die Ausgabe, ein Abdruck der kölnischen und in ihrem ganzen Auftreten der Kölner Schwester gleichend, läßt merkwürdigerweise den vierten Band, die Lehre von den guten Werken, vermissen. Vielleicht hatte der eben erst gedruckte vierte Band der Kölner Ausgabe eine doppelt starke Auflage und sollte auch der Venetianerin als Schlußstein dienen.

Die Albinen gingen in die ganze Welt. Das Buch fand in Spanien und Italien viele Freunde und Bewunderer. Zu Rom und an andern Orten war große Nachfrage nach demselben[2].

Canisius begleitete fortwährend mit lebhafter Theilnahme das Werk des Busäus. Ermuthigt durch dessen große Erfolge, dachte er noch im Jahre 1571 an eine Kölner Neuausgabe. Busäus machte sich anheischig, eine solche zu besorgen und dabei auch die Schlußabhandlung von der Rechtfertigung aus Schrift und Vätern zu beleuchten. Aber schon gegen Ende October dieses Jahres mußte er von Wien aus erklären, er sei außer stande, sein Versprechen zu erfüllen; er habe so viele Vorlesungen zu halten, sei kränklich und finde in der Kaiserstadt nicht genug Väterausgaben und ähnliche Hilfsmittel[3]. In den Jahren 1573 und 1574 von Canisius und Johannes Reidt wiederum bestürmt, wollte Busäus in den freien Tagen der Herbstzeit einen Anlauf machen, ihre Wünsche zu befriedigen. Doch er kam nicht dazu, und versicherte nun rundweg: von ihm sei nichts mehr zu hoffen; er müsse die Arbeit andern überlassen[4].

PETRI CANISII THEOLOGI | *Societatis* Jesv *citantur, & nunc primùm ex ipsis fontibus* | *fideliter collectæ, ipsis Catechismi uerbis subscriptæ sunt,* | PARS PRIMA. | DE FIDE, SPE, ET CHARITATE. | [Anker, um den sich ein Delphin windet; zu beßen zwei Seiten AL DVS.] | *VENETIIS,* | *Ex Bibliotheca Aldina.* M D LXXI. 4⁰; 186 Blätter und außerdem am Ende 21 nicht gezeichnete. Ueber die zwei folgenden Bände siehe Sommervogel II, 440. Das Werk findet sich in der Rossischen Bibliothek zu Wien, der Stadtbibliothek zu Verona und der Nationalbibliothek zu Neapel (81. E. 42).

[1] Bei seinem Amtsantritte erzeigte er sich, vielleicht im besten Glauben, feindselig gegen sie. Fr. Sacchinus, Historiae Societatis Jesu Pars secunda l. 5, n. 113—118 (Antverpiae 1620), p. 180—190.

[2] So Canisius in der Widmung an Fürstbischof Julius. *Ebenso P. Johannes Reidt in seinem lateinischen Schreiben an Petrus Busäus, Innsbruck, 28. Juli 1573. (Neue Abschrift.)

[3] *Petrus Busäus an Kessel, Wien, St. Ursulafest, 21. October 1571. Lateinisches Bruchstück in neuer Abschrift.

[4] *Reidt an Busäus, 28. Juli 1573 (siehe oben Anm. 2); derselbe an denselben, Köln, 2. Februar 1574; Petrus Busäus an Reidt, Wien, 2. September 1573 und 24. März 1574. Lateinische Bruchstücke in neuen Abschriften.

1. Das große Christenlehrwerk.

In die Fußstapfen des Busäus trat nun der Kölner Jesuit Johannes Hase, gewöhnlich Hasius genannt. Schon gegen den Eingang des Jahres 1566 war er zu Köln mit dem Meister des Katechismus persönlich bekannt geworden. Jetzt entspann sich ein lebhafter Briefwechsel zwischen den zwei Männern[1]; sein Ergebniß liegt vor in dem mächtigen, hübsch gedruckten Foliobande, welcher im Jahre 1577 mit neuer Gutheißung des Inquisitors Theodorich von Herzogenbusch[2] bei Gerwin Calenius zu Köln unter dem Namen erschien: „Werk über die Christenlehre, oder des Doctors Petrus Canisius, Gottesgelehrten der Gesellschaft Jesu, ‚kurzer Inbegriff der christlichen Lehre‘, mit vortrefflichen Zeugnissen der Heiligen Schrift und Aussprüchen der heiligen Väter sorglich erläutert durch Petrus Busäus aus Nymwegen, Gottesgelehrten der nämlichen Gesellschaft, jetzt aber zum erstenmal mit einer Zugabe bereichert und neu herausgegeben, zweite, an vielen Stellen vermehrte und verbesserte Ausgabe."[3]

So hatte man denn dem Werke eine andere Aufschrift gegeben, und zwar allen Anzeichen nach jene, welche Canisius von Anfang ihm zugedacht[4]. Dieser selbst schickt nun dem Buche eine lateinische Widmung an Fürstbischof Julius von Würzburg voraus; wir werden auf dieselbe zurückkommen. Die

---

[1] *Dies alles meldete Hase am 11. Januar 1614 aus Emmerich an P. Matthäus Raber nach München. Eigenhändiger, lateinischer Brief in der Staatsbibliothek zu München, Cod. lat. 1611, n. 100.

[2] Diese Approbation steht auf der Rückseite des Titelblattes.

[3] OPVS CATECHISTICVM, SIVE | DE SVMMA | DOCTRINAE CHRISTIA= | NAE, D. PETRI CANISII THEO= LOGI SOCIETATIS JESV, PRAECLARIS | DIVINAE SCRIPTVRAE TESTIMONIIS, SANCTO- , rumque Patrum sententijs sedulò illustratum operâ D. PETRI | BVSAEI Nouiomagi, eiusdem Societatis JESV Theologi, | nunc verò primùm accessione nouâ locupletatum atque restitutum. *EDITIO ALTERA MVLTIS IN LOCIS AVCTIOR | atque correctior, cui & Epistola praeliminaris ad Reuerendiss. & Illustriss. | Episcopum Herbipolensem accessit.* | De huius operis ac vniuersae doctrinae. quae in illo tractatur distributione, folium abhinc, folium abhinc | decimumquintum cum sequenti indicabit | *Cum duplici INDICE, vno quidem Scripturarum explicatarum, altero verò rerum et | sententiarum, ad calcem adiectis.* | [Diese letzten vier Zeilen sehr klein gedruckt.] | [Holzschnitt: Eiförmiges Medaillon mit einem hübschen Christuskopfe.] | COLONIAE, | Apud Geruinum Calenium, & haeredes Johannis Quentelij. | ANNO M. D. LXXVII. | *Cum gratia & priuilegio summi Pontificis, ac Romanorum Imperatoris in Decennium.* 833 Seiten und außerdem am Anfange 16 (einschl. Titelblatt) und am Ende 31 nicht gezeichnete Blätter. Als Druckerzeichen erscheint ein Christuskopf. Außer dem Exemplare der Wiener Hofbibliothek (20 B^b 55), welches dieser Beschreibung zu Grunde liegt, findet sich das Werk auch in der Hofbibliothek zu Berlin (Ep. 3729).

[4] Vgl. S. 138.

Beweisstellen sind noch mehr gehäuft als früher. Neben Laurens hatte jetzt auch der Corrector Willibald Menzel um die Feststellung ihres richtigen Wortlautes sich verdient gemacht [1]. Ihre Anordnung hat sich sachgemäßer gestaltet. Anstatt bei jeder Frage die Schriftstellen von den Vätersprüchen vollständig zu sondern, hat Hase den einzelnen Schriftworten sofort die Väterstellen angereiht, welche zu ihrer Auslegung dienen. In gleicher Weise hat er nun auch am Schlusse des Werkes die Lehren von Sündenfall und Rechtfertigung mit einer Fülle von Zeugnissen erhärtet [2].

Seinen Namen hat Hase in dem Buche nicht genannt. Die Geschichte berichtet von ihm, daß er aus Herzogenbusch stammte und in Köln Lehrer der Weltweisheit, Prediger und Leiter des Marienbundes der Hochschule war; auch erklärte er neun Jahre lang in Würzburg die „theologische Summe" des hl. Thomas und stand in den Jahren 1595—1598 an der Spitze der rheinischen Provinz seines Ordens. Er starb, 80 Jahre alt, am 1. April 1624 im Collegium von Emmerich, welches er gegründet und als erster Rector gegen Moriz von Nassau und dessen holländische Calvinisten heldenhaft vertheidigt hatte [3].

Mit dem „Christenlehrwerke" hatten die drei Niederländer Canisius, Buys und Hase der Kirche Gottes eine reiche Schatz- und Rüstkammer zur Verfügung gestellt. Schon im Jahre 1581 pries Cornelius Loos das Werk als überaus gefällig und gelehrt, und meinte, es sei eine höchst willkommene Gabe für alle, welche Christenlehre zu halten hätten; besonders empfehle es sich für Christenlehrpredigten [4]. Nicht anders dachte die Pariser Sorbonne. Ihre Doctoren Dadre und Perier gaben zu Anfang des Jahres 1579 die amtliche Erklärung ab, daß das gemeine Wohl der Kirche erheische einen Neudruck des Buches [5]. Das Werk des Busäus, schreibt der Verfasser der „Geschichte der Deutschen", „könnte statt einer ganzen katechetischen Bibliothek dienen . . . Es konnte wirklich nichts Besseres zum Besten derjenigen erdacht werden, welche sich des Katechismus des Canisius bedienten" [6].

---

[1] Opus catechisticum (Coloniae 1577), fol. b 3 ᵇ — b 4 ᵃ.
[2] Dieses Schlußstück ist also das Werk des P. Hase (vgl. S. 141. 144). Bisher hat die Bibliographie nur die unbestimmte Angabe gemacht, er habe die Arbeit des Busäus vervollständigt.
[3] *A. Ruland*, Series et vitae Professorum SS. Theol., qui Wirceburgi docuerunt (Wirceburgi 1835), 9—10; *Reiffenberg* l. c. 290—295. 632—633. 335—338; *Hartzheim* l. c. 179; J. Köhler, Rückblick auf die Entwicklung des höhern Schulwesens in Emmerich, 1. Thl. (Emmerich 1882), 49—53.
[4] L. c. fol. Nᵃ — N 4 ᵇ.
[5] Abgedruckt in „Opus catechisticum, sive de summa doctrinae christianae D. Petri Canisii . . . Parisiis 1579." Bibliotheca Angelica zu Rom (O. 17. 21).
[6] Michael Ignaz Schmidts Katechist. Aus dem Lateinischen übersetzt durch Benedikt Strauch. Neue Auflage (Bamberg und Würzburg 1785), 589.

1. Das große Christenlehrwerk.

Schon gleich bei dem ersten Auftauchen unseres Christenlehrwerkes regte sich zu Köln der Wunsch, dasselbe möchte für den Volksgebrauch in das Deutsche übertragen werden [1]. Canisius konnte sich nicht dafür begeistern. „Dem Verständnisse des gemeinen Mannes", schrieb er am 15. Januar 1570 dem Rector des Kölner Collegs, „würde die Arbeit eher dadurch nahe gebracht, daß man aus diesen zahlreichen, langen Väterzeugnissen das Wichtigste zusammenfaßte und dabei den Zweck der Christenlehre sorgfältig im Auge behielte." [2] Später erschien ihm auch ein solcher Auszug zu schwierig und sein Erfolg zu zweifelhaft; er rieth seinen Ordensgenossen, ihre Zeit und Mühe lieber andern Aufgaben zuzuwenden [3]. Reibt hoffte nun seinen Kölner Landsmann Theodor Coisfeld, Antoniter zu Höchst am Main, dafür zu gewinnen, daß er ausgewählte Vätersprüche aus des Busäus Werk übersetze und in einem Octavbande herausgebe [4]. Auch dies blieb, wie es scheint, vorerst unausgeführt [5].

Erst im Jahre 1750 wurden diese Gedanken wieder aufgenommen durch den Fuldaer Jesuiten Franz Xaver Wibenhofer, Lehrer der Bibelkunde und der hebräischen Sprache an der Hochschule von Würzburg. Wibenhofer, zugleich sehr beliebter Christenlehrer an der Würzburger Marienkapelle, bereicherte zunächst die einzelnen Antworten des kleinen lateinischen Katechismus von Canisius mit Schrift- und Väterstellen, welche insgesamt von dem Christenlehrwerke des Busäus entlehnt waren. Man zählte noch im 18. Jahrhunderte mindestens zwölf Ausgaben des Büchleins. Bald unterwarf er auch den deutschen Katechismus des Canisius einer ähnlichen Umbildung; die Arbeit wurde vom Jahre 1752 bis zum Ausgange des Jahrhunderts mehr als zwölfmal neu gedruckt, bisweilen zusammen mit dem lateinischen Katechismus Wibenhofers. Auch eine italienisch-lateinische Ausgabe, eine französische und eine französisch-lateinische wurden hergestellt [6].

---

[1] Im Jahre 1856 lieferte A. C. Peltier, Ehrenbomherr zu Rheims, in sechs Octavbänden eine französische Uebersetzung des ganzen Christenlehrwerkes (Paris, (Louis Vivès), welche 1873 die vierte Auflage erreichte. Sommervogel II, 442.
[2] *Lateinischer Brief in neuer Abschrift.
[3] *Canisius an P. Theobor Peltanus S. J., Innsbruck, 29. Juli 1574. Lateinischer Brief in neuer Abschrift.
[4] *Ephemerides Rethii, fol. 68 ᵇ. Lateinisches Bruchstück in neuer Abschrift.
[5] Hartzheim nennt in seiner Bibliotheca Coloniensis diesen Coisfeld im ersten Verzeichnisse (Index cognominum, bei C, ohne Seitenangabe); aber im Werke selbst konnte ich nichts von ihm gewahren.
[6] Die Titel der lateinischen und der deutschen Erstlingsausgabe bei De Bacer III, 1526—1528. Erstere findet sich in der Bibliothek des Priesterseminars zu Mainz und in der Binterimschen Bibliothek zu Bilk bei Düsseldorf; letztere konnte ich nicht sehen. Ich gebe die mir bekannten Ausgaben, weil bei De Bacer viele derselben vollständig fehlen, und Sommervogel erst nach einigen Jahren zu dem Namen „Wibenhofer" gelangen wird. Lateinische Ausgaben: Würzburg 1750. 1758. 1767; Augsburg und Freiburg im Breisgau 1762. 1765. 1766; Köln 1760 (?). 1777.

148 Vierter Abschnitt. Gestaltungen und Erscheinungsweisen der Katechismen.

Uebrigens kam noch zu Lebzeiten unseres Seligen des Busäus Beispiel und Zureden einem andern angesehenen Katechismus zu gute. Der Jesuit Edmund Auger, der bekannte Beichtvater Heinrichs III. von Frankreich, hatte im Jahre 1563 einen französischen Katechismus herausgegeben, der seine Spitze gegen die Calvinisten richtete und in weite Kreise drang. Einige Wochen nach des Busäus Eintreffen in Wien schrieb nun sein Ordensgefährte Francesco Antonio, Hofprediger der Kaiserin Maria, Gemahlin Maximilians II., an Girolamo Nabal, damals Generalvicar des Ordens: Man sollte dem Katechismus Augers den Dienst erweisen, welchen Busäus dem Werke des Canisius erwiesen; ich biete mich dazu an [1]. Schon wenige Tage später war der Hofprediger an der Arbeit [2]. Sein Werk erschien im Jahre 1592 in lateinischer Sprache zu Madrid [3].

2. Kleinere Christenlehrschriften.

„Soll der wahr christlich Glaub", so dachte und schrieb Canisius, „in unsern Herzen, wie billig, zunehmen, auch erhalten und geoffenbaret werden, so muß er ja seine eigene und gewisse Uebung haben. Unter solchen Uebungen seind nun gar trefflich und heilsam, müssen auch in der Christenheit für und für getrieben werden diese drei Stuck: Beten, Beichten und Communicieren. Dann sunst ist der Glaub kraftlos und mehr todt dann lebendig, so er sich nit erzeiget in der Andacht zu beten, in der Gottsfurcht zu beichten und in der Danksagung und göttlicher Liebe bei der Communion oder bei dem Brauch des hochwürdigen Sacramentes des

---

Deutsche Ausgaben: Würzburg 1752. 1757. 1760. 1765. 1768. 1778; Augsburg 1769; Augsburg und Freiburg im Breisgau 1776; Mergentheim ohne Jahr. Lateinisch-deutsche Ausgaben: Augsburg und Freiburg im Breisgau 1769. 1771. 1776; Augsburg 1781. 1796. 1798 oder 1799; Freiburg in der Schweiz 1838. Italienisch-lateinische Ausgabe: Trient 1767. Lateinisch-französische Ausgabe: Freiburg in der Schweiz 1838. Französische: Paris 1865. Professor Feder schreibt von Widenhofer, er sei „einer der geschicktesten Männer gewesen". „Nebst seiner Professur versah er auch mit ganz außerordentlichem Beifalle das Amt eines Katecheten in der Marienkapelle, das Amt eines Beichtvaters in seiner Ordenskirche und das damit verbundene Amt eines Krankenvaters in der Stadt. Seine grenzenlose Liebe gegen studirende Jünglinge, gegen Arme und Kranke verschafften ihm die allgemeine Verehrung der Einwohner. Er starb den 11. Februar 1755." (Geschichte des Katechismuswesens im Wirzburger Bißthume (Heilbronn und Rothenburg an der Tauber 1794), 63.
[1] *Antonio an Nabal, Wien, 20. August 1571. Eigenhändiger Brief. Nach diesem Schreiben langte Busäus am 9. August 1571 zu Wien an. Danach ist die Angabe von R. Bauer im Kirchenlexikon von Wetzer und Welte (2. Aufl., II, 1549) zu berichtigen.
[2] *P. Lorenzo Maggio S. J. an seine römischen Mitbrüder, 26. August 1571. Eigenhändiger Brief.
[3] Titel bei Sommervogel II, 442.

2. Kleinere Christenlehrschriften.

Altars, welches ja alle andere Sacrament weit übertrifft."[1] Diesem Grundsatze getreu hatte der eifrige Christenlehrer seinen deutschen Katechismen eigene, in Fragen und Antworten gefaßte Unterrichte über Beicht und Communion beigefügt[2]. Der größere dieser Unterrichte, von Canisius in das deutsche Gebetbuch eingegliedert, wurde ohne Wissen des Verfassers mit seinem Namen von einem Unbekannten als besonderes Büchlein herausgegeben[3]. Es geschah zu einer Zeit, da Canisius in Italien weilte[4], wahrscheinlich im Jahre 1573[5]. Daraufhin unterzog der Diener Gottes seine Arbeit einer neuen Durchsicht und gab sie verbessert und vergrößert selbst heraus. Man kennt dieses „Beicht= und Communionbüchlein" noch in einer Dilinger Ausgabe vom Jahre 1579[6]. „Ich weiß gar wohl", heißt es in der Vorrede, „den Mangel und unaussprechlichen Schaden, so bei uns Katholischen je länger, je mehr leider darum gespüret wird, daß wir weder emsig beten, noch recht beichten und kommunizieren wollen, sonder gehen mit diesem Heilthum um, wie etwan die Säu mit den Perlen, das ist zugleich unfruchtbarlich und schändlich ... Aber wo man gar

---

[1] Beicht= und Communionbüchlein (Dilingen 1579), Bl. A 2ᵃ. Genauer Titel unten.
[2] Siehe S. 109. 132.   [3] A. a. O. Bl. A 2ᵇ.
[4] So Canisius selbst a. a. O.
[5] Sommervogel (II, 672) nennt bei Canisius ein „Beicht= und Communion=Büchlein, das ist, Kurtzer gründlicher und notwendiger Bericht von den zweien Sacramenten der Buß und des Fronleichnams Christi. Dilingen. Jo. Mayer. 1567". Aber vom Herbst 1565 bis Sommer 1568 ist Canisius nicht „in Welschland" gewesen; 1567, ja selbst noch 1575 leitete Sebald Mayer die Druckerei von Dilingen. Die Jahresangabe muß also falsch sein, oder doch der Name des Druckers.
[6] Beicht vnd | Communion Büchlein. | Kurtzer, gründlicher | vnd notwendiger Bericht, von der [so!] zwayen heiligen Sacra= | menten der Buß vnnd des Fron= leichnams Christi. | Durch D. Petrum Canisium der Societet Jesv Theologum, | zum letzten mal vbersehen | vnd gebessert. | Gedruckt zu Dilingen, durch | Johannem Mayer. 1579. Zeile 1, 4, 5, 11, 15, 16 und „Jesu" roth gedruckt; 12º; 178 Blätter, und außerdem am Anfange 4 (einschl. Titelblatt) nicht gezeichnete Blätter; von Blatt 143 an Betrachtungen auf jeden Tag der Woche und Gebete. Fehlt bei Sommervogel. In der Staatsbibliothek zu München. Die Vorrede ist in dieser Ausgabe ohne Datum; das läßt vermuthen, daß Canisius sie schon vor 1579 geschrieben und das Buch schon früher ein= oder mehrmal herausgegeben hat. Ueber spätere Auflagen siehe Rieß a. a. O., 484. Reiser, B. Petrus Canisius ic., 79—80. Sommervogel II, 672. Bei ihnen und allen andern Bibliographen fehlen die zwei Drucke, welche man verzeichnet findet in den zwei alten handschriftlichen Bücherverzeichnissen des ehemaligen Jesuiten=Collegiums zu Freiburg in der Schweiz (das eine wohl Ende des 16. Jahrhunderts begonnen, das andere vom Jahre 1627, jetzt in der Kantonalbibliothek daselbst): „Beicht= und Communionbüchlein. Item Betrachtungen durch die ganze Woche. Dilingen 1582." Mit ähnlichem Titel: „Freiburg 1607". Beide 12º.

nit oder allein aus Gewohnheit und nit aus Andacht" die Beicht „und andere Sacrament annimmt, da geht es eben, wie wir es nu erfahren, wider alle christliche Ordnung, auch zu unserm ewigen Schaden und Schanden. Ach bei dem großen theuren Schatz und Gnadenbrunnen, von Gott uns geschenket, wöllen wir kurzum arm und elend bleiben, verlassen so jämmerlich Gott, Kirchen und Sacrament, wöllen den Segen nit haben, lieben den Fluch, und er wird uns auch wohl endlich zu Theil werden. Gott helf der armen Christenheit in diesen gefährlichen letzten Zeiten, darinnen schier alle Sacrament darniederliegen und so unchristlich, wie nie zuvor, in diesen Landen jetzt mißbraucht, entehret und unterlassen werden. Wie der Gottesdienst abnimmt, ist insonderheit in Beten, Beichten und Kommunizieren allenthalben wohl zu sehen. Dann für's Beten ist jetzt der Brauch zu schwören und zu fluchen. Man rühmet sich des Bösen; aber der bemüthigen Beicht vor Gott und Gottes Statthalter schämet man sich. So ist unser Lust in Fressen und Saufen, wöllen aber zu des Herren Tisch nit kommen, seind als verdrossene Gäst, versaumen die Labung und das bereite Abendmahl. Jedoch seind wir aus christlicher Treu schuldig, den gemeinen Mann zu warnen und auf den rechten Weg zu weisen, damit er nicht irr gehe und folgends sich mit der blinden Welt nit verführen und verderben lasse."

Dieser aufrichtigen Christenliebe des ersten deutschen Jesuiten entsprangen auch seine Unterweisungen für Kranke und Sterbende. Sie sind spätestens im Jahre 1575 entstanden, zerfallen in 19 Fragepunkte und sind von innigen Gebeten begleitet[1].

Bedeutungsvoll für unsere Katechismen wurde auch die Verbindung, in welche ihr Verfasser mit Plantin trat.

Der Franzose Christoph Plantin ist ohne Zweifel einer der hellsten Sterne, welche je der Buchdruckerkunst aufgegangen sind. Die großen Drucker alle, welche damals in Deutschland, Italien, Frankreich sich auszeichneten, die Froben, Aldo, Estienne, Elzevir, müssen vor ihm zurückstehen. Während die berühmtesten französischen Drucker des 16. Jahrhunderts, die Estiennes, nie mehr als drei Pressen besaßen, hatte Plantin im Jahre 1565 deren bereits sieben, zehn Jahre später fünfzehn. Die Zahl seiner Verlagswerke steht zwischen 1000 und 1500; durchschnittlich treffen ihrer 50 auf jedes Jahr seines Schaffens. Justus Lipsius war sein Herzensfreund. Arias Montanus arbeitete für ihn und ließ ihn für sich arbeiten. Die fünfsprachige sogenannte „Königliche Bibel", welche im Jahre 1573 mit päpstlicher Gutheißung in acht Foliobänden erschien, ist das Werk Platins. Das Buchdruckergeschlecht, welches er gegründet, hat — eine in Europa einzige Erscheinung — volle 320 Jahre gedauert. Noch heutzutage bestehen zu Antwerpen unter dem Namen „Museum Plantin-Moretus"

---

[1] So Reiser a. a. O., 81.

2. Kleinere Christenlehrschriften.

in ihrer ursprünglichen Bauform und Ausschmückung die Räume, in welchen Plantin und seine Nachkommen in den Jahren 1579—1865 der Druckerkunst warteten; man sieht Alphabete, welche vom Jahre 1568 an gebraucht wurden; zwei Pressen aus der Zeit des Gründers genießen an einem Ehrenplatze die wohlverdiente Ruhe [1].

Es war leicht vorauszusehen, daß Plantins weitblickender Geist auch den Katechismus des gefeierten Niederländers in den Kreis seiner Unternehmungen ziehen, und daß hinwiederum Canisius mit Freuden dem Manne die Hand reichen werde, der so hochherzig die edle Buchdruckerkunst in den Dienst des Glaubens und der Wissenschaft stellte. Schon im Jahre 1561 war Plantin bei Druck und Verkauf des kleinen Katechismus von Canisius betheiligt, welchen der „königliche Drucker" Wilhelm Sylvius zu Antwerpen herausgab; das königliche Privileg, auf zwei Jahre lautend, ist für Plantin und Sylvius zusammen ausgestellt [2]. Plantin selbst gab das Buch heraus in den Jahren 1566 [3], 1567 [4], 1568 [5], 1570 [6], 1571 [7], 1575 [8], 1581 [9], 1587 [10]. Die Ausgabe des Jahres 1567 wurde von ihm auf seine und seines Kölner Geschäftsfreundes Maternus Cholinus gemeinsame Rechnung hergestellt [11]. Das Gleiche geschah schon ein Jahr

---

[1] Rapp a. a. O., 502—510. *Max Rooses*, Catalogue du Musée Plantin-Moretus (Anvers 1881), vii. 52—61.

[2] Parvvs catechismvs Catholicorvm, nvnc primvm integritati snae restitutus... M. D. LXII. 16⁰. Näheres bei Sommervogel II, 635. Obwohl das Büchlein mit 1562 gezeichnet ist, wurde doch schon in den letzten Monaten des Jahres 1561 eine Anzahl Exemplare verkauft; das zeigen Plantins Verkaufslisten. *Max Rooses*, Christophe Plantin imprimeur Anversois (Anvers 1882), 45.

[3] Ein Exemplar in der Staatsbibliothek zu München, Catech. 79 da. Der Raum gestattet mir nicht, diese und alle folgenden Ausgaben zu beschreiben.

[4] Staatsbibliothek zu München, Catech. 80.

[5] Lycealbibliothek zu Dilingen, XVIII. 1960.

[6] Die Ausgabe fehlt bei Sommervogel. Ich gebe sie beispielshalber: INSTITVTIONES CHRISTIA- NÆ PIETATIS, | SEV PARVVS CATE- CHISMVS CATHO- LICORVM. Autore Petro Canisio Societ. Jesu Theologo. | Preces horariæ de æterna | Dei Sapientia. | ANTVERPIAE. , Ex officina Christophori Plantini. CVM PRIVILEGIO. M. D. LXX. Zeile 1, 2, 3, 5, 6, 7, 10, 11, 12, 15 roth gedruckt; der ganze Titel ist mit Früchten, Blumen, sinnbildlichen Gestalten u. dgl. umrahmt; 16⁰; 95 Seiten, und außerdem am Anfange 8 nicht gezeichnete Blätter einschl. Titelblatt. Am Anfange die Kalender; am Ende die Betrachtungen über die Tugenden Christi, Gebete vor der Schule für jeden Tag der Woche :c. Ein Exemplar im Plantinschen Museum zu Antwerpen, A 3053.

[7] Niederdeutsche Uebersetzung. Sommervogel II, 632.

[8] Stadtbibliothek zu Köln.

[9] Plantinsches Museum zu Antwerpen. Fehlt bei Sommervogel.

[10] Sommervogel II, 637.

[11] Auf dem Titelblatte heißt es: „Excudebat sibi et Materno Cholino civi Coloniensi Christoph. Plantinus."

früher mit dem großen Katechismus, dessen Umarbeitung Canisius eben damals vollendet hatte[1]. Philipp II. verlieh am 2. Mai 1566 zu Brüssel dem Antwerpener Drucker für dieses Werk ein vierjähriges Privileg auf alle seine Lande[2]. Plantin hinwiederum widmete den Katechismus keinem Geringern als dem Könige selbst. Oft und viel, sagt er in seiner Zuschrift an Philipp, habe er auf eine Gelegenheit gesonnen, des Herrschers besondern Schutz auf sein buchdruckerisches Wirken herabzuziehen. Nun biete er dem Fürsten, welchen der Ehrenname des „katholischen Königes" schmücke, ein Buch, das unter allen, die ihm bekannt, am besten den katholischen Glauben darlege und begründe[3]. Der Druck des großen Katechismus und dessen Zueignung an Philipp II. wiederholten sich, nun aber ohne Nennung des Cholin, in den Jahren 1567[4], 1569[5], 1571[6], 1574[7], 1580[8], 1587[9], 1589[10]. Im Jahre 1570 schmückte Philipp den Plantin mit der Würde eines „königlichen Oberbuchdruckers"[11].

Auch Aenderungen, allerdings mehr äußerlicher Art, sollte der Katechismus unter Plantins Händen erfahren. Canisius hatte im Jahre 1563 sein deutsches Gebetbuch mit dem kleinen deutschen Katechismus in ein Werk verschmolzen. Zwei Jahre später entschloß er sich, den kleinen lateinischen Katechismus und das lateinische Gebetbuch zusammenzufügen und das Ganze unter dem Doppelnamen: „Unterweisungen und Uebungen in der christlichen Frömmigkeit" bei Plantin erscheinen

---

[1] Summa doctrinae christianae etc. Antverpiae 1566. Auf dem Titelblatte die nämliche Angabe über Cholin. Staatsbibliothek zu München, Catech. 93. Plantinsches Museum zu Antwerpen.

[2] Ein Auszug aus dem Privileg steht in der Ausgabe von 1566 auf der Rückseite des Titelblattes.

[3] Am Schlusse der Widmung der stark rhetorische Wunsch: Sicut Rex Catholicus diceris, ita Rex sis totius hominum universitatis!

[4] Ein Exemplar, das auf dem Titelblatte das Wappen der Gesellschaft Jesu (Namenszug Jesu im Strahlenkranze) trägt, sah ich im Britischen Museum zu London, ein ganz gleiches, das aber an der Stelle dieses Wappens das Druckerzeichen Plantins aufweist, im Minoritenkloster zu Würzburg.

[5] Bibliothek des Priesterseminars zu Limburg an der Lahn. Bibliothek des Benediktinerklosters zu Einsiedeln.

[6] Nationalbibliothek zu Mailand.

[7] Bibliothek des Gymnasiums zu Raab in Ungarn.

[8] Bibliothek des Priesterseminars zu Köln.

[9] Britisches Museum zu London, und Bibliothek des Priesterseminars zu Dillingen.

[10] Sommervogel II, 625.

[11] „Architypographus regius." *Rooses*, Catalogue, XII.

2. Kleinere Christenlehrschriften.

zu lassen¹. In der Vorrede² erklärt er: Die zwei Schriften seien zunächst für Studenten bestimmt gewesen; er habe sie nun gemehrt, verbessert und verbunden, damit sie auch andern dienten; in diesen bösen Zeiten dürfe man kein Mittel unversucht lassen, die wankende Kirche zu stützen. Philipp II. gab zwei Privilegien auf sechs Jahre³. Plantin wußte wohl, daß schwerfällige Riesenbände im Geschmacke der Wiegendruckzeit nicht wohl im stande waren, behende die weite Welt zu durchfliegen; gleich den Katechismen erschien das neue Buch in kleinem, feinem Drucke, handlich, gefällig, billig⁴. Die zwei sinnbildlichen Gestalten, eine das Kreuz, die andere die Dornenkrone haltend, und alle die übrigen Verzierungen des Titelblattes tragen das Gepräge der französischen Hochrenaissance⁵.

In dem Gebetstheile unseres Buches bilden den Kern die Episteln und Evangelien der Sonn- und Festtage, begleitet von kurzen Erklärungen ihres Inhaltes, Kirchengebeten, Kirchenliedern und ähnlichen Stücken aus den gottesdienstlichen Büchern der Kirche. Gerade diese Bücher aber erfuhren in jenen Tagen eine tiefgehende Umgestaltung. Den Trienter Beschlüssen entsprechend, gab Pius V. in den Jahren 1568 und 1570 Brevier und Meßbuch neu heraus und schrieb sie allen Kirchen vor, welche für ihren Sondergebrauch nicht ein Alter von mehr als 200 Jahren anrufen konnten. Plantin bemerkte vielleicht schneller als der von tausend Sorgen umsponnene Canisius, daß nun auch an dessen Andachtsbuch die Forderung einer umgearbeiteten Auflage herantrete. Der Antwerpener Meister war nicht der Mann, nur immer Aufträge und Bestellungen abzuwarten. Sein lebhafter Sinn ging selbst voran; er suchte die Gelehrten auf und rief sie zur Arbeit. Plantin sandte an Canisius das Meßbuch und das Brevier des Papstes Pius V., wie sie aus seiner Druckerei hervor-

---

¹ INSTITVTIONES, | ET EXERCITAMENTA | CHRISTIANAE | PIETATIS; Autore D. PETRO Canisio Societatis Jesu Theologo. | Quæ hoc opere contineantur, sta- tim à præfatione cognosces. | ANTVERPIAE, | Ex officina Christoph. Plantini. | ANNO M. DLXVI. | CVM PRIVILEGIO. Zeile 1, 6, 7, 10, 12, 13 roth gedruckt; 16°; 511 Seiten einschl. Titelblatt, und außerdem zwischen S. 9 und 12 12 nicht gezeichnete Seiten mit dem Kalender, und am Ende 1 nicht gezeichnete Seite. Hofbibliothek zu Wien (18 Z 74). — Stadtbibliothek zu Trient.
² Datirt: „Augustae M. D. LXV."; l. c. 3—4.
³ Sie sind zusammengefaßt l. c. 2.
⁴ * Am 17. Februar 1566 schreibt P. Dionysius Vasquez S. J. aus Antwerpen dem hl. Franz Borgia nach Rom von „un librito del Padre Canisio que yo hize aqui por su orden imprimir". Eigenhändiger, spanischer Brief.
⁵ A. F. Butsch, Die Bücherornamentik der Hoch- und Spätrenaissance. 2. Thl. ꝛc. (Leipzig und München 1881), 17.

gegangen, und bat ihn mit französischer Höflichkeit, er möchte denselben sein Gebetbuch durch einen seiner Ordensbrüder anpassen lassen; die Auflage sei vergriffen, die Nachfrage allgemein[1]. Wie es scheint, zeigten Philipp II. und seine spanischen Großen warme Theilnahme an den Veröffentlichungen unseres Christenlehrers[2]. Schon etwas früher hatte Plantin durch einen seiner Freunde die Arbeit dem Canisius ans Herz legen lassen: es war der Jesuit Johannes Wilhelmi aus Harlem, gewöhnlich Harlemius genannt, welcher Plantins „Königsbibel" mit einem Sachverzeichnisse und einer Sammlung abweichender Vulgatalesarten bereichert hatte, die er an der Hand der biblischen Ursprachen untersuchte[3]. Um Mitte Februar 1573 konnte unser Antwerpener Drucker an Canisius berichten: er habe nun einen Theil der neuen Epistein und Evangelien in hübscher Reinschrift erhalten[4]. Im Mai und im Juli gewährte der König zwei neue Privilegien, diesmal auf acht Jahre[5]. Am 1. September war der Druck glücklich vollendet[6]. Der um die Kirchengeschichte so hochverdiente Johann van der Meulen, genannt Molanus, Lehrer der Löwener Hochschule, ließ als päpstlicher und königlicher Büchercensor dem Buche den Wunsch beidrucken, man möchte dasselbe recht oft in den Händen aller Studirenden finden. Plantin hinwiederum hatte, des Canisius Erlaubniß voraussetzend, auf Wilhelmis Rath an die Spitze des Büchleins den Kalender des Molanus gesetzt; man konnte daraus erfahren, in welchem Jahre und unter welchem Fürsten jeder Heilige gestorben, und wer über denselben geschrieben. Beachtenswerth ist in der Vorrede des Gebetstheiles

---

[1] *Lateinischer Brief. Theilweise Abschrift des Conceptes, ohne Zeitangabe, im Plantinischen Museum zu Antwerpen, Cod.: „1572—1578 Brieven", fol. 123ᵃ. Wahrscheinlich schrieb Plantin den Entwurf dieses Briefes auf ein oder zwei besondere Blätter, von welchen dann der Schlußtheil mit der Zeitangabe verloren ging; so konnte es später kommen, daß der Abschreiber das noch vorhandene Stück zwischen Briefe des Jahres 1575 setzte. Unsern Brief weist sein Inhalt dem Jahre 1573 zu. Plantin sandte an Canisius zugleich zwei Stücke von dessen Gebetbuch und vier von dem Katechismus.
[2] Unser Brief=Bruchstück endet: „Addidi etiam 4 exemplaria Catechismi tui, petunt vehementer Rex et magnates Hispani, idque..."
[3] *De Backer* II, 48—49.
[4] *Lateinischer Brief. Eigenhändiger Entwurf Plantins in der angeführten Handschrift fol. 49ᵃ.
[5] Ihr Hauptinhalt ist angegeben in der unten anzuführenden Ausgabe, auf der ersten Seite des Schlußblattes.
[6] Ebenda, auf der zweiten Seite des Schlußblattes: „Antverpiae excudebat Christophorus Plantinus Architypographus Regius, Anno M. D. LXXIII. Kal. Sept."

die Erklärung des Seligen: „Auf Mahnungen und Bitten hin" habe er nunmehr auf die römische Kirche, der andern Kirchen „Haupt, Mutter und Lehrerin", besondere Rücksicht genommen, jedoch so, daß das Buch auch für die deutschen und die französischen Kirchen sich eigne; das schade nichts; im Gegentheil, wofern nur Einheit im Glauben, gereiche eine gewisse Mannigfaltigkeit in der Feier des Gottesdienstes dem Hause des Herrn sogar zur Zierde[1].

Plantin sandte am 27. September 1573 das mit einigen Holzschnitten geschmückte Büchlein an Canisius[2]. In dem Begleitbriefe bittet er mit unterwürfigen Worten um Verzeihung dafür, daß dasselbe nicht schöner ausgefallen, daß insbesondere der Katechismus so gar klein gedruckt sei. Während seiner Krankheit habe sein Gehilfe das Spiel ihm verdorben. Doch sinne er schon jetzt auf eine etwas größere Ausgabe mit hübscherem Bilderschmuck in Kupferstich. Canisius möge für dieselbe seine Wünsche ihm äußern[3].

3. Der Bilderkatechismus.

Plantin versprach im Jahre 1573 unserem Seligen für seine „Unterweisungen und Uebungen in der christlichen Frömmigkeit" einen Bilderschmuck in Kupferstichen und bat ihn, in dieser Richtung seine Wünsche kundzugeben. Das war wohl der Keim, aus welchem bald eine ganz neue Gestalt unseres Katechismus sich entwickelte: derselbe entfaltete sich zum förmlichen **Bilderkatechismus**.

Von jeher verstand die Kirche die Bedeutung des Bildes für die religiöse Unterweisung des Volkes. Das zeigen die Wände der Katakomben so gut

---

[1] Siehe Zeitschrift für kathol. Theologie a. a. O. 732—733.
[2] INSTITVTIONES, | ET EXERCITAMENTA | CHRISTIANAE PIETATIS; Auctore D. PETRO Canisio | Societatis JESV Theologo. *Qui nunc primum hoc opus recognouit, & auxit. Lectiones verò quæ in templis recitari solent, ad vsum S. R. Ecclesiæ accommodauit.* ANTVERPIAE, Ex officina Christoph. Plantini | Architypographi regij. | ANNO M. D. LXXIIII. Zeile 1, 2, 3, 4, 5, 12, 15 roth; Umrahmung des Titels wie 1566; 16°; 524 Seiten und außerdem am Anfang 16 nicht gezeichnete Blätter einschl. Titelblatt. Staatsbibliothek zu München, Catech. 81 ^{d}.
[3] *Lateinischer Brief. Eigenhändiger Entwurf Plantins im Plantin-Museum zu Antwerpen, l. c. fol. 74ᵃ. Plantins Schreiben an Canisius sind fast die einzigen Ueberreste des Briefwechsels, welcher zwischen Canisius und seinen vielen Verlegern bestand. Deßhalb glaubte ich dieselben ausführlicher darlegen zu dürfen. Rooses hat in seine zweibändige Correspondance de Christophe Plantin (Gand 1884. 1886) diese Briefe nicht aufgenommen.

wie die Kirchen, Kreuzgänge, heiligen Gewänder und Geräthschaften des Mittelalters mit ihrer Fülle von Bildern in Stein und in Farben. Ueber den Bilderkatechismus des 15. Jahrhunderts konnte der Protestant Geffcken eine ganze Schrift verfassen. Die Kirchenversammlung von Trient verordnete: „Die Bischöfe sollen fleißig darauf hinweisen, daß Gemälde oder andere bildliche Darstellungen der Geheimnisse unserer Erlösung dazu dienen, das Volk in den Sätzen unseres Glaubens zu unterweisen und zu bestärken, so daß es derselben sich erinnert und beständig sie vor Augen hat." [1]

Auch Luther war für die Macht des Bildes nicht blind. Darum ließ er im Jahre 1521 sein „Passional Christi und Antichristi" durch Lucas Cranach mit Holzschnitten versehen. Die Schmach= und Fratzenbilder, zu welchen Cranach von der Höhe und Zartheit seiner frühern Schöpfungen später in Wittenberg herabsank, haben zur Verbreitung des Papsthasses nicht wenig beigetragen [2].

Im Katechismus des Canisius war denn auch das Bild von Anfang an heimisch. Schon die allererste Ausgabe zeigt gleich auf der Rückseite ihres Titelblattes den gekreuzigten Heiland [3]. Besonders bilderreich erscheint der kleine lateinische Katechismus, wie ihn im Jahre 1575 Johannes Beller zu Antwerpen aus seinem Verlagsgeschäfte „zum goldenen Adler" hervorgehen ließ [4]: man findet hier mehr als 50 kleine Holzschnitte [5], darunter manche recht eigenartige. So tritt der Glaube als eine weibliche Gestalt auf, welche in der einen Hand ein Kirchlein trägt, in der andern die Heilige Schrift; zu ihren Füßen liegt Mohammed. Jedes der sieben Sacramente ist ein Gefäß, in welches vom Kreuze herab aus der Seitenwunde des Erlösers ein Strahl der Gnade sich ergießt; die Taufe ausgenommen, wird jedes Gefäß von einem Priester oder Bischofe gehalten [6]. Auch Maternus Cholin zu Köln begabte im Jahre 1578 den kleinen lateinischen Katechismus mit mehr als 20 Holzschnitten, von der Größe eines Drittelblattes, die übrigens nicht allzu schön sind [7]; er konnte schon

---

[1] Sessio XXV. de invoc. Sanct.

[2] J. Janssen, Geschichte des deutschen Volkes I (15. Aufl.), 213; II (15. Aufl.), 154. 437.

[3] Ueber die Bilder der Erstlingsausgabe siehe S. 29.

[4] Ein Exemplar in der Stadtbibliothek zu Augsburg.

[5] Die einzelnen Holzschnitte nehmen etwa ein Drittel der Seite ein. Das Buch ist in Sedezform; als Drucker nennt sich am Ende Aegidius Radäus.

[6] In ähnlicher Bilderzier prangt die Antwerpener Ausgabe des kleinen lateinischen Katechismus, welche drei Jahre später von Gerhard Smits gedruckt und von Johannes Beller verlegt wurde. Sie fehlt bei Sommervogel. Ein Exemplar in der Universitätsbibliothek zu Freiburg im Breisgau.

[7] Ich gebe den Titel, weil er bei den Bibliographen fehlt: INSTITVTIONES | CHRISTIANÆ | PIETATIS. | SEV | PARVVS CATECHISMVS | Catholicorum

zwei Jahre später eine zweite[1] und im Jahre 1583 eine dritte Auflage[2] herstellen. Doch in all diesen Ausgaben sind die Bilder immer noch zo= zusagen reine Begleiter und Diener des Wortes; dieses herrscht allein; es sind Katechismen mit Bildern, nicht Bilderkatechismen im engern Sinne.

Einen solchen schuf, angeregt durch den Kirchenrath von Trient, jener merk= würdige Johannes Baptista Romanus, der als Jude zu Alexandrien geboren, als Knabe nach Deutschland verschlagen, dann von einem Jesuiten zu Venedig bekehrt und durch den hl. Ignatius in die Gesellschaft Jesu auf= genommen, von den Päpsten Pius IV. und Gregor XIII. mit Sendungen an die Kopten und die Maroniten betraut wurde, in Aegypten seines Glaubens= wechsels wegen schwere Verfolgungen erlitt und inzwischen wieder zu Rom Hebräisch und Arabisch lehrte und in der Druckerei des römischen Jesuiten= Collegiums einen arabischen Katechismus und andere arabische Schriften heraus= gab[3]. Romanus, ehedem Elias genannt, ließ im Jahre 1587 bei Vincenz Accolti zu Rom zum Besten derer, die nicht lesen konnten, einen Katechismus erscheinen, der ihnen den Hauptinhalt der Glaubenslehre in Holzschnitten vor Augen führte[4]. An Kunstschönheit blieben, wie es scheint, diese Darstellungen hinter Fiesole und Raphael weit zurück. Doch das Büchlein wurde gekauft und redlich abgenützt; das zeigt seine heutige Seltenheit. Ueberdies war es allem Anscheine nach gerade das Erscheinen dieses römischen Bilderkatechismus, was den Niederländern den letzten, entscheidenden Antrieb gab, auch ihrerseits der Welt einen Bilderkatechismus zu schenken.

Schon Jahre zuvor war man beschäftigt, den Grundriß einer solchen Leistung zu entwerfen und, mehr oder minder bewußt, deren Bildwerk in seinen ersten Zügen zu zeichnen. Am 23. Januar 1574 schrieb Plantin aus Antwerpen an Canisius: „Dem Herrn P. Harlemius und mir ge= fallen die von Ihnen eingesendeten Ueberschriften und Unterschriften zu den Bildern. Diese werden nicht bloß dem Buche Eurer hochwürdigen

---

nouis imaginibus exornatus. *Auctore D. PETRO CANI-* | sio. Societatis Jesu Theologo. | ACCESSERE PRECES | Horariæ de æterna DEI Sapientia JE- SV CHRISTO Domino no- strum cum pijs quibusdam & Christianis exercita- tionibus. COLONIAE. Apud Maternum Cholinum. | M. D. LXXVIII. | Cum gratia & priuilegio Cæsar. æ | Maiestatis. Zeile 2, 3, 5, 10, 16, 18 roth; 12°; 145 Seiten und außerdem am Anfange 16 nicht gezeichnete Blätter einschl. Titelblatt. Universitätsbibliothek zu Wien (Theol. Past. I. 717).

[1] Bibliothek des Minoritenklosters zu Würzburg.
[2] *De Backer* II, 1060.
[3] [P. d'Oultreman] Tableaux des personnages signalez de la Compagnie de Jésus (Lyon 1627), 168—174: *Jo. Nadasi*, Annus dierum memorabilium Societatis Jesu (Antverpiae 1665), 120; *C. Sommervogel*, Bibliothèque de la Compagnie de Jésus. I. partie. III (Bruxelles-Paris 1892), col. 379—381; p. 5.
[4] De Backer I, 1717; Sommervogel III, 379.

Paternität dienen, sondern auch in einer besondern Ausgabe erscheinen können. Ich bitte Sie darum bringend: geben Sie uns alle die Bilder an, welche Sie für geeignet erachten, die Frömmigkeit und die Andacht und das Andenken an die Wohlthaten Gottes wachzurufen. Sagen Sie auch, wie Sie bereits begonnen, was man über und unter die Bilder drucken soll! Fürchten Sie sich nicht vor den Ausgaben, welche das Zeichnen oder das Stechen der Bilder uns verursachen wird! Mit Freuden will ich mich bemühen, nach und nach alles, was in meiner Macht liegt, für die christliche Religion aufzuwenden, und zwar mein ganzes Leben lang. Mein Entgelt und meine ewige Belohnung wird mir, so hoffe ich, nicht entgehen. Der hochwürdige P. Harlemius machte mich darauf aufmerksam, daß die Bilder der heiligen Dreifaltigkeit eine besondere Sorgfalt erheischen, damit nämlich die Darstellung nicht ungeziemend ausfalle. Ich habe ihn gebeten, uns dabei mit seinem und anderer frommen Männer gutem Rathe zur Seite zu stehen. Sehr gerne würde ich auch Ihr Urtheil vernehmen, damit doch ja nicht, wie es sehr oft geschehen sein soll, bei diesem Bilde eine Unziemlichkeit unterlaufe." [1]

Leider verlieren sich mit diesem Briefe die Spuren des brieflichen Verkehres, welchen der große Antwerpener Meister mit dem Christenlehrer von Nymwegen gepflogen. Wenn nicht alle Anzeichen täuschen, kam erst ein Jahr nach dem Auftreten des römischen Bilderkatechismus diese Arbeit bei den Niederländern in vollen Fluß. Ihre künstlerische Seite vertraute Plantin einem Manne an, der seit Jahr und Tag wie wenig andere in Zeichnungen und Kupferstichen für ihn thätig war: eben erst, im Jahre 1587, hatte Peter van der Borcht des belgischen Jesuiten Franz Coster „Fünfzig Betrachtungen über das Leiden des Herrn" mit Bildern belebt [2]. Nun entwarf er 103 Katechismusbilder nach Canisius und stach sie auf Kupferplatten. Die Kosten übernahm Plantin gemeinsam mit Philipp Galle. Jener besaß die Tafeln und druckte die Schrift; dieser druckte die Bilder und ersetzte dem Plantin in Geld, was derselbe über die Hälfte des Gesamtpreises ausgegeben hatte [3]. Der Censor Heinrich Zebertus, Doctor der Gottesgelehrtheit und Domherr zu Antwerpen, bezeugte am 25. Februar 1589, das Buch enthalte nichts, was gegen die katholische Religion oder den König verstoße. Philipp II. setzte am 7. April dieses Jahres für alle seine Lande eine Strafe von sechs Ka-

---

[1] *Lateinischer Brief. Entwurf von Plantins eigener Hand im Plantin-Museum zu Antwerpen, a. a. O. fol. 82ᵃ.
[2] *Rooses*, Catalogue, 18. 73.   [3] *Rooses*, Plantin, 269.

3. Der Bilderkatechismus.

rolin, welche der Staatskasse zufließen sollten, auf jedes Stück des Werkes, welches in den nächsten sechs Jahren ohne Plantins Genehmigung gedruckt oder verkauft werden würde [1]. So konnte denn endlich das Jahr 1589 die Vollendung des neuen Bilderkatechismus begrüßen [2]. Titelblatt und Vorrede gestehen offen die Absicht ein, das Buch des Romanus nachzuahmen, ja gewissermaßen in Schatten zu stellen. Je zwei Blätter am Anfang und am Ende ausgenommen, bietet jedes der 107 kleinen Octavblätter auf seiner Vorderseite einen fast blattgroßen Stich samt einer kurzen Erläuterung aus dem kleinen Katechismus des Canisius. Man sieht deutlich: hier muß das Wort dem Bilde sich anpassen; die Fragen sind ganz weggefallen; auch von den Antworten fehlen manche; andere sind gekürzt oder sonst frei wiedergegeben [3].

Hat Canisius selbst dies Verfahren angegeben? Die Quellen schweigen. Aber die Hochschätzung, welche Plantin dem großen Manne entgegenbrachte, läßt kaum daran zweifeln, daß bei Auswahl der Bilder und bei deren Erklärung zuvörderst die Wünsche erfüllt, die Vorschläge verwirklicht wurden, welche Plantin nachweisbar in den Jahren 1573 und 1574 und höchst wahrscheinlich auch später noch von Canisius erbeten und erhalten hatte [4].

---

[1] Gutheißung und Hauptinhalt des Privilegs am Ende des Buches, 211—212.

[2] INSTITVTIONES | CHRISTIANÆ, | seu | PARVVS CATECHISMVS CATHOLICORVM, | *Præcipua Christianæ pietatis capita complectens:* | PRIMVM quidem à P. Joanne Baptista Ro- mano, Societatis Jesu, in rudiorum et idiotarum gratiam, iuxta SS. Concilij Tridentini decretum sess. 25. imaginibus | distinctus, nunc verò æreis formis ad D. PETRI CANI- SII, Societatis Jesu, Institutiones eleganter expressus. ANTVERPIÆ, | Excudebat Christophorus Plantinus, Architypo- | graphus Regius, sibi et Philippo Gallæo. | M. D. LXXXIX. Königliche Bibliothek zu Brüssel (H 1412); Britisches Museum zu London; große Königliche Bibliothek zu Kopenhagen.

[3] Jedem Bilde, sagt der ungenannte Verfasser der Vorrede, habe man eine Erklärung nach den „Institutiones" des Canisius beigesetzt, „quod is libellus docendo et instruendo perutilis, pene omnium manibus teratur".

[4] Nach De Backer (I, 1062), Reifer (a. a. O. 66), Sommervogel (II, 636. 656) wäre anzunehmen, daß der Katechismus von Canisius-Van-der-Vorcht-Plantin schon 1576, ja auch schon um 1569 erschienen sei. Reifer schöpft wohl aus De Backer. Die zwei belgischen Gelehrten lassen nähere Angaben über diese Ausgaben, besonders die Seitenzahl, vermissen, ein Zeichen, daß sie dieselben nicht mit eigenen Augen sahen, sondern aus einer andern Bibliographie oder einem Bücherverzeichnisse entlehnten, wie dies bei solch riesigen Sammelwerken zulässig, ja oft geboten ist. Nun sahen wir aber noch im Jahre 1574 über die Anfänge des Bilderkatechismus zwischen Canisius und Plantin Verhandlungen schweben (S. 158). Wie konnte also das Buch schon 1569 erscheinen? Und wer hat eine Ausgabe von 1576 in Händen gehabt?

Man habe sich, heißt es in der Vorrede, bemüht, wo möglich biblische Ereignisse mit den einzelnen Glaubensgeheimnissen in Verbindung zu bringen. In der That begegnen uns alle die großen Gestalten der heiligen Bücher: Job, Abraham, der ägyptische Joseph, Moses, Samson, Tobias, Daniel und andere. **Biblische Geschichte und Katechismus durchdringen sich hier gegenseitig.** Vielfach hat der Künstler in einem Rahmen zwei und drei Darstellungen zusammengefaßt. Sein Griffel ist lebhaft und voll des Ausdruckes. Er liebt es, nach Art der Kirchenmalereien und geistlichen Schauspiele des Mittelalters den neutestamentlichen Ereignissen ihr Vorbild aus dem Alten Bunde an die Seite zu stellen.

Unser Katechismus selbst ward wiederum das Vorbild für die Bilderkatechismen des bayrischen Jesuiten Georg Mayr, welche in den ersten Jahrzehnten des 17. Jahrhunderts fast bei allen gebildeten Völkern sich Eingang verschafften. Daß Canisius noch selbst zu ihrem Entstehen mitgewirkt, läßt sich nicht behaupten, und darum liegen sie außerhalb des Bereiches der gegenwärtigen Untersuchung.

Der Antwerpener Bilderkatechismus vom Jahre 1589 war eines der letzten Meisterwerke des großen Plantin. Bald sollte der edle Mann von Angesicht zu Angesicht die Geheimnisse schauen, die er der christlichen Jugend in Bildern gezeigt; er starb am 1. Juli des nämlichen Jahres.

4. Honorar- und Widmungswesen.

Mit dem Katechismus des Canisius fiel ein wahrer Goldregen in das Geschäft Plantins und in die Bücherläden so vieler andern Verleger des Buches. Uns Kindern des 19. Jahrhunderts drängt sich da die Frage auf, wie es denn um das Honorar des Verfassers stand. Vor 300 Jahren war es noch eine Ausnahme, daß der Drucker seinen Schriftsteller bar bezahlte. Erasmus verwahrte sich feierlich dagegen, daß er für seine eigenen Schriften Geld genommen habe [1]. Plantin schreibt wohl

---

Die von 1589 gedenkt weder auf dem Titelblatte, noch in der Vorrede, noch im Druckprivileg eines frühern Druckes, bezeichnet vielmehr als Vorbild und Vorläufer nur das Werk des Romanus, das 1587 erschien. Der bedeutendste der gegenwärtigen Plantinforscher, Mar Rooses in Antwerpen, der als Verwalter des Plantin-Museums die Geschäftsbücher Plantins täglich vor sich liegen hat, weist die Entstehung unseres Bilderkatechismus ausdrücklich dem Jahre 1589 zu (Christophe Plantin, p. 269). Gräffe (Trésor de livres rares II [Dresde 1861], 36) läßt die Ausgabe von 1569 durch P. Georg Mayr besorgt werden. Aber Georg war dazumal ein Knabe von kaum sechs Jahren! [1] Kapp a. a. O. 312—313.

4. Honorar- und Widmungswesen.

einmal an Canisius: er möge ihm doch mittheilen, was den Schreibern zu bezahlen sei, deren er sich bei der Neubearbeitung seines lateinischen Gebetbuches bediene; „denn", so heißt es in dem Briefe, „ich möchte nicht, daß Sie oder einer der Ihrigen diese Kosten trage; dieselben fallen ganz und gar der Druckerei zur Last". Daß aber dem Verfasser selbst seine Mühewaltung mit Geld vergütet werden solle, das ist in dem Schreiben auch nicht leise angedeutet[1]. Die Schriftsteller ließen meist mit Büchern sich abfinden. In Frankreich bestand um die Mitte des 16. Jahrhunderts der Brauch, ihnen wenigstens zwölf Stück ihres Werkes kostenfrei zu verabreichen[2]. Plantin ging weiter. So berichtete im Jahre 1586 P. Franz Coster von Douay aus an Claudius Aquaviva, den damaligen General der Gesellschaft Jesu: „Zu Antwerpen hat Plantin den Unsern am 2. August einen Wagen voll Bücher geschenkt, die man auf 600 Gulden schätzt."[3] Nach jetzigem Geldwerthe waren dies mindestens mehr als 3000 Mark.

Daneben versprachen sich die Schriftsteller auch Geldgeschenke und andere Gunsterweise von den Fürsten, Bischöfen, Reichsstädten und andern großen Herren, welchen sie ihre Schriften widmeten.

Calvin widmete im Jahre 1555 dem Rathe von Frankfurt seine „Evangelien-Harmonie" und empfing dafür eine „Verehrung" von 40 Goldgulden. Dem gelehrten Konrad v. Gesner bewilligte Zürich im Jahre 1551 für sein Buch von den vierfüßigen Thieren ein Jahreseinkommen von zehn Malter Kern und zehn Eimer Wein. Dagegen mußte sich Melchior Goldast im Jahre 1606 bei einer Widmung an die Rathsherrn von Memmingen mit einem Ducaten begnügen. Die Herren, schrieb ihm ein Freund, müßten so viel für den Türkenkrieg geben, seien mit Widmungen fast täglich heimgesucht, verstünden auch selbst herzlich wenig von schriftstellerischen Dingen[4]. Der Jesuit Franz Turrian ging in den Jahren 1581 und 1583 so weit, zwei Schriften, die er gegen den Lutheraner Anton von Chandieu verfaßt, dem protestantischen Landgrafen Wilhelm von Hessen zu widmen. Dieser war darüber sehr befriedigt und ließ aus Köln verschiedene andere katholische Werke kommen, um sie, wie er sagte, zu lesen. Ein dem Fürsten sehr nahestehender Schulmann, der Turrians Arbeit gelesen, trat mit den Jesuiten von Fulda in Briefwechsel und wünschte auch persönliche Fühlung mit ihnen zu gewinnen[5].

---

[1] *Plantin an Canisius, Antwerpen, im Februar 1573. Siehe S. 154.
[2] Kapp a. a. O. 315.
[3] *P. Franz Coster an Aquaviva, Douay, 16. August 1586. Eigenhändiger, lateinischer Brief.   [4] Kapp a. a. O. 318—319.
[5] *Bruchstück eines lateinischen Mainzer Briefes von Hermann Thyräus S. J. Gleichzeitige Abschrift im vaticanischen Geheimarchiv, Lettere di Principi 32, n. 227. Der Titel der zwei Schriften bei De Backer III, 1230. Wenn ich nicht irre, las ich in den handschriftlichen, für Rom bestimmten Ordensberichten aus jener Zeit, der protestantische Fürst habe zum Danke eigens einen Edelmann an den Pater abgesendet und ihm einen silbernen Becher überreichen lassen. Leider versäumte ich, die Stelle mir aufzuzeichnen.

Braunsberger, Katechismen.   11

162 Vierter Abschnitt. Gestaltungen und Erscheinungsweisen der Katechismen.

Vielfach artete das Widmungswesen zum frechen Schmarotzerthum aus, das in schnöder Geldgier wurzelte und in hohlen Schmeicheleien sich breit machte. Doch sind auch nicht wenige Widmungen jener Zeit aus ehrlichem Herzen herausgewachsen und bergen hinter glänzenden Redensarten ungeheuchelte Dankbarkeit und Eifer für Wissenschaft und Frömmigkeit.

Canisius wandelte die Pfade seiner widmungseifrigen Zeitgenossen. Er widmete seine erste Veröffentlichung, den deutschen Tauler, dem Primas von Schweden und Erzbischofe von Lund, Georg von Schotborch, die Leo-Ausgabe dem gelehrten Kölner Weihbischof Johannes Nöppel, den ersten Band des Cyrill von Alexandrien dem Mainzer Kurfürsten Sebastian von Heussenstamm, das Werk über Johannes den Täufer dem Erzherzoge Ferdinand II. von Tirol. Der zweite Band des Cyrill ist den Studirenden der Gottesgelehrtheit an der Kölner Hochschule zugeeignet, die Hieronymusbriefe der jungen Hochschule von Dillingen, das deutsche Leben des hl. Fridolin der Fürstäbtissin Maria Jakobe von Seckingen. Auch bie Schweiz ward nicht übergangen. An den hochangesehenen Schultheißen Ritter Ludwig Pfyffer und die andern Rathsherren von Luzern richtete er seinen deutschen „Beat". Der Rath von Freiburg ließ im Jahre 1593 für den Gründer seines Collegiums, der ihm lateinische Betrachtungen über die Festtagsevangelien widmete, als Gegengabe aus Lyon die zehnbändige Pariser Augustinus-Ausgabe vom Jahre 1586 kommen [1]. Noch großmüthiger erwiesen sich die Solothurner. Canisius hatte die Lebensbeschreibung der hll. Mauritius, Ursus und ihrer Gefährten in deutscher Sprache verfaßt und dem Rathe von Solothurn gewidmet. Zum Danke verehrte dieser dem Gottesmanne die Werke der hll. Ambrosius und Hieronymus in mächtigen, sehr hübsch gebundenen Bänden. Der gelehrte, geistvolle Staatsschreiber Hans Jakob v. Staal begleitete sie mit einem schwungvollen lateinischen Widmungsgedichte. Ueberdies wurde im Solothurner Münster der Reliquienschatz geöffnet und aus demselben für das Freiburger Collegium Gebein des hl. Ursus und anderer thebäischen Blutzeugen erhoben [2].

Die Erstlingsausgaben der Katechismen weisen keine Widmung auf; Canisius hatte ja sogar seinen eigenen Namen verschwiegen. Als die Neubearbeitung des großen Katechismus zum Abschlusse gedieh, weilte der Verfasser eben als päpstlicher Abgesandter zu Köln. In Köln hatte er als Jüngling seine zweite Heimat gefunden. Ein Jahrzehnt und darüber war die Kölner Hochschule in Wahrheit die „hehre Mutter" seines Geistes, seine Lehrerin in den freien Künsten wie in der Wissenschaft von den göttlichen Dingen gewesen. In den Tagen des abtrünnigen Erzbischofes Hermann v. Wied war er Augenzeuge kölnischen Glaubenseifers geworden, und jetzt eben, am Eingange des Jahres 1566, nahmen Rath und Hoch-

---

[1] * Freiburger Rathsmanual 143, Sitzung des Kleinen Rathes vom 10. März 1593; erste und zweite Rechnung des Säckelmeisters Ulrich Wildt, „Gemein Ußgeben", für 1594. Beide Codices im Staatsarchive zu Freiburg in der Schweiz. Altes handschriftliches Bücherverzeichniß des dortigen Jesuiten-Collegiums, jetzt in der Kantonalbibliothek daselbst.

[2] * Lateinischer Jahresbericht des Freiburger Collegiums, Freiburg, 2. December 1597. Jene Bücher finden sich noch gegenwärtig in der Kantonalbibliothek daselbst.

schule von Köln mit tiefer Ehrfurcht die amtliche Ausgabe der Trienter Beschlüsse entgegen, die Canisius aus der ewigen Stadt ihnen brachte. Auch auf all die besondern Forderungen gingen sie ein, welche Rom durch seinen Boten an sie stellte. Dem Canisius selbst erwiesen sie fürstliche Ehren: man brachte Geschenke; von der Hochschule ward einmal, vom Rath zweimal der „Ehrenwein" ihm gesendet[1]. Zum Danke wollte der Diener Gottes die reifste Frucht seines Geistes ihnen weihen: an Kölns großem Ehrentage, dem Feste der heiligen drei Könige, widmete er die **umgearbeitete und erweiterte Ausgabe seines großen Katechismus dem Rathe und Volke von Köln.** In dem lateinischen Widmungsschreiben[2] gedenkt Canisius der Wohlthaten, welche Köln ihm gespendet, besonders aber der Treue, mit welcher die Stadt zu allen Zeiten an der Lehre dieses Katechismus, an der katholischen Wahrheit festgehalten. Lobend und mahnend zugleich erinnert der Apostel Deutschlands die Bürgerschaft von Köln an den Ehrennamen, der seit Jahrhunderten ihr Stolz gewesen: „Glückliches Köln, getreue Tochter der heiligen römischen Kirche."[3]

Köln hat seinen Canisius nicht vergessen. Es hat dessen Katechismus mehr als 50mal gedruckt, den Papst um seine Seligsprechung gebeten[4] und ist in der großen Mehrheit seiner Bewohner bis auf diese Stunde dem Glauben treu geblieben, den Canisius ihm in Wort und Schrift gepredigt.

Am reichlichsten bedachte Canisius mit seinen Widmungen jenes deutsche Fürstengeschlecht, welches seinen Orden noch zu Lebzeiten des Stifters so huldvoll aufgenommen und seither mit Gunstbezeigungen jeder Art überhäuft hatte[5]. Dem Herzoge Albrecht V. von Bayern widmete er das umfangreichste und gelehrteste von allen seinen Werken, die Schrift „über die unvergleichliche Jungfrau Maria". Die Vega-Ausgabe[6] schmückt ein langes Widmungsschreiben unseres Christenlehrers an Albrechts Sohn Ernst, den

---

[1] *Cod.: „Historia Collegii Coloniensis", ad a. 1566. Im Archive der Kirche zur Himmelfahrt Mariä zu Köln. Diese Geschichte wurde 1625 zu Köln aus alten Schriftstücken des Collegiums zusammengestellt.

[2] Summa doctrinae Christianae (Coloniae 1566), fol. 2ᵃ—4ᵃ.

[3] „Felix Agrippina Colonia, sanctae Romanae ecclesiae fidelis filia." l. c. fol. 4ᵃ.

[4] Die lateinische Bittschrift der Kölner Hochschule ist gedruckt bei F. J. von Bianco, Die alte Universität Köln und die spätern Gelehrtenschulen dieser Stadt, 1. Thl., 1. Abth. (Köln 1855), 649—651.

[5] Canisius rief diese Wohlthaten noch kurz vor seinem Tode seinen Münchener Ordensbrüdern mit kräftigen, warmen Ausdrücken in die Erinnerung zurück. *M. Raderus*, De vita Petri Canisii (Antverpiae 1615), 101—104; Al. Knöpfler, Die Kelchbewegung in Bayern unter Herzog Albrecht V. (München 1891), 188.

[6] Vgl. S. 85. 140.

spätern Kurfürsten von Köln. Auf den Regensburger Bischof Philipp von Bayern, den nachmaligen Cardinal, lautet die Zueignung des lateinischen „Handbuches für Katholiken", welches Canisius im Jahre 1587 erscheinen ließ.

Der Wittelsbacher aber, der früher als sie alle aus den Händen des Seligen eine Widmung entgegennahm, war Albrechts Erstgeborner, der spätere Bayernherzog Wilhelm V., genannt der Fromme. Canisius widmete ihm seinen großen Katechismus in der schönen Ausgabe, welche die Dilinger Jesuitendruckerei im Jahre 1571 für den Gebrauch der bayrischen Lehranstalten herstellte[1]. Der ehemalige Rector der Ingolstädter Hochschule vergleicht in seiner Widmung Bayern mit dem Lande Gessen, in welchem das Volk Israel, abgeschieden von den gottlosen Aegyptern, Tage der Ruhe und des Ueberflusses genoß. Herzog Albrecht, Wilhelms Vater, erinnert ihn an den ägyptischen Joseph, der durch seine Weisheit und Tugend über seine Brüder sich emporschwang, ja für alle der Helfer und Erretter wurde. Er preist Bayerns Glaubenseinheit, seine altehrwürdigen Kirchen, seinen Reichthum an Klöstern, seine Ergebenheit gegen das angestammte Herrscherhaus[2].

Wilhelm V. verdiente in der That die Widmung des Katechismus. Er prägte in sich selbst dessen Lehren aufs getreueste aus. „Ein seltenes Beispiel unter den Fürsten und Großen jener Zeit," sagt ein Geschichtschreiber unserer Tage, „haßte und floh er Unmäßigkeit, Unzucht und selbst geringere Leichtfertigkeit, und er wachte über sich selbst in jeder Beziehung mit strenger Sorgfalt.[3] Aufrichtige Hochschätzung der Wissenschaften und begeisterte Liebe zur Kunst verstand er mit glühender Andacht und strenger Buße zu vereinen. München erhielt unter ihm den Namen des deutschen Rom. Der Gesellschaft Jesu vertraute er die Leitung seiner Seele und die Erziehung seiner Kinder an. Seine Freigebigkeit gegen den Orden kannte keine Grenzen. In München baute er demselben die prächtige Michaelskirche und füllte sie nicht nur mit Hunderten von Reliquien, sondern auch mit Kirchengeräthen von einer Kostbarkeit und Kunstschönheit, die gerade in unsern Tagen wiederum das Auge der Kenner auf sich zieht[4]. Das von Wilhelm errichtete Münchener Collegium ward seiner Zeit wie ein halbes Wunder angestaunt und mit dem Escorial verglichen[5]. Des Fürsten

---

[1] Vgl. S. 94.

[2] Summa doctrinae christianae (Dilingae 1571), fol. A 2ᵃ — A 8ᵇ.

[3] F. Stieve, Die Politik Bayerns 1591—1607, 1. Thl. (München 1878), 407—412.

[4] J. M. Forster, Beiträge zur Geschichte der St. Michaels-Hofkirche (München 1888), 27—29. Alte Handzeichnungen nach dem verlornen Kirchenschatz der St. Michaels-Hofkirche zu München. 30 Tafeln in Lichtdruck von Joseph Albert. Mit erklärendem, reich illustrirtem Text, herausgegeben von Leopold Gmelin. München 1888.

[5] Bericht des Augsburger Patriciers und Kunstkenners Philipp Hainhofer vom Jahre 1611, veröffentlicht von Chr. Häutle in der „Zeitschrift des historischen Vereins für Schwaben und Neuburg", 8. Jahrg. (Augsburg 1881), 107—110.

4. Honorar- und Widmungswesen.

Verehrung gegen Canisius zeichnet am besten ein Vorfall, welcher in der Hofburg zu Landshut spielt. Der Diener Gottes arbeitete an seinem Werke über die seligste Jungfrau. Eben hatte der Schreiber, dem er dictirte, auf einige Zeit sich entfernt, da trat Herzog Wilhelm ein, und Canisius, nicht aufblickend, glaubte den Schreiber zurückgekehrt und hieß ihn in der Arbeit fortfahren. Wilhelm schrieb, ohne sich zu verrathen, mehr als eine Stunde lang [1]. Auch in die Schweizer Berge folgte Wilhelms Dankbarkeit und Liebe dem greisen Christenlehrer nach. Im Jahre 1595 sandte er in das Freiburger Collegium kirchliche Gewänder und einen silbernen Kelch [2], und als er von den Reliquien des hl. Ursus vernahm, welche Canisius aus Solothurn erhalten, lieferte er für dieselben einen kunstvoll gearbeiteten Behälter aus Ebenholz, mit Silber verziert und überragt von einem silbernen Standbilde jenes Blutzeugen [3]. Für seine Söhne verordnete Wilhelm ausdrücklich: sie müßten zuerst den deutschen Katechismus des Canisius lernen, dann seinen kleinen lateinischen, und endlich seinen großen; diese Lehre solle „ihrem Gedächtniß und ihrem Verstande tief eingewurzelt werden", solle „ihre geistliche Speise, ihr tägliches Brod sein" [4].

Auch seinem erweiterten Katechismus, wie ihn Busäus geschaffen, mußte Canisius einen mächtigen Schutzherrn zu gewinnen. Bei dem ersten Drucke hatte man von einer Widmung Abstand genommen. Als aber Canisius eine vermehrte und verbesserte Neuausgabe betrieb, faßte er den Entschluß, dieselbe dem neuen Fürstbischofe von Augsburg, Johann Eginolf von Knöringen, zuzueignen [5]. Es war das im Jahre 1573. Der Bischof starb schon vor dem Erscheinen des Werkes, im Jahre 1575, und so fügte es sich, daß das Andenken eines noch berühmtern Mannes mit dem Buche sich verband. Schon gleich nachdem Julius Echter von Mespelbrunn zum Fürstbischofe von Würzburg erwählt worden, hatte Canisius schriftlich ihn beglückwünscht, ihm seine Würzburger Mitbrüder empfohlen und ihn ermahnt, muthig die Hand anzulegen an das große Werk der kirchlichen Erneuerung, sollte auch in Geistlichkeit und Volk der Geist des

---

[1] Auch Stieve (a. a. O.) erzählt diese Geschichte. Meines Wissens ist ihre einzige, übrigens ausreichende Quelle das handschriftliche Werk *„Michaëlium", welches ein Neffe des Seligen, der Jesuit Jakob Canisius, 1642 verfaßt hat; es liegt im Archive von St. Michael zu München. Jakob Canisius versichert, er habe das Ereigniß aus dem Munde seines Ordensgenossen P. Johannes Heidelberger, welchem Petrus Canisius selbst es mitgetheilt habe (II, 1004—1005).

[2] *Cod.: Historia Collegii Friburgens. ab anno 1578 ad 1771, p. 80. In der Kantonalbibliothek zu Freiburg in der Schweiz.

[3] *Lateinische Jahresberichte der oberdeutschen Ordensprovinz der Gesellschaft Jesu vom Jahre 1600. Freiburger Collegium. Urschrift.

[4] Anweisung Wilhelms für den Lehrer und dem Hofmeister der Kinder, bei P. Ph. Wolf, Geschichte Maximilians I. und seiner Zeit, 1. Thl. (München 1807), 58.

[5] *P. Johannes Reibt an P. Petrus Busäus, Innsbruck, 28. Juli 1573. Lateinischer Entwurf in neuer Abschrift.

Widerspruches sich regen¹. Die Mahnung fiel auf fruchtbares Erdreich. Als im Jahre 1577 das „Christenlehrwerk" zum erstenmal in einem großen, schönen Foliobande an das Licht trat, wollte Canisius dasselbe dem Manne zueignen, der das Scepter der fränkischen Herzoge und den Bischofsstab des hl. Kilian mit gleichem Ruhm und Segen führte. Er hebt in seiner langen lateinischen Widmung an Julius nicht nur dessen thatkräftigen Glaubenseifer hervor, sondern auch seine hohen Verdienste um die Würzburger Hochschule, welche in Echter ihren zweiten Stifter fand²; über die Wichtigkeit und Verdienstlichkeit der Christenlehre verbreitet er sich in langer, von apostolischem Seeleneifer durchglühter Rede³.

Der Gründer des Juliushospitals zu Würzburg, der Wiederhersteller des katholischen Glaubens im Frankenlande war des Denkmales würdig, welches unser Seliger ihm setzte. Julius besiegelte im Jahre 1588 die von seinem Vorgänger begonnene Gründung des Würzburger Jesuitencollegs, rief die Jesuiten als Lehrer der Welt- und Gottesgelehrtheit an seine Hochschule und legte die Leitung seines neuen Priesterseminars in ihre Hände⁴. Im Jahre 1581 wünschte er den P. Canisius, der als 70jähriger Greis zu Freiburg in der Schweiz weilte, bei sich in Würzburg zu haben. Derselbe sollte von da mit Aufträgen, welche das Seminar betrafen, nach Rom reisen⁵. Drei Jahre später empfahl der Fürstbischof seiner gesamten Geistlichkeit von Amts wegen den Katechismus des Canisius und das Christenlehrwerk des Busäus⁶.

5. Höhe der Preise und der Auflagen.

Was kosteten die Katechismen des Canisius? Das ist heute schwer zu sagen. Wohl wurden spätetens seit dem Jahre 1564 für die Frank-

---

¹ Canisius an Fürstbischof Julius, Innsbruck, 7. Mai 1574. Lateinisches Schreiben, herausgegeben von Th. Fr. Freytag, Virorum doctorum epistolae selectae etc. (Lipsiae 1831), 112—114.

² „Quod rarum et egregium Mecoenatem decet, doctos et studiosos homines magno favore prosequeris, atque idcirco gymnasium publicum excitare pergis, quod non modo Franconibus, sed etiam exteris haud minori praesidio quam ornamento esse possit." Opus catechisticum (Coloniae 1577), fol. a 2ᵃ—bᵃ. Aus dem Zusammenhange ersieht man klar, daß die Universität gemeint ist.

³ Siehe S. 6—7.

⁴ C. Braun, Geschichte der Heranbildung des Clerus in der Diöcese Wirzburg (Wirzburg 1889), 302—312.

⁵ *P. Franz Coster an den Ordensgeneral Claudius Aquaviva, Würzburg, 3. September 1581. Der Ordensvisitator Manareus glaubte dem schon sehr geschwächten Greise die Last dieser Reise nicht auflegen zu dürfen. *Manareus an Aquaviva, Augsburg, 15. November 1581. Lateinische Briefe in Urschrift. Diese Thatsachen sind von den Lebensbeschreibern des Canisius bisher nicht erwähnt worden.

⁶ Statuta ruralia, bei Ign. Gropp, Collectio novissima scriptorum et rerum Wirceburgensium I (Francofurti 1741), 442—481.

5. Höhe der Preise und der Auflagen.

furter Büchermesse, diesen Brennpunkt damaligen deutschen Buchhandels, eigene gedruckte Bücherverzeichnisse herausgegeben; aber dieselben wissen nichts von den Preisen der Bücher¹. Man ist auf gelegentliche Aufzeichnungen angewiesen.

Die Universitätsbibliothek von München hat aus dem aufgehobenen Dominikanerkloster zu Regensburg eine lateinische Wiener Ausgabe des großen Katechismus vom Jahre 1556 überkommen², in welcher man am Ende die handschriftliche Meldung liest, dies Buch sei im Jahre 1570 durch Matthias Coriarius, Stiftsherrn und Dechant zu Gars, um 15 Kreuzer, also etwa 43 Pfennige jetzigen deutschen Geldes, erworben worden; da der Kauf so lange nach dem Drucke stattfand, so ist anzunehmen, das Buch sei damals schon gebunden gewesen und aus zweiter Hand an den Dechanten gekommen. Eine Ausgabe des nämlichen Werkes, welche im Jahre 1560 bei Matern Cholin zu Köln in kleinem Drucke, aber mit einem langen Anhange von Schriftstellen erschien, war im Jahre 1562 einem gewissen Adam Gulfrich zu eigen; er hatte sie laut Einzeichnung auf der Innenseite des vordern Einbanddeckels um sechs Batzen, also etwa 69 deutsche Pfennige, erstanden; der hübsch gepreßte Ledereinband mit den Messingschließen war dabei wohl eingerechnet³.

Noch mehr Licht bringt ein Geschäftsbuch, welches Christoph Plantin zu Antwerpen in den Jahren 1566—1569 sehr genau und reinlich geführt hat. Laut dieses Buches verkaufte er an den Antwerpener Buchhändler Johannes Beller am 28. Februar 1567 einen großen lateinischen Canisius-Katechismus in Sedezform um zwei und einen halben Stüber, und am 2. Februar desselben Jahres zwölf gleichgestaltete, kleine lateinische Katechismen von Canisius um sechs Stüber⁴. 20 Stüber machen einen Brabanter Gulden, oder wenn man nach Franken rechnet, 1,80. Nun pflegte Plantin seinen Berufsgenossen durchschnittlich zwölf Procent Rabatt zu bewilligen⁵. Das Geld aber scheint damals zu Antwerpen etwa dreieinhalbmal mehr werth gewesen zu sein als in unserer Zeit⁶. Dies alles in Anschlag gebracht, hätte im Jahre 1567 bei Plantin zu Ant-

---

¹ Kapp a. a. O. 479—482. 836. G. Swetschke gibt in seinem Codex nundinarius Germaniae litteratae (Halle 1850) weder Name noch Preis der Bücher.
² Theol. Past. 18ᵇ.
³ Das Stück befindet sich jetzt zu Graeten.
⁴ *Cod. in 2⁰ mit der Aufschrift „1566—1569 Libraires", fol. 213ᵃ. Im Plantin-Museum zu Antwerpen.
⁵ Kapp a. a. O. 308.
⁶ Herr Max Rooses versicherte mir im letzten Frühjahre, dies sei das Ergebniß seiner eingehenden Nachforschungen. Man sagt bekanntlich öfters, der damalige Geldwerth sei fünfmal oder sechsmal so groß gewesen als der gegenwärtige.

werpen der große lateinische Katechismus 87—91 Centimes oder 70—72 deutsche Pfennige heutigen Geldwerthes gekostet[1], der kleine lateinische 16—20 Centimes oder 13—16 Pfennig. Im nämlichen Jahre verkaufte Plantin an Beller zwölf französische Katechismen um sechs Stüber und dann wieder sechs gebundene französische Katechismen in Duodez um 15 Stüber, ferner von des Canisius lateinischen „Unterweisungen und Uebungen in der Frömmigkeit" zwei Stück in Sedezform um sieben Stüber und zwei kleine lateinische Katechismen um zwei Stüber[2].

Verdanken wir diese Einzelheiten der Ehrfurcht, mit welcher zu Antwerpen das Buchdruckergeschlecht der Moretus das Erbe seines großen Ahnherrn Plantin durch die Jahrhunderte bewahrt hat, so hat die Gewissenhaftigkeit tirolischer Archivare eine lange Bücherrechnung uns gerettet, welche zwischen den Jahren 1572 und 1577 Gallus Dingenauer, damals Innsbrucks einziger Buchdrucker und Buchhändler, der Regierung des Erzherzogs Ferdinand II. eingereicht[3]. Dingenauer verlangt hier für 28 „Katechismen von Canisius" in Sedezform 4 Gulden und 48 Kreuzer und für 50 „kleine Katechismen von Canisius" in Sedez 2 Gulden 32 Kreuzer. Die Bücher waren wohl gebunden. Tirol rechnete damals nach rheinischen Gulden, zu 60 Kreuzern. Demnach kostete ein größerer Katechismus 10—11 rheinische oder etwa 15 österreichische Kreuzer, oder gegen 30 Pfennig deutscher Münze; der kleine Katechismus aber kam ungefähr auf 3 rheinische oder 5 österreichische Kreuzer oder 9 deutsche Pfennige. Dingenauer nennt sich zwar in seiner Rechnung einen „Buchdrucker"; aber der biedere Gallus war in dieser Kunst kein Meister; er konnte mit Mühe erzherzogliche Erlasse, Bücher gar nicht drucken[4]. Die Katechismen hat er also sicherlich von auswärts bezogen. Wahrscheinlich wurden sie ihm durch das große Augsburger Geschäft von Georg Willer aus Dilingen oder aus Köln besorgt. Wieviel er dabei Rabatt erhalten, wieviel er selbst

---

[1] Die kleine Plantinsche Ausgabe des großen Katechismus vom Jahre 1567 hatte 330 gezeichnete Seiten und am Anfange sieben, am Ende zehn nicht gezeichnete Blätter.

[2] * L. c. fol. 213ᵛ. Während Plantins Institutiones Christianae pietatis von 1566 nur 80 Sedezseiten einnehmen, kommen seine Institutiones et exercitamenta Christianae pietatis vom selben Jahre auf 524 Sedezseiten.

[3] * Statthalterei-Archiv zu Innsbruck, Ferdinandeum, Religionssecten, Nr. 237, Bl. 155. Vgl. die Innsbrucker Zeitschrift für Theologie a. a. O. 730.

[4] Hirn a. a. O. 401.

5. Höhe der Preise und der Auflagen.

hinwiederum bei dieser großen Lieferung vom Einzelpreise nachgelassen, das läßt sich nicht entscheiden.

Noch tiefer im Dunkel liegt die Frage, wie stark die Auflagen der Katechismen gewesen. Drei Jahre nach dem ersten Erscheinen des großen Katechismus versicherte der venetianische Buchhändler Michele Tramezzino, das Buch sei rasch „in vielen Tausenden von Stücken" verbreitet worden und mache nun die Runde durch fast ganz Europa [1]. Rom druckte im Jahre 1565 den Katechismus der deutschen Jesuiten — ob den großen oder den kleinen, ist nicht ganz klar — in 3000 Stücken [2]. Im folgenden Jahre sandte Plantin an Cholin nach Köln 1242 kleine lateinische Katechismen von Canisius [3]; er hatte deren also wahrscheinlich 3000 oder noch mehr gedruckt. Der nämliche Katechismus erschien im Jahre 1579 zu Stockholm, sowohl in deutscher als in schwedischer Sprache; die deutsche Ausgabe hatte die Stärke von 1500 Stück [4].

Wie viele Auflagen die Katechismen des Canisius erlebt, das läßt sich nur annähernd feststellen. Jahr für Jahr sehen wir alte, längst vergessene Drucke derselben emportauchen, bald aus den Gewölben alter Büchereien, bald aus den Speichern unserer Antiquare. Manche Ausgaben sind, wie schon bemerkt, wohl unwiederbringlich verloren. Die Geschichte der Neudrucke, Uebersetzungen, Ueberarbeitungen, Erklärungen könnte für sich allein ein Buch füllen. So Gott will, sollen bald in einer eigenen Schrift einige Bausteine zu demselben geliefert werden. Für jetzt nur kurze Andeutungen.

Die „Nachfolge Christi" ist in den 50 Jahren, welche zwischen der Erfindung des Buchdruckes und dem Eingange des 16. Jahrhunderts verflossen, etwa einhundertmal gedruckt worden. Des Erasmus angebetete „Sprichwörter" erreichten in den nächsten 40 Jahren nach ihrem ersten Erscheinen 34 Auflagen zu je 1000 Stück [5]. Für die 42 Jahre, welche zwischen dem ersten Erscheinen unseres Katechismus und dem Hingange seines Verfassers liegen, sind gegenwärtig noch weit über 200 Auflagen

---

[1] Summa doctrinae christianae (Venetiis 1558), in der Widmung.
[2] Siehe S. 47.
[3] *Aufzeichnung in dem obengenannten Geschäftsbuche Plantins, fol. 97ª.
[4] *Fr. Sacchinus*, Historiae Societatis Jesu Pars quarta (Romae 1652). l. 7, n. 104. p. 222.
[5] *Aug. de Backer*, Essai bibliographique sur le livre de Imitatione Christi (Liège 1864), 1—8. 34—36. 100—101. 107—110. 127—128. 174; Kapp a. a. O. 325—326; L. Rosenthals Antiquariatskatalog 81 „Imitatio Christi" (München 1892), 3—5. 12. 19.

nachweisbar. Im Jahre 1597, dem Todesjahre des Canisius, war das Werk bereits übersetzt in das Böhmische, Englische, Französische, Griechische, Italienische, Polnische, Schottische, Schwedische, Slavische, Spanische, Ungarische. Es hatte in den katholischen Schulen Deutschlands sich eingebürgert, beherrschte in Frankreich, Italien, Polen einen bedeutenden Theil der mittlern Lehranstalten. Da und dort ward es in Predigten dem Volke erklärt und auf Hochschulen den Vorträgen über die heilige Wissenschaft zu Grunde gelegt. Man traf es an Fürstenhöfen in den Händen der künftigen Herrscher. Man reichte es als rettende Fackel denen, welche in der Nacht des Zweifels irrten.

Schluß.

Um das Jahr 1580 fiel der kleine Katechismus des Canisius einem Sprossen eines hochangesehenen oberitalischen Fürstengeschlechtes in die Hände: Luigi Gonzaga, der Erstgeborene des Markgrafen von Castiglione, fand in dem Gebetstheile des Buches sieben Betrachtungen über die Tugenden des göttlichen Heilandes, samt einer kurzen Anleitung zum betrachtenden Gebete. Was er da las, gefiel ihm außerordentlich; es sei, meinte er, so ganz für ihn geschrieben. Zusammen mit den gedruckten Berichten der Jesuitenmissionäre von Indien ward ihm der Katechismus ein Sporn, an allen Feiertagen die Schulen zu besuchen, wo Christenlehre gehalten wurde, und, selbst noch ein Kind, die andern Kinder in den Anfangsgründen des Glaubens zu unterrichten. Zugleich nahm ihn der Katechismus des Canisius, wie er später selbst erzählte, nicht wenig für den Orden ein, dem dessen Verfasser angehörte. Einige Jahre später vertauschte Luigi den Fürstenpurpur mit dem Jesuitenkleide[1]. So hat Canisius die schönste Lilie des 16. Jahrhunderts mit dem Thau seiner Lehre befruchtet und der Gesellschaft Jesu den „Engel im Fleische", den einzigen Aloysius gewonnen.

Zwei Jahre vor dem Hinscheiden des Meisters der Christenlehre traf im Collegium von Freiburg ein Brief ein, den Franz von Sales an ihn richtete. Der heilige Kirchenlehrer, damals Dompropst von Genf, war eben damit beschäftigt, den Protestanten des savoyischen Bezirkes Chablais in Predigten und Christenlehren das Brod der katholischen Wahrheit zu brechen. „Ich traf hier", schreibt er an Canisius, „mit einem hochgebildeten Rechtsgelehrten, Namens Peter Poncet, zusammen, der in religiösen Fragen besser bewandert war als ein Prediger seines Bekenntnisses. Ich gab ihm Ihren Katechismus mit den Schrift- und Väter-

---

[1] *Virg. Ceparius*, De vita beati Aloysii Gonzagae (Coloniae 1627), 40—41; die Schrift erschien zuerst 1606. Cepari-Schröder, Das Leben des hl. Aloysius Gonzaga (Einsiedeln 1891), 28—29. 399.

stellen, wie sie Busäus beigefügt, und dieser Führer brachte ihn zur katholischen Kirche zurück. Wir beide sind Ihnen zum größten Danke verpflichtet."[1]

Das waren nicht die einzigen Früchte, welche Canisius erntete[2]. Wenn er im Jahre 1597, am Tage des Apostels Thomas, von seinem Sterbebette im Freiburger Collegium aus den Blick über Deutschland schweifen ließ und das Ende des Jahrhunderts mit dessen Mitte verglich, so mußte er in der katholischen Christenlehrthätigkeit einen großartigen Aufschwung gewahren: angeregt durch seinen Vorgang, hatte eine Reihe von erleuchteten Männern das deutsche Volk mit deutschen und lateinischen Katechismen beschenkt; so Bischof Wilhelm Linden von Roermond, der Universitätsprofessor Johannes Hessels, die Pfarrer Kaspar Ulenberg, Martin Dunkan und Georg Matthäi, der Stiftsherr Gerhard Buys, die großen Franziskaner Konrad Clinge und Johannes Nas, der kaiserliche Reichshofrath Georg Eder, die Jesuiten Franz Coster, Peter Brillmacher und Sigmund Ernhoffer. Der römische Katechismus war wiederholt aus dem Latein ins Deutsche übersetzt und bei den Deutschen in beiden Sprachen heimisch geworden. Deutsche Bischöfe, beseelt vom Eifer eines Pius V. und Karl Borromäus, hatten Katechismusverordnungen und Anweisungen für die Christenlehre erlassen, und ihr Mahnruf fand freudigen Widerhall bei einer Weltgeistlichkeit, die in den neu aufblühenden katholischen Hochschulen und den tridentinischen Seminarien den Geist des göttlichen Kinderfreundes eingesogen. Weltliche Fürsten streuten mit freigebiger Hand Katechismen durch ihre Lande und liehen, gegenüber der Gleichgiltigkeit und Trägheit, dem Worte des Christenlehrers den Nachdruck des weltlichen Armes. Hatte es um die Mitte des Jahrhunderts geschienen, es werde die neue Lehre gleich einem reißenden Strome ganz Deutschland überfluthen, so ist ihr jetzt Halt geboten: Dämme werden ihr entgegengesetzt, die sie auch in den folgenden Jahrhunderten nicht überschreiten wird. In Nord- und Mitteldeutschland werden zahlreiche Gebiete, auf welche die Neuerung bereits ihre Hand gelegt, ihr wiederum entrissen. In allen katholischen Gauen wacht das halb erstarrte kirchliche Leben zu einem neuen Frühling auf.

---

[1] Lateinischer Brief vom Juni 1595. Der Entwurf liegt in einem Archive zu Annecy. Das Schreiben ist zuerst in italienischer Uebersetzung veröffentlicht worden in der Civiltà cattolica, Ser. V. Vol. 12 (Roma 1864), 393—394. Den lateinischen Wortlaut hoffe ich seiner Zeit im Briefbuche des seligen Canisius bieten zu können.

[2] Ueber die Ausbreitung und die Früchte des Katechismus Bürgel a. a. O. 100—102.

Schluß.

Das hat der Christenlehrer von Nymwegen, das hat sein Orden gewiß nicht allein gethan. Mit ihnen beteten, lehrten, opferten, litten Tausende aus der Welt- und Ordensgeistlichkeit, Männer des Schwertes und der Feder, Fürsten und fürstliche Räthe, selbst Frauen, wie eine Magdalena von Oesterreich, Sibylla Fugger, Maria von Bayern. Aber man wird nicht übertreiben, wenn man behauptet, in diesem ruhmvollen Kampfe der Geister sei der Katechismus des Petrus Canisius eines der Feldzeichen gewesen, die in den vordersten Reihen glänzten und die meisten Siege gewannen[1].

Ein edler Protestant, der vor wenigen Jahren verstorbene Hauptstaatsarchivar der Niederlande, Ludwig Philipp van den Bergh, hat einmal über Canisius die Worte geschrieben: „Welch einer kirchlichen Richtung man auch mag zugethan sein, man kann nicht anders als mit Bewunderung auf diesen Mann blicken, der sein ganzes Leben und alle Kräfte von Leib und Seele an das hingab, was er für wahr und recht hielt. Eine der stärksten Säulen des Katholicismus in jenem stürmischen Jahrhunderte, richtete er vor allem seine Aufmerksamkeit auf den verwahrlosten Zustand des Unterrichtswesens und hat dasselbe denn auch, allerdings ganz in kirchlichem Sinne, durch Stiftung einer Anzahl Collegien sowie durch sein eigenes Lehren und Beispiel kräftig gefördert ... Der Protestantismus, den er sein ganzes Leben lang bekämpfte, kann ihn nur als einen tapfern Feind ansehen, wird aber wenigstens seinem unermüdlichen Eifer, seinen großen Fähigkeiten und seiner ehrenhaften Sinnesweise seine Achtung nicht versagen."[2]

Achtung und Liebe schulden unserem Canisius vor allem die deutschen Katholiken. Mag Frankreich die Perle seiner Katecheten in Gerson finden, Italien in dem Cardinal von Mailand, die Neue Welt in Franz Xaver; Deutschland darf ihnen seinen Canisius kühn zur Seite stellen. Er hat,

---

[1] Nach Schöberl (a. a. O. 210) war Canisius „jedenfalls der berühmteste Katechet Deutschlands". Canisius, schreibt Wolfgang Menzel, „erwarb sich durch seinen Katechismus und andere Lehrbücher um Erhaltung des katholischen Glaubens in Deutschland das größte Verdienst". Allgemeine Weltgeschichte VII (Stuttgart 1863), 176. Auch der Jesuitenfeind Weber gesteht: „Ferdinands Hofprediger Canisius schrieb die wirksamste aller katholischen Glaubenslehren jener Zeit." Allgemeine Weltgeschichte XI (2. Aufl., Leipzig 1886), 18.

[2] „Het protestantisme ... zal ten minste aan zijnen onbezweken ijver, zijne groote bekwaamheden en zijn eervol karakter zijne achting niet ontzeggen." Het Nijmeegsche Geslacht Kanis. im 4. Thl. der neuen Folge von Nijhoff's Bijdragen voor vaderlandsche Geschiedenis en Oudheidkunde (Arnhem 1866), 147—170. Die Arbeit ist auch als Sonderdruck erschienen.

wie wenige, das Wort verstanden: Lasset die Kleinen zu mir kommen. Deutschlands Jugend muß ihn unter ihre treuesten Wächter und großmüthigsten Wohlthäter rechnen, und jeder, in dessen Hand Gott ein Kindesherz gelegt hat, der Katechet zuallererst, besitzt in dem Kinderfreunde von Nymwegen, in dem großen deutschen Christenlehrer des 16. Jahrhunderts ein leuchtendes Vorbild und einen mächtigen himmlischen Beschützer.

„Die weise waren, werden strahlen wie der Glanz der Himmelsveste, und die, welche zur Gerechtigkeit viele angeleitet, wie Sterne in ewige Zeiten" (Dan. 12, 3).

Namen- und Sachverzeichniß.

Die kleinen Ziffern bedeuten die Anmerkungen. Can. = Canisius. Kat. = Katechismus oder Katechismen. Das Sternchen (*) vor den Ortsnamen weist auf dortige Archive oder Bibliotheken, welche für diese Arbeit benutzt wurden. Betreffs der Ordensarchive siehe das Vorwort.

Ablaß, bei der ersten Communion 54 [1]; — auf ein Gebet des Kat. von Can. 125.
Accolti, Vincenz, Drucker 157.
Adler, Jonas, Prediger 100. 101.
Agricola, Ignatius, S. J., über den Kat. von Can. 100. 104. 105.
Albert der Große, sel., 39. 41.
Albertus, Joh., Universitätsprofessor in Ingolstadt, für die Jesuiten 63.
Albrecht V., Herzog von Bayern 126. 163. 164.
Albrecht, Graf von Mansfeld 56.
Aleander, Hieronymus, Cardinal 143.
Alegambe, Phil., S. J. 28 [1].
Alexander von Hales, O. Min. 41.
Alexandria 157.
Alger von Lüttich 39.
Aloysius, Gonzaga, hl., S. J. 171.
Altarssacrament, im Kat. des Can. 39 [2]. 39 [4]. 41. 42. 106. 121; — angegriffen 62 [2]. 93 [5]; — s. auch Communion, Meßopfer.
Althammer, Andr. 9.
Alzog, Joh. 28 [1]. 98 [2].
Ambrosius, hl. 6. 162; — im Kat. des Can. 38. 96. 108; — im „Christenlehrwerke" 138.
Anaklet I., Papst 38.
Annecy 118; — Archiv 172 [1].
Antonio, Francesco, S. J., Hofprediger 148.
Antonius, Nik. 31.
*Antwerpen, Plantin-Museum 150. 151 [6]. 151 [9]. 152 [1]. 154 [1]. 154 [3]. 155 [3]. 158 [1]. 159 [4]. 167 [4]; — alte Drucke 71. 77; — Kat. von Can. dort gedruckt 31. 74. 86 [4]. 121. 122. 124 [4]. 126. 127. 156; s. auch Plantin, Sonnius.
Aquaviva, Claud., S. J., Ordensgeneral 161; — über die Christenlehre 5; — Schulordnung 137.
Arias, Benedikt (Montanus) 150.
Arzt bei Innsbruck, Can. katechisirt; Canisiusbild 5.

Auger, Edmund, S. J., Katechismus 148.
*Augsburg 51. 168; — Bibliothek der Benediktiner 94 [5]; Stadtbibliothek 156 [4]; — Bischöfe, s. Knöringen, Truchseß; — Domkapitel 3. 4. 80. 128; — Brevier 76; — und Canisius 3. 4. 40. 70. 73. 80. 101. 109 [2]. 123; — Jesuiten 80; — Bürgermeister 4; — Religionsfriede 90; — Reichstage: 1550, 12; 1555, 51. 52. 77. 101 [1]; 1566, 90; — Katechismus 8; — Fabris Kat. 110; — Kat. von Can. 48 [3].
Augustiner 46 [2]. 58. 71 [1]; — einzelne 39. 40. 75. 169.
Augustinus, hl. 6. 96 [1]. 142. 162; im Kat. von Can. 34. 38. 88. 108. 132; — in der Confessio Augustana 38 [3].
Ave Maria (Englischer Gruß), Fassung desselben 88—90; — geschmäht 57; — von Can. vertheidigt 89 [4]; — im Kat. des Can. 57. 88—90. 106. 121. 132.
Azpilcueta, s. Navarrus.

Bader, Augustin de, S. J. 28 [1]. 55. 98 [2]. 114 [2]. 114 [3]. 119. 119 [4]. 124 [1]. 147 [6]. 159 [4].
Baden, Religionsgespräch von 1589, 137.
Baillet, Adrian 45.
Basa, Domin., römischer Drucker 47. 48.
Basel 6. 81; — alte Drucke 39 [2]. 44. 67 [2]. 92 [4].
Basilius der Große, hl. 6. 38.
Bauernregeln 132.
Bayern, von Can. gepriesen 164.
Bayernfürsten 14 [2]. 15 [4]. 111. 126. 163 bis 165. 173.
Beat, hl. 162.
Becadelli, Lud. 52 [2].
Beda der Ehrwürdige, hl., O. S. B. 39. 132.
Behem, Franz, Drucker 139 [1].
Beichtspiegel 109.
Beichtunterricht 109. 115. 132. 148—150.

Bellarmin, Rob., S. J., Carbinal 87; — sein Kat. 36. 135; — über des Can. Heiligkeit und über bessen Kat. 135.
Beller, Joh., Buchhändler 74. 121. 122. 124⁴. 156. 167. 168.
Benedikt XI., sel., Papst, O. P. 16.
Benediktiner 49. 58. 78². 94⁵. 152⁵; — einzelne Ben. 30. 39. 68. 132.
Bergh, L. Ph. van ben, über Can. 173.
✶ Berlin, Hofbibliothek 107. 108. 110⁴. 145³.
Bernard, Melchior, Drucker 134⁶.
Bernhard, hl., im Kat. des Can. 39. 41. 42.
Bernhardin von Siena, hl., O. Min. 89.
Bertolotti, Leo 126⁴.
Betrachtung, geistliche, von Can. gepriesen 125; — Anleitungen zu berselben 115. 149⁶. 171.
Beurtheilungen des Kat. von Can.: Baillet 45; — Chemniß 43; — Fischart 44²; — Flacius Illyricus 64—68; — Gregor XIII. 47. 48; — Griesinger 44²; — Guettée 45; — Her. Haib 48³; — K. A. Hase 40; — Heßhusius 63. 64; — Carb. Hosius 79; — Fürstbischof Julius von Würzburg 166; — Knecht 46. 47; — Laynez 122. 134; — Corn. Loos 125; — Lucius 44; — Wolfg. Menzel 173¹; — Osiander 44; — Seb. Pfauser 27; — Philipp II. von Spanien und bessen Theologen 46. 81. 82; — Philippson 134⁵; — hl. Pius V., 47; — Pius IX. 48. 49; — Possevin 46. 48; — Ranke 134; — Naynalb 46; — Ribabeneira 46; — Ritencongregation 54; — Rousset 45⁸; — Scheeben 46⁶; — Schöberl 173¹; — Serrao 45; — die Sorbonne 46. 134; — Sugenheim 44²; — Ruarb Tapper 46; — J. G. Walch 134; — Weber 173¹; — Wigand 56 bis 59; — Zezschwiß 45. 134; — 88.
Beyer, Hartmann, luth. Prediger 91.
Bilder, Bedeutung für den religiösen Unterricht 155. 156.
— im Kat. von Can., s. Holzschnitte, Kupferstiche.
Bilderkatechismus des P. Romanus 157 bis 158; — von Canisius-Plantin 98². 157—160; — des P. Georg Mayr 160.
Bilderverehrung im Kat. des Can. 36. 83. 121; — angegriffen 84.
✶ Bill bei Düsseldorf, Winterimsche Bibliothek 147⁶.
Bingen am Rhein, Schule 30.
Binterim, Anton Joseph 89. 147⁶.
Birkmann, Arnolb, Drucker 139¹; — Erben, Drucker 75⁵.
Blahoslaw, „Priester" der böhmischen Brüder 26. 27.

Boero, Jos., S. J. 14. 28¹.
Bologna und Can. 16. 17. 41. 72.
Bonaventura, hl., O. Min. 39. 40.
Borcht, Peter van ber, Kupferstecher 158 bis 160.
Boyman, Jakob, S. J. 115¹.
Braganza 39.
Braunschweig 30. 43. 59⁴. 61. 63².
Bremen 63.
Brenz, Joh. 72. 75; — sein Kat. 9. 35.
Brescia, Christenlehre 10.
Brevier, s. Tagzeiten.
Brillmacher, Peter, S. J. 172.
Brück, Heinr. 8¹.
Brüber, böhmische 26—27; — Katechismen 9.
Brunfels, O. 30.
Brus von Müglitz, Anton, Kreuzherr, Bischof von Wien 107.
✶ Brüssel 51. 81. 82; — Königliche Bibliothek 159².
Bucholtz, F. B. v. 28¹.
Büchercensur, staatliche und kirchliche Bestimmungen 52—54. 81. 128⁵; — in der Gesellschaft Jesu 21; — in Oesterreich 53; — in Köln 75; — und der Kat. von Can. 21—23. 25. 27. 33. 45. 46. 49—55. 67. 71—73. 76—79. 96. 115. 116. 121⁵. 122. 128. 126. 128. 129. 134. 154; — und der Bilderkatechismus 158; — und das „Christenlehrwerk" 140. 145.
Büllingen, Ludwig von 119³.
Bürgel, Friedrich Wilhelm 114². 114³.
Bugenhagen, Joh. 30.
Bukwica, Druck in solchen Lettern 48¹.
Busäus (Buys), Gerhard 172.
— Joh., S. J. 137.
— Theobor, S. J. 137.
— Petrus, S. J. 137. 148; — sein Christenlehrwerk 47. 48³. 89. 136 bis 148.

Cajetan, Carb., O. P. 53.
Cajus, hl., Papst 38.
Calenius, Gerwin, Drucker 47. 85. 138 bis 143. 145. 146.
Calvin 55. 95. 142. 161; — sein Katechismus 9. 124.
Calvinisten 129. 146. 148; — Katechismus 63².
Camalbulenser 89.
Canisius, Jakob, Bürgermeister von Nymwegen 1.
— Jakob, S. J. 165¹.
— Petrus, sel., S. J., Erziehung und Studien 1; — „Confessiones" 1¹; — „Bekenntniß" 94—96; — geistliches Testament 1; — und Joh. Gropper 2; — er katechisirt 2—6; — Bildung 17. 18; — Väterkunde 40. 41; — als

Schriftsteller 17. 39. 40. 48³. 54. 72. 76. 79. 80. 85. 95. 96. 103. 105 bis 107. 109¹. 111. 161—165; — Sorgfalt beim Schreiben 70. 72; — und das "Allgemeine Gebet" 109; — Liebe zu Deutschland und dessen Sprache 126. 127; — Liebe zu den Kindern 3. 4. 5. 98. 111. 123; — besondere kirchliche Vollmachten 54; — Märchen über ihn 68. 94; — geschmäht 27. 31. 55. 57—64. 70. 93—96; — Stellung zu seinen Gegnern 31. 42—45. 55. 56. 59. 69. 70. 82—84. 90. 94—96. 130; — vertheidigt 63; — Gemälde in Arzl 5; — Seligsprechung 5. 6. 39. 48. 54. 126. 127. 163.
Canisius, Theodorich, S. J. 70. 127.
Canisten, angebliche Secte 62. 63. 70.
Canones, s. Kirchenrecht.
Carletus, Angelus, sel., O. Min. 60.
Catenen 41.
Celtis, Konrad 143.
Censur, s. Büchercensur.
Centuriatoren, die Magdeburger 68; — und Canisius 4. 64—70. 136.
Chablais, savoyischer Bezirk 171. 172.
Chanvieu, Anton von 161.
Chemnitz, Mart., Superintendent, Schrift gegen die Jesuiten 43. 61; — über Canisius 43.
Chifflet, Lorenz, S. J. 114³.
Cholinus, Maternus, Drucker 75; — und der Kat. von Can. 75—81. 115—117. 124—126. 131. 152. 156. 157. 163. 167. 169.
Christ, Begriffsbestimmung im Kat. von Can. 133⁴.
Christenlehre, von Can. gepriesen 6—7. 130; — in der Gesellschaft Jesu vorgeschrieben 2; — vom Ordensgeneral Aquaviva empfohlen 5; — für Kranke 24; — in Italien 10. 47. 48. 71. 171; — Savoyen 118. 171. 172; — Neapel 77; — Rom 2. 119. 144. 157; — Illyrien 47. 48; — Spanien 2. 144; — Freiburg i. d. Schweiz 5—6; — Deutschland 113; allgemeiner Aufschwung daselbst 172; — Niederösterreich 3; — Wien 89. 90. 101. 120. 123; — Augsburg, Worms, Elsaß-Zabern 3—4; — Dillingen, Regensburg 4; — Arzl (Tirol) 5; — Trient 77; — Prag 102; — München 48. 49; — Würzburg 4. 147; — Ingolstadt 2. 3. 102; — Köln 114—118. 137; — Dresden 117⁵.
Christenlehrpredigten 4. 146.
Christenlehrverein zu Neapel 10.
Christenlehrwerk des Busäus, bibliographische Beschreibung der ersten Ausgaben 141. 143—144. 145—146;

Urtheile über dasselbe: Sorbonne, Loos, M. J. Schmidt 146; — französische Uebersetzung 147¹; — Widmung 166; — und der hl. Franz von Sales 171. 172.
Christus, Vertrautheit mit ihm 1; — von Can. als Muster des Katecheten geschildert 6; — Bilder Christi im Kat. von Can. 29; — der Kat. von Can. über Christus 29. 36. 37. 38. 57. 58. 61⁵. 62—68. 70. 71¹. 83. 84. 92. 93. 95. 96. 125. 132; — Betrachtungen über Christus im kleinen Kat. von Can. 125. 132. 171.
Chrysostomus, s. Johannes.
Cicero 57. 116. 117⁵.
Clemens von Rom, hl. 38.
Clemens VII., Papst 73.
Clinge, Konrad, O. Min. 172.
Cock, Drucker 86⁴.
Cobret (du Cobré, du Coubrey), Hannibal, S. J. 103—105.
— Ludwig, S. J. 118.
Cölibat, geschmäht 57². 92.
Coisfeld, Theodor, Antoniter 147.
Collart, Adrian, Kupferstecher 77.
Columna, s. Sulenius.
Commendone, Joh. Franz, Cardinal 90.
Communion, Unterweisung zu ihrem Empfange 109. 132. 148—150; — unter beiden Gestalten 55; — der Kat. von Can. über dieselbe 36. 58. 106; — erste Communion, Ablaß dabei 54¹.
Concilien, s. Synoden.
Confessio Augustana 38³. 62³.
Conversiten 5. 6. 54¹. 127. 157. 171. 172.
Coriarius, Matthias, Stiftsherr 167.
Coster, Franz, S. J. 158. 161. 172.
Costerius 138.
Granach, Lucas 156.
Crétineau-Joly, J. 20².
Cromer, Mart., Bischof von Ermland 75; — und der Kat. des Can. 27. 42. 72.
Cyprian, hl. 40. 96. 137. 142.
Cyrillus von Alexandrien, hl., Werke 17. 162; — "Thesaurus" 87.
— von Jerusalem, hl. 6.

Dalberg, Karl v., Fürstprimas 112.
Damascenus, s. Johannes.
✶Darmstadt, Hofbibliothek 78².
Dathanus, Petr., Prediger, gegen Can. und Joh. a Via 61. 62.
Deharbe, Jos., S. J., Kat. 36. 87.
Demetrius von Phaleron 61.
Despauterius, Grammatiker 117⁵.
Desselius, Andr. 28¹.
Deutschland, Hingabe des Canisius und seiner Ordensgenossen an dasselbe 113. 126. 127; — deutsche Sprache von ihnen gepflegt 127.

Dialektik, Handbuch 12.
Dienstboten, von Can. katechisirt 4.
Dietenberger, Joh., O. P., sein Kat. 9. 30[4]. 35. 36.
✶Dilingen, Bibliothek des Priesterseminars 46[1]. 152[9]; — Königl. Lycealbibliothek 6[1]. 41. 124[5]. 127[2]. 151[5]; — Can. katechisirt 4; — Jesuitencollegium 41. 72. 112. 129; — Hochschule 22. 55. 56. 129. 162; — Fabris Kat. dort gedruckt 110; — Kat. von Can. dort gedruckt 89[5]. 94. 95. 108. 110. 112. 128. 129—133. 143. 164. 168; — andere Drucke 40. 149; — tridentinische Concilshandschrift 41.
Dingenauer, Gallus, Drucker 168.
Dionysius, s. Pseudo-Dionysius.
Döllinger, Ignaz v., 100[8].
Dominikaner 17. 35. 36. 167; — Kloster in Wien und der Kat. des Can. 16 bis 17; — einzelne Dom. 9. 13. 16. 17. 22. 30. 35. 39. 40. 41. 42. 47. 53. 87. 89. 90. 108[2]. 110. 121. 123[4]. 125. 126. 132. 136. 139. 140. 145. 153.
Dominikus, hl. 93[5]; — und Can. 16. 17.
Dreifaltigkeit, Bild derselben 158.
Druck von Büchern, besondere kirchliche Vollmachten dafür 54; — s. auch Büchercensur.
Drucke, fehlerhafte im 16. Jahrhundert 73. 74. 85. 140.
Druckprivilegien 73; — von Pius V. 47. 139; — Ferdinand I. 24. 28. 29. 76. 110[3]. 110[4]. 120. 124. 129; — Maximilian II. 139; — Philipp II. 81. 150. 152. 153. 154. 158. 159; — französische 46[1]; — für Arn. Birckmanns Erben 75[5]; — Gerwin Calenius 47. 139; — Maternus Cholinus 76. 81. 124. 156[7]; — die Wiener Jesuiten 120; — Sebald Mayer 110[3]. 110[4]. 129; — Christoph Plantin 152. 153. 154. 158. 159; — Joh. Quentels Erben 75[5]. 139; — Mich. Zimmermann 24. 28. 29.
Düsseldorf 51.
Duhr, Bernh., S. J. 55[1].
Dunkan, Martin 172.

Eber, Michael, S. J. 112.
Echter, Julius, Fürstbischof von Würzburg 77[1]. 165 166; — und das Christenlehrwerk des Busäus 6—7. 166.
Eck, Joh., Universitätsprofessor 42.
Eder, Georg, Reichshofrath 172.
Ehe, Kat. von Can. über sie 83. 131[1].
✶Eichstätt, bischöfliche Bibliothek 133; — Königl. Lycealbibliothek 103.
✶Einsiedeln, Bibliothek der Benediktiner 78[2]. 152[5].

Eintheilung des Kat. von Can. 34—36. 79. 106. 108. 111. 121. 130. 131.
Eisengrein, Wilh., über Can. 81.
Eisleben, Schloß, alter Druck 62.
Elberen, Wilh., S. J. 4. 26[1]. 127. 128.
Elias, S. J., s. Romanus.
Emmerich, Jesuitencolleg 146.
Erasmus von Rotterdam 39[2]. 78—74. 143. 160. 169.
Erfurt, Drucke 9; — Schulen 30.
Ermland 75; — Bischöfe, s. Cromer, Hosius.
Ernhoffer, Sigmund, S. J. 172.
Ernst von Bayern, Kurfürst von Köln 163. 164.
Esche, Nikolaus van, Erzieher von Can. 1. 39[1].
Esser, Thomas, O. P. 89[1].
Estreicher, K. 124[1].
Etienne, Karl 116.
— Robert, Drucker 85[2]. 150.
Evangelien der Sonn- und Festtage, Werk über dieselben von Can. 70. 88. 162; — von Nabal 77.
Evangelium 1. 40; — syrisches 24; — erklärt von Sa 71.
✶Graeten, bei Roermond, Bibliothek 39[2]. 76[3]. 81[1]. 89[3]. 94[5]. 119[6]. 141[1]. 167[3].

Faber, Joh., O. P. 16.
— Petrus, sel., S. J. 17. 18; — über die Liebe zu den Irrgläubigen 44.
Fabian I., Papst 38.
Fabri, Joh., O. P., sein Kat. 35. 108[2]. 110.
Fabricius, Walter, Drucker 119[6].
Falk, F. 8[1].
Felbiger, Joh. Ign., Abt von Sagan, sein Kat. 35.
Ferdinand der Katholische, König von Aragonien 11.
— I., Kaiser 17. 18; — religiöse Gesinnung 11; — und Can. 76. 81; — Gebetbuch des Can. 127. 128; — bringt auf Abfassung von Lehrbüchern 12. 19—21; — und der Kat. von Can. 12—16. 19—29. 30—33. 42. 43. 50. 51. 53. 57. 69. 71. 72. 75. 76. 78. 81. 82. 90. 122; — Katechismusverordnung von 1554 31—33; — von 1560 78. 129; — Druckordnung 53; — und die Wiener Jesuitendruckerei 120; — seine Töchter 129[3].
Ferdinand II., Kaiser, und Canisius 111.
— II. von Tirol, Erzherzog 95[1]. 100[8]. 111. 162. 168.
Feßler, J. 28[1].
Fischart, Joh. 44[2].
Fisher, Joh., sel., Cardinalbischof von Rochester 41.

Namen- und Sachverzeichniß. 179

Flacius Jllyricus, Matthias 56; — Schrift gegen den Kat. des Can. 64; — Ausfälle gegen das Buch in andern Schriften 67. 68. 92. 93; — Antwort des Can. 82—84. 95. 96.
✱ Florenz 21. 51; — Nationalbibliothek 47[5]; — Kirchenversammlung 86.
✱ St. Florian, Bibliothek des Augustiner-Chorherrenstifts 71[1].
Foppens, Joh. Franz 28[1].
✱ Frankfurt a. M. 61. 91. 161. 166. 167; — Stadtbibliothek 71[1]. 81[1]. 91[4].
Franz Borgia, hl., S. J. 70. 75. 80. 138.
Franz von Sales, hl., und der Kat. von Can. 171. 172.
Franziskaner 58. 94[5]; — Würzburg 4. 152[4]. 157[1]; — einzelne Franziskaner 9. 11. 39. 40. 41. 60. 85. 89. 93[5]. 140. 163. 172.
Franziskus von Assisi, hl. 93[5]. 132.
✱ Freiburg im Breisgau, Universitätsbibliothek 49. 146[6]; — Universität 20.
✱ Freiburg in der Schweiz, Staatsarchiv 5[3]. 162[1]; — Kantonalbibliothek 110[4]. 149[6]. 162[1]. 162[2]. 165[2]; — Christenlehre 5—6; — Rath 162; — Jesuiten 54. 149[6]. 162. 165; — Drucker 112. 149[6]; — Kat. von Can. dort gedruckt 112.
Freiexemplare 161.
Freur (Frusius), Andr. des, S. J. 21 bis 23. 27.
Fridolin, hl. 162.
Friedrich III., Pfälzer Kurfürst 129.
Frusius, Andr., s. des Freur.
Fulda, Jesuiten 147. 161.

Galle, Philipp, Drucker 158. 159[2].
Gallen, St. 48[3]; — Katechismus 9.
Gallus, Nik., Prediger, gegen Can. 62.
Gars, Stift 167.
Gasser, Vincenz, Fürstbischof von Brixen 109[2].
Gaubisch, Urb., Drucker 62[3].
Gebet, Can. über dasselbe 148—150.
— das sogen. „Allgemeine" 109. 110. 132.
Gebetbücher, von Can. herausgegeben: lateinisches für Studenten 72. 103. 105. 117[5]. 152—155. 161. 168; — großes deutsches 110. 127—133; — „Handbuch für Katholiken" 126. 164; — Fürstengebetbuch 111.
Gebete in den Kat. des Can. 104. 105. 108—110. 121. 125. 126. 153—155.
Gefcken, J. 8[1]. 156.
Gelasius I., Papst 30.
Geldwerth im 16. Jahrhundert 167.
Gemperlin, Abraham, Drucker 112.
Genelli, Chr., S. J. 14.
Genf 171.
Genua 123.

Gerechtigkeit, christliche 34. 35; s. auch Rechtfertigung.
Gesner, Konrad v. 161.
Gillotius, Johannes 138.
Ginbeln, A. 26[2]. 26[3].
Glauben, Begriffsbestimmung im Kat. von Can. 133[4]; — Bild daselbst 156; — seine Kraft nach dem Kat. von Can. 84.
Göbl, Pet. 8[1].
Görz, Grafschaft, Einführung des Kat. von Can. 19. 28[2]. 32. 33.
✱ Göttweig, Bibliothek des Benediktinerstifts 49.
Golbast, Melchior 31. 161.
Goslar 63.
Gottesdienst, Verschiedenheiten in demselben 155.
Goudanus, Nik., S. J., Professor 53. 127; — katechisirt 3; — und der Kat. des Can. 10. 13. 14. 53. 69. 70. 73. 115 bis 118. 122.
Gräße, J. G. Th. 98[2]. 114[1]. 114[2]. 114[3]. 159[4].
Grammatik, s. Sprachlehre.
Gregor der Große, hl. 38.
— VII., hl., Papst 68.
— XIII., Papst 54. 157; — und Can. 111; — und dessen Kat. 47. 48.
Griesinger, Theob. 45.
Gripheus, Johannes, Schrift gegen den Kat. von Can. 92.
Gropper, Joh., Stiftsherr, und Can. 2. 42; — über protestantische Kat. 9; — Groppers Kat. 2. 13. 35.
Gruber, Aug., Erzbischof von Salzburg 35.
Gruß, Englischer, s. Ave.
Guettée 45.
Gulfrich, Adam 167.
Gymenich, Kölner Drucker 117. 119[6].

Haid, Herenäus 35. 48. 49. 110[4].
Hamburg 30.
Harbenberg, Prediger 63.
Harlemius (Wilhelmi), Johannes, S. J. 154. 157. 158.
Hartzheim, Jos., S. J. 28[1].
Hasak, V. 8[1].
Hase (Hasius), Johannes, S. J., Fortsetzer des „Christenlehrwerkes" 145. 146.
— K. Aug., prot. Kirchengeschichtsschreiber, über Can. 28[1]. 40. 98[2].
Hasenmüller, Elias 47[3].
Hauptstücke des Kat., s. Eintheilung.
Heidelberg, Kat. 63[2]. 129.
Heidelberger, Johannes, S. J. 165[1].
Heilbronn, Kat. 9.
Heilige, Can. über ihre Verehrung 36. 37. 40. 83. 121. 132; — ihre Anrufung geschmäht 64.
Helbing, Mich., Bischof von Merseburg 9. 35. 56.

Henneberg, Berthold v., Erzbischof von Mainz 89.
Henten, Johann, Professor 137.
Hergenröther, J., Cardinal 28¹. 98². 114⁴.
Herp, Heinr., O. Min. 40.
Herrl, Andr., Kölner Stiftsherr 3.
Herzogenbusch 17. 140. 145. 146.
Hessels, Johannes 172.
Heßhusius, Tilmann, prot. Streittheologe 56; — gegen den Kat. des Can. 63. 64. 90.
Heussenstamm, Sebastian v., Kurfürst von Mainz 162.
Hieronymus, hl. 142. 162; — Ausgabe von Can. 40. 162; — im Kat. des Can. 65. 90. 132; — im „Christenlehrwerk" 138.
Hipler, Fr. 8¹.
Hirscher, Joh. B. 35. 36.
Höchst am Main 147.
Hoffäus, Paul, S. J. 16. 70.
Hoffmeister, Joh., O. S. Aug., und Can. 39.
Holstein 30.
Holzschnitte im Kat. von Can. 29. 48. 71¹. 121. 123⁴. 132. 133. 151⁶. 153. 155—157; — in andern Kat. 157. 160.
Honorare der Schriftsteller 160. 161.
Hosius, Stan., Cardinalbischof von Ermland 75; — und Can. 42. 72. 81; — und der Kat. des Can. 42. 79. 96².
Houweningen, Aegidia van, Mutter des Can. 1.
Huber, Alphons 98².
Hugo vom hl. Carus, Cardinal 85².
Hugo von St. Victor 30.
Hurtado, S. J. 4.
Hurter, Hugo, S. J. 28¹.
Hussiten 42. 61.

Janssen, Johannes, Geschichtschreiber 8¹. 28¹. 100. 102.
Jena, alte Drucke 68². 92.
Jesuiten 31; — Verpflichtung zur Christenlehre 2; — Büchercensur 21; — Privilegien 54¹; — Polemik 43. 44. 55. 56. 69. 70; — und Maximilian II. 26. 27; — Schmähungen über sie 26. 27. 58. 61⁴. 62—70. 91; — Schriften gegen sie 43⁶. 44. 45. 61—63. 90—93; — vertheidigt 63; — Hingabe an Deutschland 126. 127; s. auch Schulen.
Ignatius von Loyola, hl. 3¹. 3³. 10. 12—14. 17. 18. 20. 21. 31. 52. 69. 61. 76. 77. 100. 127³. 157; — katechisirt 2; — wünscht einen Katechismus für Deutschland 102. 113; — und der Kat. des Can. 20. 21—25. 27. 52. 53. 68. 69. 102; — Anweisungen für die Collegien von Prag und Ingolstadt 101. 102; — über Schulbücher 105; — über die Mittel

der Religion in Deutschland zu helfen 113.
Illyrier, Kat. für sie 47. 48.
Ingolstadt, Can. 2. 3. 10—14. 40. 71. 72. 102. 103. 109². 127; — Hochschule 2. 3. 10—14. 16. 17. 42. 43. 76. 100⁵. 103. 127; — Christenlehre 2. 3. 102; — Jesuiten 2. 3. 10—14. 67¹. 72. 100⁵. 101. 102. 126. 128⁵; — kleiner Kat. von Can. dort vollendet 115 bis 117; — und gedruckt 104. 108; — andere alte Drucke 103.
✱Innsbruck, Statthalterei-Archiv 168³; — Can. dort 5. 72; — Theologenausschuß von 1563 51. 76. 79; — Buchdrucker 168.
Johann Albrecht I., Herzog von Mecklenburg, gegen Can. 61.
Johannes Chrysostomus, hl. 38. 132.
— von Damaskus, hl., im Kat. des Can. 38. 106. 132.
— der Täufer, des Can. Schrift über ihn 70. 95¹. 96¹. 162.
Jonas, Kanzler Ferdinands I. 12—13. 21—23. 31.
Jovius, Michael, Drucker 74. 75.
Irland 76.
Israelit, ein bekehrter 157; — von Can. unterrichtet 4.
Julius III., Papst 25. 50. 54. 81.

Kanzlei, kaiserliche 75.
Kapp, Friedrich 56⁴. 119⁶.
Kapuziner 58.
Karl V., Kaiser 13. 31.
Karlsruhe 51.
Kartäuser 89. 140²; — in Köln 40. 137. 139; — einzelne Kart. 40. 75. 119⁶.
Karthago 39.
Katechese, deutsche, des 9. Jahrhunderts 30; — von O. Brunfels 30; — s. auch Christenlehre.
Katechismus, Bedeutung des Wortes 30.
— katholische Kat.: vor Luther 8; — vor Can. 9; — von Gropper 2. 13; — des Kölner Provincialconcils 2. 42; des Mainzer Provincialconcils 13; — von Peter v. Soto 9. 13; — Edmund Auger 148; — „römischer" Kat. 35. 36. 111. 172; — für Illyrier 47. 48; — arabischer 157; — andere kathol. Kat. des 16. Jahrhunderts 172; — von Sagan 35. — Protestantische Kat.: vor Luther 8. 9; — weit verbreitet 9; — König Ferdinand I. über sie 32. 33; — von Heidelberg 63². 129; — s. auch Calvin, Luther; — Kat. der böhmischen Brüder 9; — s. auch Bilderkatechismus.
— von Canisius, Ansehen 65. 67. 173¹; — Aenderungen 66². 67. 82—89.

115. 119. 122. 131. 133⁴. 139. 140;
— Angriffe auf den Kat. 26. 27. 43.
44. 45. 48³. 50. 56—70. 82. 90—96;
Bilder, f. Holzschnitte, Kupferstiche; —
sprachlicher Ausdruck 45. 85; — Darstellungsweise 38—47. 85. 88. 134.
135; — Eintheilung, f. daselbst; —
Erstlingsausgaben und nächstfolgende,
bibliographisch beschrieben: großer Kat.
28. 29. 47. 48. 74⁴. 78². 81¹. 94³;
— kleinster 103. 104. 108³. 110³.
110⁴. 112⁴; — kleiner 47⁵. 74⁵. 89³.
119. 120. 121¹. 121⁵. 122. 123. 124⁵.
129. 134⁶. 151⁶. 153¹. 155². 156¹;
— Bilderkatechismus 159²; — Gebete,
f. daselbst; — Lehrgehalt 36—38. 46.
47. 106 121. 134; — Nachdrucke [?]
28. 31. 73. 74. 121. 122; — Quellen
38—42; — Titel 28—31. 33. 80. 81.
82. 104. 119. 121. 124. 126; — Ton,
gegenüber den Gegnern 36. 42—44.
82. 90. 134⁵; — Uebersetzungen, f.
daselbst; — Urtheile über den Kat., f.
Beurtheilungen; — Verbreitung 123.
154. 159³. 169. 170; — Verordnungen
über denselben (einschl. Druckprivilegien)
31—33. 46. 47. 53. 75. 76. 78. 81.
82. 120. 122; — Vertheidigungsschrift
68—70; — Vorreden 23. 31—33. 82.
83; — Widmungen 80—83. 123. 152.
162—166; — Zahl der Kat von Can.
98—100. 128³; — Zahl und Stärke
der Auflagen 66². 169. 170; — großer
Kat. des Can. als theologisches Textbuch 46⁶. 102.
Katharina, Königin von Polen 127.
Keller, Jakob, S. J. 99. 100. 127.
Kemnitz, f. Chemnitz.
Kempis, Thomas v. 169.
*Kendenich, Schloß bei Köln, Bibliothek 120¹.
Kero, Mönch von St. Gallen 30.
Kessel, Leonh., S. J. 26¹; — und der
Kat. von Can. 76—80. 94. 115. 122.
128⁴.
Kirche, Begriffsbestimmung im Kat. des
Can. 37. 85—87. 106. 121. 131¹.
134⁶; — nach Launoy 85—87; — der
Kat. über die Gewalt der Kirche 82. 84.
Kirchenkalender 108. 132. 154.
Kirchenlehrer, f. Lehrer.
Kirchenrecht 41. 60; — im Kat. des Can.
19. 39.
Kirchenväter 40. 41. 57; — Katechismus
11; — im Kat. des Can. 19. 38—42.
46. 47. 65. 66. 83. 85. 87. 96. 97.
131. 133⁴. 136—138. 147; — ihr
Ansehen nach dem Kat. des Can. 88.
95; — nach Busäus 141. 142; — im
„Christenlehrwerk" 137—148; — Luther,
Melanchthon, Calvin über sie 142.

Klebitz, Wilh. 63.
Knabenbauer, J., S. J. 7.
Knecht, Fr. J. 8¹. 28¹. 35. 46. 47. 98².
114³.
Knöringen, Johann Eginolf v., Fürstbischof von Augsburg 165.
Köcher, Joh. Chr. 8. 31. 50.
*Köln 3. 71; — Archiv der Kirche
Mariä Himmelfahrt 47². 163¹; —
Stadtarchiv 119³; — Bibliothek des
Priesterseminars 152⁸; — Stadtbibliothek 76³. 107. 151⁵; — Provincialconcil von 1536 2. 42; — Dom 81. 140²;
— Gereonsstift 2; — Kartause 40. 137;
— Hochschule 17. 75. 140. 146. 162.
163; — Montanergymnasium 1; —
Jesuiten 73. 75⁵. 76. 80. 109². 114.
119³. 129³. 137. 146. 163¹; — ihr
Dreikronengymnasium 114—118. 120.
127. 137; — Rath der Stadt 80.
162. 163; — Christenlehre 2. 114 bis
118. 137; — und der Kat. des Can.
73. 80. 122; — und das „Christenlehrwerk" 137—147; — Drucker 47.
75. 119³. 119⁶. 137. 160. 161; — der
Cholinus, Cymenich; — Kat. des Can.
dort gedruckt 47. 76. 78. 81. 114 bis
120. 124—126. 163. 167; — „Christenlehrwerk" dort gedruckt 140—143; —
andere Kat. dort gedruckt 9. 13; —
andere alte Drucke 17. 39². 42³. 85.
*Kopenhagen, Königl. Bibliothek 159².
*Krakau, jagellonische Bibliothek 27³; —
Kat. von Can. gedruckt 124.
Krankenbuch 24. 150.
Kraus, F. X. 28¹. 98². 114⁴.
Kremers, Matthias 9.
Kreuzwald, Dr. Karl 107⁷.
Kreuzherren, böhmische 107.
Kritiken, f. Beurtheilungen.
Kromer, f. Cromer.
Krones, Fr. v. 28¹.
Kupferstiche, von Wierx und Collart 77;
— von Peter van der Borcht 158 bis
160; — im Kat. von Can. 155. 158
bis 160.

Lachmann, Joh., Kat. 9.
Laienkelch, f. Communion.
Landshut 165; — Kat. des Can. daselbst
gedruckt 48. 49.
Lanoy, Nikol. be, S. J. 13. 53.
Laodicea 39.
Lateinsprechen in den Schulen 29. 30.
Latinius, Latinus 40. 137. 138.
Launoy, Johann v., und sein Vorwurf
gegen den Kat. von Can. 85—87.
Laurens (Poin), Bartholomäus 140. 146.
Lavaur, Synode 8².
Laynez, Jak., S. J. 3⁵. 3⁶. 4⁴. 21. 40.
41. 44. 76. 80. 107. 114; — als

Katechet 10; — über die beste Widerlegung von Verleumbungen 69. 70; — Kat. 10; — Kat. von Can. 18. 36. 69. 71—79. 115. 116. 128[5]. 134[1]; — Censor desselben 23[1]. 122. 123.
Lazio, Joh., Drucker 31.
Lehrbuch, theologisches, von König Ferdinand verlangt 19—22.
Lehrer, kirchliche 41. 57; — im Kat. des Can. 11. 19. 39—42.
Le Jay, Claub., S. J. 12; — wünscht einen Kat. 10; — soll nach Sachsen zu Melanchthon gehen 12; — einen Kat. schreiben 12—14; — Stellung zum Kat. des Can. 14—16. 18. 20; — Handschrift Le Jays 16.
Leipzig, alte Drucke 48[6].
Leo der Große, hl., Werke 17. 162.
— X., Papst 51. 52.
— XII., Papst, und der Kat. des Can. 48.
— XIII., Papst 125.
Lieder, schlechte 9.
✱ Limburg an der Lahn, Bibliothek des Priesterseminars 152[5].
Linden (Lindan), Wilh., Bischof von Roermond 55. 56. 75. 172.
✱ Linz, Kaiserliche Bibliothek 121[5]. 124[5].
Lipsius, Justus 150.
✱ Löwen, Universitätsbibliothek 49. 86[4]; — Hochschule 17. 46. 115. 137. 154; — Drucke des Kat. von Can. 46[2]. 71[1]. 74. 127.
✱ London 49; — Britisches Museum 49. 110[4]. 152[4]. 152[9]. 159[3].
Loos, Cornelius, über den Kat. von Can. 135; — über das „Christenlehrwerk" 146.
Lorichius, Jodocus 75.
Lother (Lotter), Melchior und Michael, Drucker 56[4].
Lucius, Ludw., Universitätsprofessor, über den Kat. des Can. 44.
Ludwig I., König von Bayern, und der Kat. des Can. 49.
Lübeck 30.
✱ Lüttich, Bibliothek des Jesuitencollegiums 71[1]; — Druck des Kat. von Can. 46[2].
Lund 162.
Luther 51. 56[4]. 62[3]. 64. 74. 156; — über die Väter 142; — Tischreden 8; — seine Kat. 9. 30. 35. 43. 63. 64. 68. 105; — und Can. 42—45. 95; — Schmähungen 43. 60.
Lutheraner 90; — Eifer in ihrer Christenlehre 10—11; — in Wien 89; — in Frankfurt a. M. und Straßburg 91; — einzelne Luth. 4. 9. 25—27. 30. 35. 38[3]. 43. 44. 47[3]. 56—70. 72. 75. 90—94. 137. 161.
Luzern, Rath 162.

Lyon 103. 104[1]. 162; — Kat. von Can. dort gedruckt 74.

Magdeburg 56. 57[2]. 63; — Drucke 9. 56; — s. auch Centuriatoren.
✱ Mailand 51; — Nationalbibliothek 46[2]. 74[8]. 152[6].
✱ Mainz 56. 71. 137; — Bibliothek des Priesterseminars 147[6]; — Can. 2. 17. 18; — Kat. 13. 100; — Canisiusfabel 68; — Jesuiten und Flacius 93[2]; — Bischöfe, s. Dalberg, Henneberg, Heußenstamm.
Major, Georg, Prediger 56.
Majorka, Insel 77.
Maltitz, Joh. v., Bischof von Meißen 9.
Manareus, Oliverius, S. J. 54[1]. 166[5].
Mansfeld, Albr. Graf v. 56; — Prediger der Grafschaft, gegen Can. und die Jesuiten 62. 63.
Manuzio, Aldo und Paolo, Drucker 143.
Marburg in Hessen 51.
Maria, Gottesmutter, im Kat. von Can. 36. 57. 83; — des Can. Werk über sie 40. 163. 165; — Can. über ihre unbefleckte Empfängniß 139. 140; — geschmäht 57; — s. auch Ave.
— Gemahlin des Kaisers Maximilian II. 148.
— Jakobe, Aebtissin von Seckingen 162.
Mariano, Vittorio, Bischof von Rieti 138.
Marstaller, Gervas. 63[2].
Martyrologium, römisches 40.
Matthäi, Georg 172.
Matthesius 9.
Mauritius, hl. 162.
Maximilian I., Kaiser 16.
— II., Kaiser 25—27. 130. 145[3].
Mayer, Ant. 86[5].
— Johannes, Drucker 112. 149.
— Sebald, Drucker 95. 108. 110. 129.
Mayr, Georg, S. J. 135[2]. 159[4]. 160.
Mazzetti, A. 51.
Mecklenburg 61.
Melanchthon, Phil. 55. 56. 105. 142; — und die Confessio Augustana 38[3]; — und Can. 42. 93. 94; — gegen den Kat. des Can. 60. 61; — Antwort des Can. 84.
Memmingen, Reichsstadt 161.
Menius, Justus 56.
Menzel, Willibald 146.
— Wolfgang, über Can. 173[1].
Mercebarier 80.
Mercurian, Eberhard, S. J., und der Kat. des Can. 73. 122.
Messina 17. 104.
Meßopfer im Kat. von Can. 36. 39[4]. 121; — angegriffen und geschmäht 57. 58. 64. 129.
Meulen, van der, s. Molanus.

Michael, Johann, O. Carth. 119⁶.
— Petrus, S. J. 5.
Mileve 39.
Möller, Wilhelm 8¹.
Molanus (Van der Meulen), Johannes 154.
Morhart, Ulrich, Drucker 90¹.
Moritz von Nassau 146.
Morone, Joh., Cardinal 77. 111.
Mousang, Christoph 28¹. 98². 100. 107. 114². 114³.
✴ München 164; — Archiv der Michaelskirche 165¹; — Reichsarchiv 1². 4¹. 15⁴. 100⁸. 102¹. 103¹. 112². 112³; — Universitätsarchiv 100⁸; — Bibliothek der Franziskaner 94⁵; — Staatsbibliothek 23¹. 25¹. 60¹. 69¹. 74⁴. 89³. 103. 121⁵. 126². 145¹. 149⁶. 151³. 151⁴. 155²; — Universitätsbibliothek 1¹. 49. 100¹. 103. 107. 111¹. 167; — Christenlehre 48. 49; — Kat. des Can. dort gedruckt 48³. 111²; — Jesuiten 72. 127. 163⁵. 164.
Münzenberger, E. 8¹.
Mystik 40. 132.

Nachdrucke, s. Kat. des Can.
Nachfolge Christi, Büchlein von der 169.
Nabal, Hieron., S. J. 51. 76. 105. 106. 148; — Mitarbeiter am Kat. von Can. 77—79. 100. 101; — Censor desselben 122; — seine Betrachtungen 77.
Nas, Johannes, O. Min. 172.
Nausea, Friedr., Bischof von Wien 2. 30⁴.
Navarrus 53. 54.
✴ Neapel, Nationalbibliothek 74⁴. 143⁵; — Christenlehre 10. 77.
✴ Neustift bei Brixen, Bibliothek der Augustiner-Chorherren 46².
Niederlande, Kat. des Can. dort eingeführt 81. 82.
Niederösterreich, verwaiste Pfarreien von Can. besucht 3. 18; — Einführung des Kat. von Can. 19. 29². 32. 33.
Nikolaus von der Flüe, sel., und Can. 109.
Nilus, hl. 106.
Nöppel, Johannes, Weihbischof von Köln 162.
Nürnberg, Katechismus 9.
Nymwegen 1. 17. 136. 137. 140; — s. auch Busäus.

Obrigkeit, weltliche, im Kat. des Can 37; — geistliche, ebenda 37. 88. 121.
Oekolampadius 42³.
Oekumenius 39.
Oelung, Sacrament, geschmäht 92.
Oesterreich, religiöse Zustände 11. 26. 32. 42. 43. 59. 61; — Büchercensur 53; s. auch Niederösterreich.
Oláh, Nikolaus, Primas von Ungarn 120.

Olave, Mart., S. J., und der Kat. des Can. 18; — Censor desselben 22. 23. 27.
Orden, religiöse, geschmäht 43. 58. 60. 61.
Origenes 6. 142; im Kat. des Can. 38. 45.
Orlandini, Nik., S. J., Geschichtschreiber 14—15. 27. 28¹.
Orleans 39.
Osiander, Luc., luth. Prediger, über die Jesuiten und den Kat. des Can. 44; — Schrift gegen die Kat. von Can. 90—91.
✴ Osnabrück, Gymnasialbibliothek 81¹; — Dom 81.
Overberg, Bernh., sein Kat. 36.

Pachtler, Michael, S. J. 102¹.
Padua, Christenlehre 10.
Päpste und Papstthum 73. 163; — angegriffen 27. 43. 58. 62. 64. 85—87. 92. 93. 156; — Gewalt, nach dem Kat. des Can. 37. 85—87. 95. 96. 131¹. 155; — lehramtliche Unfehlbarkeit nach dem Kat. von Can. 87. 88. 95. 96.
Pallavicino, Sf., Carb., S. J. 52⁴.
Pamelius, Jak. 137.
Pantaleon, Heinr., über Can. 81.
Panvinio, Onufrio, O. S. Aug. 40. 75.
Paquot, J. N. 28¹. 98². 114³.
Paris 12; — Parlament 46¹; — s. auch Sorbonne.
Parma, Bibliothek 51.
Passauer Vertrag 31.
Pastoraltheologie, von Can. vorgetragen 103.
Paul III., Papst 76.
— IV., Papst 50. 51. 58. 81; — sein Inder 81.
— Farnefried 39.
Paulus, Nik. 39⁴.
Peltier, A. E. 147¹.
Peraxylus, Petrus, S. J. 94².
Petavius, D., S. J. 114³.
Petrikau 42. 72.
Petrus Lombardus 102; — von Can. erklärt 40; — und der Kat. des Can. 39. 41. 146⁶.
Pfauser, Seb. 25—27. 61.
Pfyffer, Ludwig, Schultheiß 162.
Philipp II., König von Spanien 50; — und der Kat. des Can. 33². 46. 81. 82. 152. 153. 154. 158. 159.
— von Bayern, Cardinalbischof von Regensburg 164. 165.
Philippson, Martin, über den Kat. von Can. 134⁵.
Philo 39.
Photius 39.
Pirkheimer, Willibald 106.
Pistorius, Johannes 137.

Pius IV., Papst 47. 80. 81. 143. 157.
— V., hl., Papst, O. P. 89. 90. 126. 136. 139. 145³. 153; — und der Kat. des Can. 47. 89.
— IX., Papst, über den Kat. des Can. 48. 49. 133.
Placcius, Vinc. 28¹.
Plantin, Christoph, Drucker 150; — und Maternus Cholinus 75. 151. 152. 169; — und Philipp II. 152; — seine Druckerei 71. 150—151; — druckt die Kat. von Can. 124⁴. 151—155. 157—160. 169; — Preise derselben 167. 168; — Freigebigkeit gegen die Jesuiten 161.
Poin, s. Laurens.
Polanco, Joh. v., S. J. 4⁵. 10. 14. 20. 102¹; — und der Kat. des Can. 18. 20—25. 36. 67¹. 70. 72. 76. 78. 79. 118. 119. 122. 123. 126.
Poldt, Michael, S. J. 89. 90.
Polen 76. 124. 127. 170.
Pomesanien, Bisthum in Preußen 56.
Poncet, Peter 171. 172.
Possevin, Ant., S. J. 46.
✱ Prag 51; — Universitätsbibliothek 141¹; — Dom 81; — Kreuzherren 107; — Jesuiten 72. 101. 102; — theologische Vorlesungen und Christenlehren 102; — Can. verfolgt 61.
Prämonstratenser 49. 123⁴.
Prat, J. M., S. J. 14.
Predigtbuch, von König Ferdinand verlangt 19—22.
Preßburg 19.
Priester, schlechte 37.
— und Priesterthum 36; — geschmäht 43. 58. 62.
Probst, Ferdinand 98². 114². 114³.
Protestanten 39. 40. 41; — Eifer in ihrer Christenlehre 7. 10—11; — in Verbreitung von Kat. 9. 32. 113; — ihre Taufe 83; — von Can. unterrichtet 4—6; — s. auch Calvinisten, Lutheraner, Zwinglianer.
Pseudo-Dionysius Areopagita, im Kat. des Can. 38. 39.
Pseudo-Isidor im Kat. des Can. 38. 39.

Quentel, Joh., Erben desselben, Drucker 75⁵. 139—143.

✱ Raab (Ungarn), Gymnasialbibliothek 152⁷.
Rabatt, buchhändlerischer 167.
Rabäus, Aegidius, Drucker 156⁵.
Raber, Matthäus, S J. 48³. 98².
Raimund von Pennaforte, hl., O. P. 30.
Ranke, L. v., über Orlandini und Sacchini 14; — über den Kat. von Can. 134.

Raupach, Bernh. 31.
Raynaldus, Odor., Congr. Or. 46.
Rechtfertigung: Concil von Trient über dieselbe 41. 84. 85; — Vega über sie 85; — Kat. des Can. über sie 37—38. 83—85. 90. 141; — im „Christenlehrwerke" 141. 144. 146; — Angriffe auf diese Lehre 57. 65—68. 90—93.
✱ Regensburg 62. 167; — Königliche Kreisbibliothek 49. 78²; — Bischöfe, s. Philipp; — Dom 81; — Can. 4. 69. 72. 81. 111; — Reichstage 4. 52. 72. 107. 111; — alter Druck 62².
Reidt (Rhetius), Johannes v., S. J., Vorstand des Dreikronen-Gymnasiums in Köln 114. 115. 120; — und das „Christenlehrwerk" 144. 147.
Reiser, Johann Baptist 3. 98². 100. 114². 114³. 133. 159⁴.
Religionstriebe von Augsburg 51. 52. 90.
Reliquien 162. 164. 165.
Reuchlin, Johannes 143.
Reusch, Fr. H. 28¹. 100⁶.
Neußische Prediger, gegen den Kat. von Can. 90.
Rhetorik, Handbuch 12.
Ribadeneira, Petrus, S. J. 46.
Richelius, Theodosius, Drucker 61¹.
Rieß, Florian, S. J. 28¹. 114². 114³.
Rithovius, Martin Balduin, Bischof von Ypern 115—117.
Ritter, J. J. 28¹. 98².
Rohrbacher 20².
✱ Rom, vatican. Geheimarchiv 161⁵; — Bibliotheken: Vaticana 51. 39¹, Angelica 146⁵, Barberiniana 74⁴, Casanatense 74⁵, Pia 48¹; — 5. Lateranconcil 52. 53; — Vaticanisches Concil 90¹; — Peterskirche 18; — Santa Maria degli Astalli 2; — Sapienza 76; — Jesuiten 20—22. 47. 71⁴. 75. 157; — römisches Collegium 72. 71; — deutsches Collegium 21. 22. 120. 121; — Druckereien 119. 143. 157; — Römischer Katechismus 35. 36. 111. 172; — Bilderkatechismus 157; — und Canisius 18. 40. 71. 72. 80. 118. 126. 127. 166; — angebliche Unzufriedenheit über den Kat. des Can. 49—52; — der Kat. des Can. dort durchgesehen 21—23. 27. 39. 45. 53. 118. 119. 122. 123; — dort gedruckt 47. 48. 118. 119. 169; — gebraucht 48; — und das „Christenlehrwerk" 144; — Flacius Illyricus 67¹.
Romanus, Johannes Baptista (Elias), S. J. 107. 153. 159.
Rooses, Max 159⁴. 167⁶.
Rosenkranz, der heilige 48³.
Rostock 63.
Rouffet, P. 45⁸.

Rupert von Deutz, O. S. B. 39.
Ruysbroek, Joh., O. S. Aug. 40.

Sa, Emmanuel, S. J., Censor des Kat. des Can. 71—73. 122; — Schriften und Christenlehren 71.
Sacchini, Fr., S. J., Geschichtschreiber 14—15. 19¹. 22⁵.
Sachsen und Glaub. Le Jay, S. J. 12; — und Can. 59. 94.
Sacramente 34—36. 41. 106; — angegriffen 92. 93⁵; — Bilder derselben 156; — f. auch Altarssacrament, Beichtunterricht, Communion.
Salamanca, Hochschule 85.
Salmeron, Alph., S. J. 41; — und der Kat. des Can. 18; — Mitarbeiter an demselben 76—79. 84.
Salvius (Salbius), Georg, S. J. 112.
Salzburg, Erzbisthum, und Can. 79. 80. 100⁶.
Samland, Bisthum in Preußen 56.
Sangre, Peter, Drucker 74.
Sarpi, Paul, Nachricht über den Kat. des Can. 49—52; — handschriftlicher Nachlaß 50.
Schauber, Johannes 129³.
Schauspiele, schlechte 9.
Scheebes, M. J. 46⁶.
Schelhorn, J. G. 50.
Schmid, Christoph v. 35.
Schmidt, Michael Ignaz, über den Kat. von Can. 86¹; — über das „Christenlehrwerk" 146.
Schöberl, F. X. 28¹. 98². 108⁵. 114¹. 114³. 173¹.
Scholastik 39. 40.
Schorborch, Georg v., Erzbischof von Lund 162.
Schrift, Heilige 52. 56⁴. 150. 154; — im Kat. des Can. 19. 29. 34—38. 46. 47. 57. 58. 65—67. 85. 86. 96. 97. 123. 124. 131. 133⁴. 136—138. 147. 167; — im „Christenlehrwerke" 137. 140—148; — über Schriftlesung 40; — erklärt von Sa 71; — von Salmeron 77.
Schulen (höhere und mittlere) in Köln 2. 114—118. 120. 137; — Oesterreich 19; — Wien 101. 123. 127; — Worms 3. 116; — Breeden 117⁵; — Bingen 30; — Erfurt 30; — Zabern im Elsaß 8; — München 127; — Arzl (Tirol) 5; — der Lutheraner 11; — der Jesuiten 62. 101. 113—117. 120. 123. 127. 129. 137. 146. 147. 157. 164.
Schulsprache, lateinische 29. 30. 104.
Schumann, J. Chr. G. 114⁴.
Schwarz, E. 28¹. 43.
Schweben 162. 169.

Schweicker, Heinrich, herzogl. bayrischer Geheimschreiber 102. 103.
Sedingen 162.
Serrao, Andreas 45.
Sirtus IV., Papst 139⁵.
Slaven, f. Jllyrier.
Smits, Gerhard, Drucker 156⁶.
Solothurn, Münster und Rath 162. 165.
Sommervogel, C., S. J. 28¹. 47⁵. 55. 71¹. 71⁴. 114³. 124¹. 134⁶. 149³. 149⁶. 151⁶. 151⁹. 156⁶. 159⁴.
Sonnius (Van den Velde), Franz, Bischof von Antwerpen 115—117.
Sorbonne 46. 85—87. 134.
Soto, Peter v., O. P., fein Kat. 9. 13. 30⁴.
Sprachlehre, lateinische 12; — von Hannibal Codret 103—105; — von Despauterius 117⁵.
Spengius, J., Rector in Breeden 117⁵.
Staal, Hans Jakob v. 162.
Stevorb, Martin v., S. J. 3.
Stockholm 169.
✱ Strahow, Bibliothek des Prämonstratenser-Stiftes 49. 128⁴.
Straßburg, Dom 81; — der Bischof und Can. 3. 116; — Lutheraner 91. 92; — alte Drude 61¹.
Straubing 72. 100⁸. 107.
Strigel, Victorin 56.
Stuart, Maria, Königin von Schottland 53.
Stuttgart 44. 90—91.
Suarez, Fr., S. J. 53.
Sündenvergebung, f. Rechtfertigung.
Sugenheim, S. 44⁵.
Sulenius (Columna), Wilhelm 120. 121.
„Summen" im Mittelalter 30; — englische" 60; — theologische des hl. Thomas, f. Thomas; — des Can., f. Katechismus.
Surgant, Johann Ulrich, Pfarrer von Klein-Basel 109³.
Surius, Laur., O. Carth. 40. 75. 137. 139.
Suso, Heinrich, sel., O. P. 40; — im Kat. von Can. 125. 126. 132.
Sylvius, Wilhelm, Drucker 151.
Synoden 41. 88. 95; — im Kat. von Can 39; — allgemeine: Florenz 86; 5. Lateranconcil 52. 53; Trient, f. Trient; Vatican 90¹; — Provincial- und Diöcesansynoden: Köln 2. 42; Lanour 8²; Mainz 13; Narbonne 89; Tortosa 8; Tyrnau 120.

Tagzeiten, kirchliche, und das „Ave" 59; — von Augsburg 76; — von Luther 43; — der ewigen Weisheit 125. 126. 132.
Tapper, Ruard, Kanzler von Löwen 46.
Taufe, von Jrrgläubigen gespendet 83.

Tauler, Joh., O. P. 17. 40. 132. 162.
Taxis, Matthäus v., Postmeister 22.
Theatiner 58.
Theiner, Aug., Congr. Orat. 50⁶.
Theodorich von Herzogenbusch, O. P. 140. 145.
Theologischer Unterricht, kurzer, neben dem längern vom hl. Ignatius gewünscht 102. 113.
Theophylakt, Schrifterklärer, im Kat. des Can. 39.
Thoma, Bonaventura, Hofprediger 127.
Thomas von Aquin, hl., O. P. 40. 41. 42. 87. 121. 123⁴. 125. 132; — theologische Summe 17. 22. 30. 41. 146.
Tiletanus, Jodocus 115—117.
Tirol und Can. 5. 109².
Titelmann, Franz, O. Min. 0.
Toledo 39. 76.
Toletus, Fr., Carb., S. J. 53. 119⁶.
Tonstall, Cuthbert, Bischof von Durham 42.
Torresani, Girolamo, Drucker 143. 144.
Tramezino, Michele, Drucker 74. 169.
Trautson, Johannes v. 123.
Trevisano, Giovanni, Patriarch von Venedig 144.
✱Trient, Stadtbibliothek 51. 153¹; — Laynez und Can. 10; — Kirchenversammlung 10. 17. 22. 40. 41. 52. 54. 76—77. 80. 137. 153. 163. 172; — über fromme Bilder 156. 157; — über Herausgabe von Büchern 52. 54; — über die Rechtfertigung 84. 85; — über Maria 139⁵; — Handschriften über dieselbe 41. 50—52; — Kat. von Can. zu Trient durchgesehen 76—79. 85.
Trier 100⁸.
Triest, Bisthum 12. 15.
Truchseß, Otto v., Carb. 22. 129; — und Can. 4. 17. 81.
Tübingen, alter Druck 90¹.
Turrianus, Franz, S. J. 161.
Tyrnau, Synode 120.

Uebersetzungen des Kat. v. Can.: deutsche 19. 30. 48³. 69. 74. 78³. 86⁴. 101. 102. 106—112. 127. 147. 151. 165. 169; — französische 134⁶. 147. 168; — italienische 47. 74. 100. 101. 147; — schwedische 160; — slavische 47. 48; — andere 170.
Ulenberg, Kaspar 172.
Ulrich, hl., Bischof von Augsburg, untergeschobener Brief 57².
✱Upsala, Universitätsbibliothek 124¹.
Urban I., Papst 38.
Ursus, hl. 162. 165.
Vasquez, Dionys, S. J. 152⁴.
Vega, Andreas v., O. Min. 85. 140. 163.
Velde, van den, f. Sonnius.

Venedig 50. 143. 144. 157. 169; — Christenlehre 10; — Kat. von Can. dort gedruckt 74. 126; — Christenlehrwerk dort gedruckt 143. 144.
Vereine, fromme 10. 77.
✱Verona, Stadtbibliothek 143⁵.
Verstorbene, Angriffe auf die Messen für sie 57. 58.
Via, Johannes a 62¹.
Victoria, Johannes v., S. J. 118. 120. 123.
Vreeden, Stadt in Preußen, Lateinschule 117⁵.
Vulgata 137. 154.

Walasser, Adam 40.
Walch, Johann Georg, über den Kat. von Can. 28¹. 134.
Wappler, A. 28¹.
Weidemann, Oberschulrath 8³. 30.
Weiß, J. B. 28¹.
Weissenhorn, Alexander und Samuel, Drucker 103. 108.
Welser, Marcus 40.
Werro, Sebast., Propst zu Freiburg i. d. Schweiz 5.
Wesel 63.
Wicelius, G. 30⁴. 35.
Widenhofer, Franz Xaver, S. J. 147.
Wiedemann, Theodor 55.
✱Wien 13. 38. 55. 61. 77; — Staatsarchiv 33¹; — Hofbibliothek 46². 74⁶. 120. 124⁴. 133¹. 145³. 153¹; — Universitätsbibliothek 49. 156¹; — Bisthum und Bischöfe 2. 18. 25. 54. 107; — St. Stephan 25. 55. 81; — Hochschule 3. 11—12. 13. 18. 20. 21. 49. 53. 137. 144; — adeliges Erziehungshaus 18. 137; — Dominikanerkloster 16—17; — Sanct-Annenhof 24; — Bischofhof 24; — Hospital 24; — Buchdrucker und Buchhändler 18. 21. 23—29. 53; — Druckerei des Jesuitencollegs 71⁴. 120—124; — Lutheraner daselbst 25—27; — Christenlehre 89. 90. 101; — Jesuiten 12—17. 18. 20. 53. 71⁴. 72. 89. 90. 101. 105. 106. 137. 148; — und der Kat. des Can. 18—29. 69. 101. 102. 106. 120—124. 127. 167; — sonstige alte Drucke 55². 69. 71.
Wierx, Gebrüder, Kupferstecher 77.
Wigand, Johann, Schrift gegen den Kat. von Can. 38³. 56—59. 92; — eine Entgegnung geplant 68—70; — Antwort des Can. 84.
Wilhelm IV., Landgraf von Hessen, und die Jesuiten 161.
— V., Herzog von Bayern 164; — und Can. 111. 165; — und dessen Kat. 15⁴. 164. 165; — und die Jesuiten 164. 165.

Wilhelmi, s. Harlemius.
Willer, Georg, Buchhändler 168.
Winsenius, Heinrich, S. J. 4.
Wirsberg, Friedrich v., Bischof von Würzburg 4[6]. 94.
Withagius, Johannes, Drucker 86[4].
Wittenberg 60; — Drucke 9. 56[4]; — Hochschule 60. 61.
Wittsell, Peter, S. J. 33[3].
Wolf, Peter Philipp 98[2]. 114[4].
✱Wolfenbüttel, Herzogl. Bibliothek 59[4].
Worms, Dom 81; — Edict von 1520 52; — Religionsgespräch von 1557 3. 60[1]. 68[3]. 72. 93. 94. 115. 116; — Christenlehre 3; — Abfassung des kleinen Kat. von Can. 115—118.
✱Würzburg, Bibliothek der Franziskaner 152[4]. 157[1]; — Bischöfe, s. Echter und Wirsberg; — Dom 94; — Barfüßerkirche, Can. katechisirt dort 4. 4[6]; — Jesuiten 94. 165. 166; — Seminar 166; — Hochschule 146. 147. 166; — Christenlehre in der Marienkapelle 147.

Ximenez, Carb. 11.

Ypern, s. Rithovius.

Zabern im Elsaß, Can. katechisirt 3. 116; — schreibt den kleinen Kat. 116.
Zanger, Joh. 43[6].
Zannetus, Franz, römischer Drucker 47[5].
Zebertus, Heinrich, Domherr in Antwerpen 158.
Zezschwitz, Gerh. v., Universitätsprofessor, über den Kat. des Can. 45. 50. 98[2]. 114[4]. 134.
Zimmermann, Michael, Buchdrucker 21. 23—29. 127.
Zirngiebl, Eberh. 43[5].
Zürich 75. 161.
Zwinglianer, Kat. 9.

www.ingramcontent.com/pod-product-compliance
Lightning Source LLC
Chambersburg PA
CBHW020930230426

43666CB00008B/1622